职业教育电子商务专业系列教材

刘轶彤 杨国良 主编

电子商务数据分析

清华大学出版社
北京

内 容 简 介

本书将电子商务数据分析岗位的工作内容整合成8个模块，分别为初识电子商务数据分析、易上手的数据分析利器、营销数据分析、会员数据分析、运营数据分析、行业数据分析、数据可视化分析、撰写数据分析报告。本书引用了大量的案例资料，且每个模块均以任务驱动的方式进行设计，每个模块都包括学习目标、模块导入、子任务、必备知识、任务小结、任务评价、知识拓展和模块总结等内容。本书注重理论与实践相结合，强调训练学习者的数据分析应用能力，着眼于培养具备数据分析技能的运营人才。

本书不仅可以作为高等院校、高职高专院校商务数据分析、电子商务、市场营销、经济管理等相关专业的教材，也可供电子商务或数据分析岗位从业人员学习和参考。

本书封面贴有清华大学出版社防伪标签，无标签者不得销售。
版权所有，侵权必究。举报: 010-62782989, beiqinquan@tup.tsinghua.edu.cn。

图书在版编目(CIP)数据

电子商务数据分析 / 刘轶彤，杨国良主编. —北京: 清华大学出版社，2024.1
职业教育电子商务专业系列教材
ISBN 978-7-302-64995-3

Ⅰ.①电… Ⅱ.①刘… ②杨… Ⅲ.①电子商务—数据处理—高等职业教育—教材 Ⅳ.①F713.36 ②TP274

中国国家版本馆 CIP 数据核字 (2023) 第 252990 号

责任编辑:	施 猛 张 敏
封面设计:	常雪影
版式设计:	孔祥峰
责任校对:	马遥遥
责任印制:	丛怀宇

出版发行: 清华大学出版社
    网　　址: https://www.tup.com.cn, https://www.wqxuetang.com
    地　　址: 北京清华大学学研大厦 A 座　　邮　编: 100084
    社 总 机: 010-83470000　　邮　购: 010-62786544
    投稿与读者服务: 010-62776969, c-service@tup.tsinghua.edu.cn
    质 量 反 馈: 010-62772015, zhiliang@tup.tsinghua.edu.cn
印 装 者: 北京同文印刷有限责任公司
经　　销: 全国新华书店
开　　本: 185mm×260mm　　印　张: 16.75　　字　数: 377 千字
版　　次: 2024 年 1 月第 1 版　　印　次: 2024 年 1 月第 1 次印刷
定　　价: 49.80 元

产品编号: 099135-01

前　言

"实施科教兴国战略，强化现代化建设人才支撑。"党的二十大报告将教育、科技、人才"三位一体"统筹安排、一体部署，明确了科教兴国战略在新时代的科学内涵和使命任务。我国电子商务教育理论需要立足中国国情，同时还需要具备全球视野和世界发展眼光，结合国家科教兴国战略，全面推进推动教育改革发展，不断塑造电子商务发展新动能、新优势，从而加快推进电商强国建设。

近年来，随着电子商务的高速发展，选择网上购物的消费者越来越多，各个电子商务平台的数据也越来越多，而这些数据已经成为越来越有价值的重要资源。电子商务企业或个人经营者通过对消费者网购的海量数据进行收集、分析与整合，挖掘出商业价值，不仅可以促进个性化和精确化营销的开展，还可以发现新的商机，创造新的价值，带来大市场、大利润和大发展。因此，在电子商务领域，商务数据往往蕴藏着巨大的商机和价值。

在电商运营中，营销推广、会员分析、销售分析等环节都要使用到数据分析的结果，卖家通过数据分析来发现内部管理的不足、营销手段的不足、客户体验的不足等，利用数据来挖掘客户的内在需求，改善客户体验，提高商品的投入回报率，制定差异化的营销策略，判断行业现状和竞争格局，预测发展趋势等。可以这样说，电子商务数据分析事关电子商务企业或个人经营者的生存和长期发展，成为电子商务领域颇受关注与研究的热点。

本书将复杂的数据分析问题用简单、浅显、易懂的案例进行全面、详细、深刻且独特的解析。例如，在优化产品的用户体验时，采用的是用户画像技术，结合电商平台数据，简单易行地构建起用户画像，不需要建模，也不需要编程。

本书注重理论与实践相结合，涵盖电商运营各个环节的数据分析内容，包括营销数据分析、会员数据分析、运营数据分析、行业数据分析、数据可视化分析等模块。每个模块包括学习目标、模块导入、子任务、必备知识、任务小结、任务评价、知识拓展和模块总结几个部分。本书紧贴实际分析场景，深入浅出地介绍了电子商务数据分析的相关知识和分析工具。通过阅读本书，学生可以更加高效地进行数据分析工作。

学习目标包括知识目标、能力目标和技能目标三部分，是学生学习的指引。

模块导入用案例引导学生进入本模块学习的情境，让学生在学习理论知识前有一个感性认识。

子任务是学生在教师帮助下完成的工作任务，让学生初步具备数据分析的相关技能，有助于学生掌握完成工作任务的方法和技巧。

必备知识是为学生完成工作任务准备的相关理论知识，包括概念、内容、原理、模型、流程、方法、指标、工具等。

任务小结复盘每个任务的知识内容。

任务评价分为三级评价，目的是对学生在本任务学习过程中的表现进行点评。

知识拓展部分紧密联系教材，快速拓展学生的知识量和认知深度。

模块总结指出本模块知识点的主要内容。

天津职业大学的刘轶彤和杨国良担任本书主编，负责全书整体框架的设计、修改、总纂与定稿。具体编写人员及分工如下：模块1由杨国良编写；模块2和模块4由刘轶彤、高翔编写；模块3和模块7由刘轶彤编写；模块5和模块6由冯静编写；模块8由刘轶彤、冯静编写。杨晨、梁文全参与了教材的校对工作。编写过程中，我们借鉴了国内外许多专家学者的学术观点，参阅了大量书籍、期刊和网络资料，在此谨对各位作者表示感谢。由于编者水平和经验有限，书中难免存在错误和不妥之处，恳请广大读者及专家不吝赐教。反馈邮箱：shim@tup.tsinghua.edu.cn。

编者

2022年12月

目　　录

模块1　初识电子商务数据分析 ··· 001

　任务1.1　认识电子商务大数据 ·· 002

　　任务1.1.1　初识大数据 ·· 002

　　任务1.1.2　大数据在电商中的运用 ··· 004

　　任务1.1.3　电子商务数据的分类 ··· 006

　任务1.2　电子商务数据分析的方法和步骤 ·· 009

　　任务1.2.1　电子商务数据分析的常用方法 ·· 009

　　任务1.2.2　分析电子商务数据的步骤 ·· 013

　任务1.3　电子商务数据分析岗位的职业规划 ·· 017

　　任务1.3.1　商务数据分析专业面向的典型岗位 ·· 017

　　任务1.3.2　数据分析师的职业规划 ·· 020

模块2　易上手的数据分析利器 ·· 025

　任务2.1　电子商务数据分析工具介绍 ·· 026

　　任务2.1.1　电子商务数据分析工具 ··· 026

　　任务2.1.2　易上手的数据分析利器 ··· 029

　任务2.2　高效办公之Excel ·· 034

　　任务2.2.1　Excel常用函数 ··· 034

　　任务2.2.2　高级Excel函数的应用 ·· 038

　任务2.3　Python快速上手 ··· 046

　　任务2.3.1　Python入门 ·· 046

　　任务2.3.2　Python常用模块的功能与作用 ·· 053

模块3　电子商务营销数据分析 ·· 064

　任务3.1　电子商务营销数据分析的意义和内容 ··· 065

　　任务3.1.1　营销数据分析的意义 ··· 065

　　任务3.1.2　营销数据分析的内容 ··· 066

　任务3.2　电子商务营销数据分析的维度和报表 ··· 069

         任务3.2.1 营销数据分析的维度 ··· 069
         任务3.2.2 营销数据报表 ··· 072
    任务3.3 电子商务营销数据的基本分析方法 ··076
         任务3.3.1 不同商品营销情况统计与分析 ······································· 076
         任务3.3.2 同类商品营销情况统计与分析 ······································· 081
    任务3.4 电子商务营销推广分析 ···085
         任务3.4.1 店铺活动营销分析 ·· 086
         任务3.4.2 店铺销售促进分析 ·· 087

模块4 电子商务会员数据分析 ··093
    任务4.1 电子商务会员数据的作用与获取 ···094
         任务4.1.1 电子商务会员数据分析的作用 ······································· 094
         任务4.1.2 电子商务会员数据的价值挖掘与获取途径 ····························· 095
    任务4.2 电子商务会员数据的基本分析方法 ··099
         任务4.2.1 电子商务会员的分布情况 ·· 099
         任务4.2.2 电子商务会员增长与流失情况 ······································· 103
         任务4.2.3 电子商务会员生命周期 ·· 106
    任务4.3 电子商务会员分析常用的模型 ···110
         任务4.3.1 常用用户行为分析模型简述 ·· 110
         任务4.3.2 RFM分析模型 ·· 113

模块5 电子商务运营数据分析 ··122
    任务5.1 通过交易数据诊断店铺 ···123
         任务5.1.1 交易整体情况分析 ·· 123
         任务5.1.2 与交易有关的内容分析 ·· 125
         任务5.1.3 店铺服务评分分析 ·· 126
    任务5.2 电子商务网站运营数据分析 ···129
         任务5.2.1 认识电商运营分析 ·· 129
         任务5.2.2 电商网站运营要点数据分析 ·· 130
    任务5.3 电子商务运营分析维度 ···133
         任务5.3.1 电子商务运营"人、货、场"分析 ···································· 133
         任务5.3.2 电商运营职能维度分析 ·· 135
    任务5.4 电子商务运营分析体系 ···139
         任务5.4.1 分析体系中的基础型指标 ·· 139
         任务5.4.2 分析体系中的业务型指标 ·· 140
         任务5.4.3 分析体系中的战略型指标 ·· 145

模块6 电子商务行业数据分析 ··150
    任务6.1 常用的市场研究分析模型 ···151
         任务6.1.1 PEST分析模型 ··· 151
         任务6.1.2 波特五力模型 ·· 152

任务6.1.3　SWOT分析法 ··· 155
　任务6.2　市场行情分析 ·· 159
　　　任务6.2.1　市场需求分析与预测 ·· 159
　　　任务6.2.2　市场需求层次和价格带 ·· 161
　　　任务6.2.3　产品生命周期分析 ··· 162
　任务6.3　行业数据挖掘 ·· 169
　　　任务6.3.1　行业宏观环境分析 ··· 169
　　　任务6.3.2　行业产业链和竞争格局分析 ·· 170
　　　任务6.3.3　行业潜力分析和稳定性分析 ·· 173
　任务6.4　电子商务企业市场分析的主要工作 ·· 176
　　　任务6.4.1　用户画像和SWOT分析 ··· 177
　　　任务6.4.2　电子商务企业市场分析工作 ·· 177

模块7　电子商务数据可视化分析 ·· 182

　任务7.1　认识数据可视化分析 ·· 183
　　　任务7.1.1　了解数据可视化的媒介属性 ·· 183
　　　任务7.1.2　初识数据可视化 ··· 184
　　　任务7.1.3　了解数据可视分析 ··· 185
　任务7.2　图表的魅力 ··· 188
　　　任务7.2.1　运用视觉与图形的力量 ·· 188
　　　任务7.2.2　发掘图表的魅力 ··· 189
　任务7.3　图表的使用 ··· 192
　　　任务7.3.1　数据可视化的展示方式及流程 ···································· 192
　　　任务7.3.2　常用的数据可视化图表 ·· 194
　任务7.4　制作电子商务数据图表 ·· 202
　　　任务7.4.1　制作数据可视化图表的常用工具 ································ 202
　　　任务7.4.2　制作数据图表的方法 ·· 204
　　　任务7.4.3　典型图表的制作及设计 ·· 206
　任务7.5　数据图表的应用 ·· 215
　　　任务7.5.1　可视化让数据更可信 ·· 215
　　　任务7.5.2　电商女装流行元素预测案例 ·· 217
　　　任务7.5.3　电商家具市场分析案例 ·· 220

模块8　撰写数据分析报告 ·· 233

　任务8.1　了解数据分析报告 ·· 234
　　　任务8.1.1　初识数据分析报告 ··· 234
　　　任务8.1.2　数据分析报告的结构与呈现方式 ································ 237
　任务8.2　撰写数据分析报告 ·· 243
　　　任务8.2.1　数据分析报告的撰写技巧 ·· 243
　　　任务8.2.2　数据分析报告范例 ··· 246

参考文献 ·· 257

模块 1 初识电子商务数据分析

> 科学社会主义在21世纪的中国焕发出新的蓬勃生机，中国式现代化为人类实现现代化提供了新的选择，中国共产党和中国人民为解决人类面临的共同问题提供更多更好的中国智慧、中国方案、中国力量，为人类和平与发展崇高事业作出新的更大的贡献！
>
> ——党的二十大报告

 学习目标

知识目标
- 理解大数据技术在电商运营项目中的应用
- 了解电子商务数据的分类
- 了解电子商务数据分析岗位的职业规划

能力目标
- 熟悉电子商务数据的重要作用
- 理解电子商务数据分析的重要性
- 熟练掌握电子商务数据分析的方法和步骤
- 能够为自己制定职业规划

技能目标
- 熟练掌握电子商务数据分析的方法和步骤
- 培养数据分析的敏感性和自觉性
- 具备使用数据解决问题的意识

 模块导入

亚马逊是国际领先的电商企业，它非常重视大数据系统的建设。"数据就是力量"是亚马逊成功的格言。

亚马逊利用其20亿用户的大数据，通过预测分析140万台服务器上的10亿GB的数据来促进销量的增长。亚马逊零售商店15亿个产品目录数据，能通过200个实现中心在全球传播并储存在亚马逊的S3(simple storage service)界面中，每周进行将近5亿次更新。同时，对于S3界面上的数据，产品目录每30分钟都要进行分析，并将分析结果发回不同的数据库。亚马逊通过动态的价格浮动来保持自己的竞争力。通过分析不同来源的数据，比如消费者在网页的浏览活动、某件商品在仓库中的存货、同一件商品不同竞争商家的定价、历史订单、对某件商品的偏好、对商品的预期利润等，亚马逊实现了对产品价格的实时调控。每隔10分钟，亚马逊就会改变一次网站上商品的价格。

另外，亚马逊利用其先进的数据技术向近20亿个顾客提供个性化推荐服务。亚马逊的个性推荐算法在向用户推荐商品前，会分析购买历史、浏览历史、朋友影响、特定商品趋势、社交媒体上流行产品的广告、购买历史相似的用户所购买的商品等。为了向用户提供更好的服务，亚马逊不断改进推荐算法。当然，个性化推荐不仅仅针对消费者，销售商也能收到来自亚马逊的合理建议。通过向销售商提供建议，亚马逊获得了10%～30%的附加利润。

现如今，大数据触动着电商行业管理者的神经，搅动着电商行业管理者的思维，大数据在电商行业释放出的巨大价值引起诸多电商行业人士的兴趣和关注。本模块将系统介绍大数据的相关知识、电子商务数据的分类、电子商务数据分析的重要性、数据分析的流程和方法，以及电子商务数据分析岗位的职业规划。

任务1.1　认识电子商务大数据

任务1.1.1　初识大数据

泛泛地说，数据就是信息，在日常的工作和生活中到处都有数据分析的影子。比如消费者在购买不同商品前，经常会对其"性价比"做简单的分析，价格表现为固定的货币数字，性能则具体体现在商品质量、服务质量等客观因素和消费者本身对该商品的需求程度等主观因素上。如果决策的目标非常明确(比如购买"性价比"高的商品)，并且消费者可以量化各种影响商品性能的因素并对其进行简单处理，那么通过"性价比"分析，消费者就可以直接做出购买决策。请3～5名同学组成一个小组，在小组内讨论日常学习和生活中的数据分析情景有哪些，并将讨论内容记录下来。

◆ **必备知识**

大数据技术已经进入社会生活的各个层面，人们不仅在使用大数据，也在源源不断地产生大数据。数以亿计的移动互联网用户将位置、微博、朋友圈、打车、外卖、邮件、网购、社交等信息源源不断地上传到服务商的服务器上，而这些服务商也非常乐意为用户保存各种信息，因为服务商意识到了这些数据的价值。与此同时，各行各业都受到大数据的影响，涌现出了诸如工业大数据、金融大数据、电商大数据、医疗健康大数据、教育大数据等分支。

1. 什么是大数据

目前，人类社会所产生的数据呈现爆炸式增长，特别是来自云端的数据。云端提供了前所未有的计算能力和数据存储能力。这表明，人们已身处"大数据"时代。

关于大数据的确切定义，目前众说纷纭。

IBM用3V(volume、variety、velocity)来描述大数据的特点。

容量(volume)，是指数据体量巨大。大数据的显著特点是"数据量大"，存储单位从过去的GB(吉字节)到TB(太字节)，直至PB(拍字节)、EB(艾字节)。随着网络及信息技术的高速发展，数据呈现爆发式增长。

形式(variety)，是从数据的类型角度来看的。一个普遍观点认为，人们使用互联网搜索是形成数据多形式的主要原因，数据的存在形式从过去的以结构化数据为主转换为形式多种多样，既包含传统的结构化数据，也包含可便于搜索的半结构化数据，如文本数据，还包含更多的非结构化数据，如图片、音频和视频数据。

速率(velocity)则是从数据产生效率的实时性角度来衡量的。数据以非常高的速率产生，比如大量传感器生成的实时数据。在网络时代，高速运转的计算机和服务器能够创建海量的实时数据。企业不仅需要了解如何快速创建数据，还必须知道如何快速处理、分析并将这些数据返回给用户，以满足他们的实时需求。

之后，IBM又在3V的基础上，增加了value(价值)这个维度，即将价值密度低的数据称为大数据，从低价值的原始数据中进行深度挖掘和计算，从海量且形式各异的数据源中抽取出富含价值的信息，进而发现新规律和新知识，并运用于农业、金融、医疗、商业等各个领域，从而最终达到改善社会治理、提高生产效率、推进科学研究的效果。

由此可以看出，从具备4V特点的大量数据中挖掘高价值知识，是各界对于大数据的一个共识。

由于数据量的爆炸式增长，传统的数据管理模式及工具已不能高效地存储和处理如此规模的数据。新时代呼唤新思维、新技术。从维克多·迈尔·舍恩伯格所著的《大数据时代》中，可以看到大数据时代的思维变革。

(1) 不是随机样本，而是全体数据。统计学家们证明：采样分析的精确性随着采样随机性的增加而大幅提高，但与样本数量的增加关系不大。随机采样取得了巨大的成功，成为现代测量领域的重要工具。但这只是一条捷径，是在不可收集和分析全部数据的情况下的选择，其本身存在许多固有的缺陷。大数据是指不用随机分析法这样的捷径，而采用所有数据的方法。

(2) 不是精确性，而是混杂性。数据多比少好，更多数据比算法系统更智能还要重要。社会从"大数据"中所能得到的益处，并非来自运行更快的芯片或更好的算法，而是来自更多的数据。大数据的简单算法比小数据的复杂算法更有效。大数据不仅让人们不再期待精确性，也无法实现精确性。那些精确的系统试图让人们接受一个贫乏而规整的假象——假装世间万物都是整齐地排列的。而事实上，现实是纷繁复杂的，天地间存在的事物也远远多于系统所设想的。要想获得大规模数据带来的好处，获取混杂数据应该是一种标准途径，而不应该是竭力避免的。

（3）不是因果关系，而是相关关系。在大数据时代，人们不必非得知道现象背后的原因，而是要让数据自己"发声"。通过找到一个现象的良好关联物，相关关系可以帮助人们捕捉现在和预测未来。在小数据世界中，相关关系也是有用的，但在大数据的背景下，相关关系大放异彩。通过应用相关关系，人们可以比以前更容易、更快捷、更清楚地分析事物。大数据的相关关系分析法更准确、更快，而且不易受偏见的影响。建立在相关关系分析法基础上的预测是大数据的核心。

2. 大数据概念的发展历史

"大数据"这个术语最早可追溯到apache org的开源项目Nutch。当时，大数据用来描述为更新网络搜索索引需要同时进行批量处理或分析的大量数据集。随着谷歌MapReduce和Google File System(GFS)的发布，大数据不再仅用来描述大量的数据，还涵盖了处理数据的速度。

早在1980年，著名未来学家阿尔文·托夫勒便在《第三次浪潮》一书中，将大数据热情地赞颂为"第三次浪潮的华彩乐章"。不过，大约从2009年开始，"163大数据"才成为互联网信息技术行业的流行词汇。美国互联网数据中心指出，互联网上的数据每年将增长50%，每两年会翻一番，而目前世界上90%以上的数据是最近几年才产生的。此外，数据并非单纯指人们在互联网上发布的信息，全世界的工业设备、汽车、电表上有着无数的数码传感器，随时测量和传递着有关位置、运动、震动、温度、湿度乃至空气中化学物质的变化，也产生了海量的数据信息。

3. 大数据的作用

从某种程度上说，大数据是数据分析的前沿技术。简言之，从各种各样数据中快速获得有价值信息的能力，就是大数据技术。明白这一点至关重要，也正是这一点使该技术具备走向众多企业的潜力。

大数据可分成大数据技术、大数据工程、大数据科学和大数据应用等领域。目前人们谈论最多的是大数据技术和大数据应用，大数据工程和科学问题尚未被重视。大数据工程指大数据的规划建设与运营管理的系统工程；大数据科学关注大数据网络发展和运营过程中大数据的规律及其与自然和社会活动之间的关系。

对于一般的企业而言，大数据的作用主要表现在两个方面，即数据的分析使用与二次开发。通过对某电商企业大数据进行分析，不仅能把隐藏的数据挖掘出来，还能通过这些隐藏的信息，结合实际的销售，增加企业的客户数量。至于对数据进行二次开发，在网络服务项目中运用较多，通过大数据的分析，对这些信息进行总结与利用，从而制定出符合客户需要的个性化方案。

任务1.1.2　大数据在电商中的运用

购买决策是消费者购买行为中的关键环节。消费者在进行购买决策时要了解一些信息，如明确的对象、细化的目标、决策背后的逻辑(如购买"性价比"高的商品或购买指定的商品)、可度量的数据指标(如商品的价格、性能、购买渠道)等。请同学们在小组内讨论消费者在众多电商平台上进行购买决策时，会从哪些方面进行分析，并将讨论结果记录下来。

_____

_____

◆ 必备知识

电商行业相对于传统零售业来说，最大的特点就是数据化，通过数据可以看到用户从哪里来、如何选择产品、投放广告的效率如何等。

当用户在电商网站上有了购买行为之后，就从潜在客户变成了价值客户。用户的交易信息，包括购买时间、购买商品、购买数量、支付金额等，一般都会被保存在商家的数据库里。商家通过基于网站的运营数据对用户的交易行为进行分析，以评估每位客户的价值及开展扩展营销的可能性。在传统企业，大数据或许还是个陌生词，但对于电子商务来说，大数据已经是一个生产要素。大数据与电商的融合，势必成为电商发展的大趋势。

从宏观上的数据收集，再到微观上的实际运用，大数据技术广泛运用在电商项目中。

1. 借助大数据分析优化市场定位

电商企业要想在互联网市场站稳脚跟，必须重视大数据分析，对外要了解电商行业市场构成、细分市场特征、消费者需求和竞争者状况等；对内要进行项目评估和可行性分析，决定是否开拓某块市场，最大化规避市场定位不精准给企业带来的损失。

市场定位对电商企业开拓市场非常重要。要想建立准确的市场定位，必须有足够的数据。数据的收集整理就成为关键的一步。以前，相关数据主要来自统计年鉴、行业管理部门、相关行业报告、行业专家及市场调查等，这些数据多存在样本量不足、时间滞后和准确度低等缺陷，研究人员能够获得的信息量非常有限。而互联网时代，数据挖掘和信息采集技术能够给研究人员提供足够丰富的样本量和数据信息，还能够基于大数据的数学模型对未来市场进行预测。

2. 借助大数据分析优化市场营销

在电商行业市场营销工作中，每一项工作都与大数据的采集和分析息息相关，以下两方面是电商行业市场营销工作的重点。

(1) 对外：充分了解市场信息，掌握竞争者的商业动态，知晓产品在市场中的地位，达到"知己知彼，百战不殆"的目的。

(2) 对内：积累和挖掘消费者数据，分析用户的消费行为，便于更好地为消费者服务和发展忠诚用户。

例如，电商平台通过后台对用户的历史消费数据进行分析，给用户发送定制广告，从而进行精准的个性化营销。若用户曾经在某网店上查看过一个商品却未购买，网店会分析未购买的原因，以便日后在到货、降价或引入类似商品时以推送方式告知用户。同时，通过分析用户在不同时间段的浏览频率，网店可以选择恰当的时间适时提醒用户。

3. 大数据能够帮助电商企业加强收益管理

收益管理是起源于20世纪80年代的一种谋求收入最大化的新经营管理技术，旨在把合适的产品或服务，在合适的时间，以合适的价格，通过合适的销售渠道出售给合适的顾客，最终实现企业收益最大化。需求预测、细分市场和敏感度分析是收益管理工作的三个重要环节，而这三个环节的工作基础就是大数据。

（1）需求预测是指采取科学的预测方法，通过建立数学模型，使企业管理者了解电商行业未来一段时间每个细分市场的产品销售量和产品价格走势等，从而使企业能够针对不同的细分市场来实行动态定价和差别定价。需求预测的好处在于，可提高企业管理者对电商行业市场判断的前瞻性，获得潜在的收益。

（2）细分市场为企业预测销售量和实行差别定价提供了条件，其科学性体现在通过电商行业市场需求预测来设置和更新价格，使各个细分市场的收益最大化。

（3）敏感度分析是指通过需求价格弹性分析技术，对不同细分市场的价格进行优化，最大限度地扩大收入。

以农业为例，大数据能够帮助农民依据消费者喜好来决定增加哪些农产品的种植，减少哪些农作物的生产，从而提高单位种植面积的产值，同时有助于快速销售农产品。大数据分析还能帮助气象部门更加准确地预测未来的天气，帮助农民做好自然灾害的预防工作。农民可以通过大数据来安排放牧，更加有效地利用牧场。渔民可以利用大数据合理安排捕鱼期和捕鱼范围。

4. 大数据有助于发现新的用户需求

差异化竞争的本质不在于停留在产品原有属性的优化上，而在于创造了产品的新属性。满足用户需求是前提，但创造用户新需求才是行业革命的必要条件。

随着网络社交媒体的发展，公众在论坛、博客、微信、电商平台、点评网等媒介上分享信息变得更加便捷，促进了"网络评论"这一新型舆论形态的发展。这些网络评论形成了交互性的大数据，其中蕴藏了巨大的商业价值，这些数据已经受到了电商企业管理者的高度重视。很多企业已把"评论管理"作为重要任务来抓，通过用户评论可以及时发现负面信息并进行危机攻关，还可以挖掘用户需求，进而改良企业的产品，提升用户体验。

任务1.1.3　电子商务数据的分类

数据的分类有很多种方式。传统零售业的数据主要是进销存数据、顾客数据和消费数据。电子商务数据比传统零售业数据要复杂很多。请同学们在小组内讨论电子商务数据的分类方法，并将讨论结果记录下来。

◆ **必备知识**

1. 按业务类型划分

电子商务数据有很多种分类方式，按照业务类型可分为以下几类。

(1) 营销数据。营销数据包括营销费用、覆盖用户数、到达用户数、打开或点击用户数等，由这些数据衍生出人均费用、营销到达率、打开率等指标。

(2) 流量数据。流量数据包括浏览量(page view，PV)、访客数(unique visitor，UV)、登录时间、在线时长等基础数据，其他与流量相关的数据指标(如人均浏览时长)基本都是由这几个指标衍生出来的。

(3) 会员数据。会员数据包括会员的姓名、出生日期、性别、地址、手机号码、微博账号、微信账号等基础数据，以及登录记录、交易记录等行为数据。

(4) 交易数据。交易数据包括交易金额、交易数量、交易人数、交易商品、交易场所、交易时间、供应链服务等。线上和线下的交易数据差异的差别在数量级和数据收集方法上，线上的交易数据量更大、更复杂。

(5) 行业数据。想要做好电子商务，了解行业数据是非常必要的，这样有利于掌握整个行业的情况。在淘宝的数据魔方上可以查询品牌、店铺、会员等数据，一些专业的第三方交易平台也能通过"爬虫"等工具获取一些商业数据。

2. 按数据的来源和性质划分

按来源与性质不同，电子商务数据大致可以分为以下三类。

(1) 市场数据。市场数据包括行业数据和竞争数据两部分。行业数据包括行业总销售额、行业增长率需求量变化、品牌偏好、地域分布、客户职业分布等。竞争数据包括竞争对手的销售额、客单价、营销活动形式、营销活动周期、畅销商品、商品评价等。

(2) 运营数据。运营数据包括企业在运营过程中产生的客户数据、推广数据、销售数据、供应链数据等。客户数据是客户在购物过程中产生的数据，如浏览量、收藏量等。推广数据是企业因为推广行为所产生的数据，如展现量、点击率、转化率等数据。

(3) 产品数据。产品数据包括行业产品数据和企业产品数据两部分。行业产品数据是指产品在整个市场中的数据，如行业产品搜索指数、行业产品交易指数等。企业产品数据是指产品在具体企业中的数据，如新客点击量、重复购买率、客单价、毛利率等。

3. 按常用的数据类型划分

电子商务数据按常用的数据类型分为两类：数值型数据和分类型数据。

(1) 数值型数据。数值型数据是指由多个单独的数字组成的一串数据，可直接使用自然数或度量衡单位进行计算。例如，支出、好评率、访客数、成交笔数、成交金额、停留时间等都属于数值型数据，商家需要用这些数据来做数据分析或者数据挖掘，因而需要对这些数据做一定的预处理。

(2) 分类型数据。这种数据是非数字型数据，是对事物进行分类的结果，数据表现为类别，是用文字来描述的。例如，人口按性别分为男、女两类，企业按行业属性分为医药企业、家电企业、纺织品企业等。为了便于统计处理，可以用数字代码来表示分类数据的各个类别，比如用"1"表示"男性"，用"0"表示"女性"；用"1"表示"医药企业"，用"2"表示"家电企业"，用"3"表示"纺织品企业"。

扩展阅读　今日头条数据助手分析显示：广东人起床最早，四川人起床最晚

通过今日头条数据助手，结合作品的阅读时间、地区分布进行分析，结果显示广东人起床最早，四川人则喜欢睡懒觉。

今日头条里有个数据助手，里面有很多有用的图形，比如粉丝分布图、性别比例图、年龄分布图、手机价格分布图等。

例如，图1-1显示某作者有46.23%的粉丝在广东。图1-2显示某作者的大多数粉丝的年龄超过31岁，50岁以上的粉丝比例很大。图1-3显示其男性粉丝占86.84%，远多于女性粉丝。

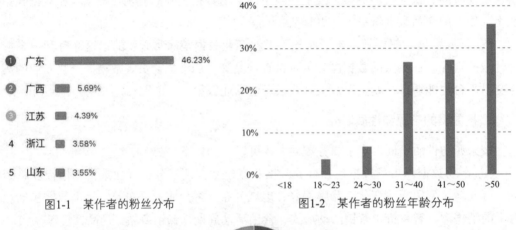

图1-1　某作者的粉丝分布　　　　图1-2　某作者的粉丝年龄分布

图1-3　某作者的粉丝性别比例

头条的数据助手里还存储了很多有参考价值的数据，这些数据对作者来说很重要，因为作者可以据此"投其所好"，多发表粉丝喜欢的作品。

下面跟大家分享通过今日头条的数据助手整理和分析的某作者的粉丝阅读量的结论。

5：00—6：00时间段：广东粉丝的阅读量占68.36%，山东粉丝的阅读量占8.27%，四川粉丝的阅读量占0.06%(其余一些地区没有数据)。

6：00—7：00时间段：广东粉丝的阅读量占52.68%，山东粉丝的阅读量占10.57%，江苏粉丝的阅读量占9.56%，四川粉丝的阅读量占2.76%(其余一些地区没有数据)。

7：00—8：00时间段：广东粉丝的阅读量占42.89%，山东粉丝的阅读量占12.85%，江苏粉丝的阅读量占9.92%，广西粉丝的阅读量占8.96%，四川粉丝的阅读量占3.76%(其余一些地区没有数据)。

8：00—9：00时间段：广东粉丝的阅读量占33.58%，山东粉丝的阅读量占13.55%，浙

江粉丝的阅读量占9.52%，广西粉丝的阅读量占10.58%，四川粉丝的阅读量占5.88%(其余一些地区没有数据)。

　　以上数据是通过该时间段内各省(市)粉丝的评论、关注及点赞的数量统计出来的。同时该数据也体现了各地方粉丝的起床时间，其中较为明显的是广东人起床较早，而四川人则更喜欢睡懒觉。

(资料来源：互联共商，有删改)

◆ 任务小结
请同学们根据任务实施过程中的实际情况进行任务小结。
_____
_____

◆ 任务评价
自我评价：_____
_____
小组评价：_____
_____
教师评价：_____
_____

任务1.2　电子商务数据分析的方法和步骤

任务1.2.1　电子商务数据分析的常用方法

　　在电子商务数据分析中，数据分析只是框架式的指引，实际分析问题时还需要很多方法和技巧，在一些通用的分析场景下可以快速使用。请同学们以小组为单位，上网搜索资料并讨论数据分析的常用方法有哪些，各种方法的适用范围是什么，并将讨论结果记录下来。
_____
_____

◆ 必备知识
用户可以借助多种方法将电子商务数据转换成有用的信息。换句话说，用户可以根据对数据的不同需求，利用不同的方法对电子商务数据进行分析。下面介绍几种常用的分析方法。

1. 直接观察法

　　直接观察法是指利用各种电子商务平台的数据分析功能，直接观察数据的规律，找出异常数据，对消费者进行分类。强大的数据分析工具可以有效提升信息处理的效率。

例如，通过直观地查看趋势图表，能够迅速了解市场走势、订单数量、业绩完成情况及消费者构成等，从而辅助决策。图1-4为某店铺不同性别人群对母婴类电商商品浏览行为的统计，从中可以直接观察到消费者性别构成、品类浏览偏好情况等数据，从而了解该店铺的哪些品类受哪类人群欢迎，进而可以针对该类人群制定相应的营销策略。其中，品类浏览偏好=某类细分新锐品牌人群在电商平台中对某类商品的关注度/所有在电商平台浏览过商品的用户对该类商品的关注度×100%。

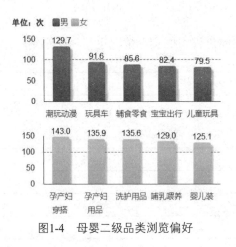

图1-4 母婴二级品类浏览偏好

2. AB测试法

AB测试法是指设计两个或多个版本，其中A版本一般为当前版本，B版本或其他版本为设想版本。通过测试比较这些版本的不同，可以最终选出更好的版本。

AB测试法的经典应用是淘宝直通车创意设计。例如，对直通车图片进行优化时，首先对当前图片进行分析，并提炼现有的创意要素，然后分析各要素的表现情况。如果发现某张图片点击率较低，并认为可能是文案不理想导致的结果，此时可以测试另一种文案；如果发现图片点击率较低是因为拍摄问题，则可以测试另一组照片。利用AB测试法就能不断地进行分析，最终得到优化的策略。

AB测试法的优点在于"可控"，即便新方案不行，也会有旧方案可用。

3. 对比分析法

对比分析法是将两组或多组数据进行比较，并查看不同数据的差异，以了解各方面数据指标。在电子商务数据分析中，经常会用到对比分析法，如进行竞争对手分析时，就会将自身的数据与竞争对手的数据进行比较，了解双方的优势与劣势，进而制定相应的策略。对于电子商务数据而言，可以从以下几个方面进行对比。

(1) 不同时期的对比。对不同时期的数据往往可以采用环比和同比的分析方法，如用本月销售额与上一月销售额对比，就能知道本月销售额的增减幅度。

(2) 与竞争对手或行业平均水平对比。通过将自身数据与竞争对手或行业平均水平进行对比，就能直观了解自身在该行业中所处的位置，并进一步分析原因。例如，如果发现自身转化率比竞争对手低很多,就可以分析转化率过低的原因并设法提高转化率。

(3) 优化前后的对比。在电子商务运营过程中,经常需要修改标题关键词、优化图片及修改详情页内容等。如果不进行优化前后对比,就无法判断调整是否有效。很多电子商务经营者都不会在优化后进行对比,特别是当优化后销售额有一定提升时,就会默认为优化后的情况比优化前的情况更好,而忽略了其他可能促进销售额提升的原因。

(4) 活动前后的对比。为促进销量,提升销售额,网店往往会不定期地开展各种活动,活动结束后运营人员需要对活动前后的各项数据进行对比,这样才能判断活动是否有效,以便为下一次活动提供更好的数据支持,进一步提高活动的质量。

4. 转化漏斗法

转化漏斗法是一套流程式数据分析方法,能够科学地反映用户行为状态及从起点到终点各阶段用户转化情况。转化漏斗法是比较常见和有效的数据分析方法,无论是注册转化漏斗,还是电子商务下单转化漏斗,都得到普遍应用。转化漏斗法的优势在于,可以从先到后还原消费者转化的路径,并分析每一个转化节点的效率。使用转化漏斗法时,一般需要关注以下几点。

(1) 从开始到结尾,整体的转化效率是多少?
(2) 每一步的转化率是多少?
(3) 哪一步消费者流失最多?原因是什么?流失的消费者符合哪些特征?

图1-5为注册转化漏斗分析示意图。图1-5中注册流程一共有三个步骤,其总体转化率为45.5%,也就是说1000个消费者来到注册页面,最终有455个消费者成功完成了注册。虽然转化率也不算低,但是不难发现注册第一步和注册第三步的转化率分别是89.3%和89.7%。因此,如果注册第二步的转化率提高,那么整体转化率还会大幅提升。也就是说,注册流程转化率低的问题出现在第二步,如果能优化第二步的相关操作,就能提升第二步的转化率,进而提高整体转化率。

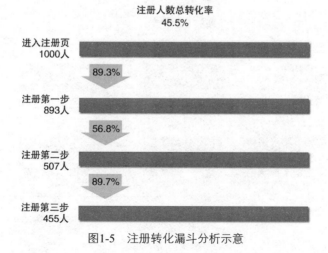

图1-5 注册转化漏斗分析示意

5. 七何分析法

七何即何时(when)、何地(where)、何人(who)、何事(what)、何因(why)、何做(how)、何价(how much)，因此七何分析法也称为5W2H分析法。这种方法通过主动提出问题，然后找到解决问题的路径，进而设计思路，有针对性地分析数据，最终得到结果。例如，分析店铺人群画像时，如果找不到切入点，就可以利用七何分析法进行引导。

(1) 何时。买家什么时候购物？最佳购物时间点是什么时候？购物频率怎样？等等。

(2) 何地。买家地理位置分布如何？各省市情况怎样？为什么会出现这种情况？等等。

(3) 何人。买家性别比例情况怎样？年龄结构如何？消费水平、工作职务又是什么情况？等等。

(4) 何事。能够给买家提供什么？是否满足买家需求？等等

(5) 何因。造成这种结果的原因是什么？等等

(6) 何做。买家购买时，习惯先加入购物车还是直接付款？习惯用"花呗"还是用信用卡？喜欢购买打折商品吗？等等。

(7) 何价。买家喜欢购买什么价位的商品？购买数量是多少？等等。

6. 杜邦拆解法

杜邦拆解法基于杜邦分析法的原理，利用几种主要财务比率之间的关系来综合分析企业财务状况，评价企业盈利能力和股东权益回报水平。其基本思想是将企业净资产收益率逐级分解为多项财务比率乘积，这样有助于深入比较分析企业经营业绩。

店铺销售额一般由访客数、客单价和转化率决定，依次可以将销售额拆解为这三个对象，然后进一步对访客数(老访客、新访客)、客单价(人均购买数量)、转化率(买家数、查询转化率、静默转化率和退货率)进行拆解，逐步分析各项指标的情况，最终找到问题所在。图1-6所示为使用杜邦拆解法分析的店铺销售额结构。

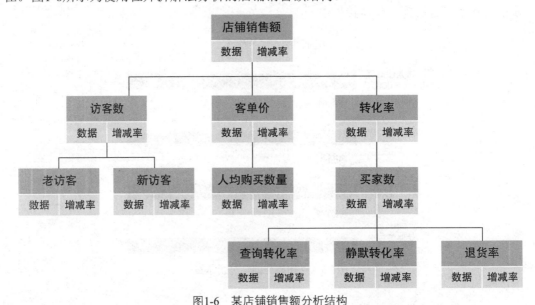

图1-6 某店铺销售额分析结构

任务1.2.2　分析电子商务数据的步骤

要成为一名合格的电商数据分析师其实是有难度的，需要付出很多时间和精力，要有一定耐心和承受力。电商数据分析师需要分析的数据太多，还需拥有清晰的逻辑思维能力。很多商家经常说不会数据分析，不知道该怎么分析，其实是因为没有一个清晰的逻辑。请同学们在小组内讨论，面对海量的数据进行分析时，怎样做才能不偏离数据分析的目标，为企业决策者提供有意义的指导意见，并将讨论结果记录下来。

_____

_____

◆ 必备知识

电子商务领域产生的数据是海量的。一个人即便掌握了各种数据分析方法，若没有正确的分析步骤，仍然无法处理好数据。下面介绍三种实用的分析电子商务数据的步骤，分别是常规分析步骤、内外因素分解分析步骤和DOSS分析步骤。

1. 常规分析步骤

电子商务数据分析都应该以业务场景为起始思考点，以业务决策为终点。进行数据分析时应该确定先做什么后做什么。基于此，可以将以下步骤作为常规分析流程来处理数据，如图1-7所示。

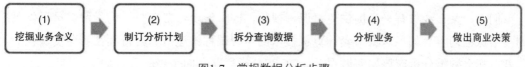

图1-7　常规数据分析步骤

(1) 挖掘业务含义，理解数据分析的背景、前提及想要关联的业务场景是什么。
(2) 制订分析计划，明确如何对场景进行拆分、如何推断。
(3) 从分析计划中拆分出需要的数据，真正落实到分析本身。
(4) 从数据结果中分析业务。
(5) 根据数据结果做出最终商业决策。

2. 内外因素分解分析步骤

进行电子商务数据分析时，数据指标会受到很多因素的影响，因此在分析数据时，找准关键因素尤为重要。内外因素分解分析法善于处理这类情况。可以首先把问题拆分为4个因素，通过四象限图的结构，完成内部因素、外部因素、可控因素和不可控因素范围下的数据分析工作，然后一步步解决每一个问题，如图1-8所示。对于可控的内部因素，可以立即执行；对于可控的外部因素，可以寻求相关渠道解决；对于不可控的内部因素，可以进行协调沟通；对于不可控的外部因素，可以暂作确定假设处理。

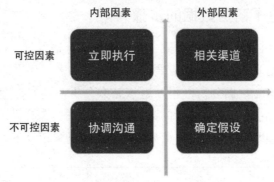

图1-8　内外因素分解分析

3. DOSS分析步骤

DOSS分析是从一个具体问题分析整体影响，从单一的解决方案找到规模化解决方案的过程，如图1-9所示。

图1-9　DOSS分析思路

例如，某在线教育平台提供免费课程视频，同时售卖付费会员，为付费会员提供更多的高级课程内容。如果想将一套计算机技术的付费课程推送给一群持续在看免费课程的消费者，那么数据分析应该如何做呢？按DOSS分析思路，四个步骤分解如下。

(1) 具体问题。预测是否有可能让某一群组消费者购买课程。

(2) 整体影响。根据这类人群的免费课程使用情况进行数据分析、数据挖掘，之后进行延伸，找出对整体的影响，除了计算机类课程，这类人群是否关注其他类型的课程。

(3) 单一回答。对该群消费者进行建模，监控该模型对最终转化的影响。

(4) 规模化方案。推出规模化的解决方案，对符合某种行为轨迹和特征的行为进行建模，建立商品化课程推荐模型。

> **扩展阅读**　**2021年新锐人群洞察报告：年轻人撑起国潮品牌，食品饮料占半边天(节选)**

贵士移动(QuestMobile)数据显示，2020年全年及2021年上半年，融资千万元以上并上市的新锐品牌中，食品饮料、家电、美妆占比分别达到56.1%、21.8%、18%。其中，食品饮料经历两年多的快速发展，虽然在用户关注度中位居第一，但是，在竞争中已经成了"红海"，家电成为新的风口，资本关注度相当高。

具体来看，2021年5月，美妆、母婴、食品饮料、家电等领域，最受关注的新锐品牌分别为完美日记、哆猫猫、元气森林、小吉。相对来说，食品饮料、美妆竞争非常激烈，食品饮料类别中,元气森林关注度虽然位居第一(9.4%),但是比第二名的轩妈食品(8.9%)仅高了0.5个百分点;同样,美妆类别中,完美日记(6.3%)也仅比MOODY(5.6%)高了0.7个百分点。

新锐品牌全方位崛起,背后支撑人群非常明确,主要为女性、35岁以下年轻人,一线城市比例略高,其他城市整体均衡。具体从不同领域来看,食品饮料类别中,男性更喜欢购买酒、茶以及家庭刚性消耗品,女性则对生活化、休闲化食品接受度更高;美妆类则有一点特殊,女性是各品类美妆用品的主力消费者,但是,男性的平均浏览价格略高于女性。

这一轮新锐品牌的崛起,离不开带货渠道的崛起,传统的网络购物平台已经处于均衡化的竞争态势,新的增长空间主要靠内容平台、关键意见领袖(KOL)。从内容平台层面来看,总体上,24岁以下年轻人空余时间更多,更爱看休闲潮流类内容,25~35岁人群则对创业、职场、母婴、房产家居类内容更感兴趣……

新锐品牌由细分人群切入市场,俘获资本和年轻消费者的青睐。

(1) 消费行业快速崛起一批新锐品牌,其中食品饮料赛道竞争最为激烈,如图1-10所示。除此以外,家电品牌受资本关注,美妆品牌受用户关注。

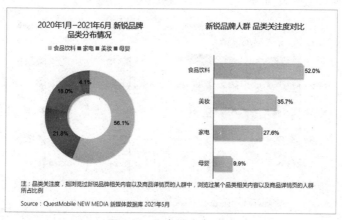

图1-10 品类关注度对比

(2) 新锐品牌的消费者多为女性、35岁以下的年轻人,地域分布较为均衡,在一线及新一线城市更受欢迎,如图1-11所示。

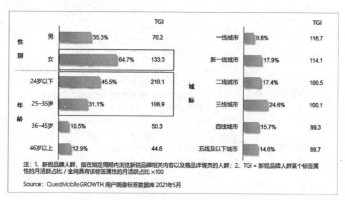

图1-11 新锐品牌人群用户画像分布

(3) 食品饮料和美妆类产品因需求旺盛、供应链体系成熟，休闲食品、彩妆等吸引了更多关注，如图1-12所示。

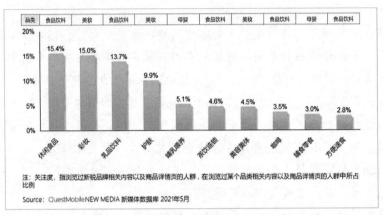

图1-12　新锐品牌关注度前十细分品类

(4) 一批初创品牌在产品设计、品牌营销中表现出色，成为新锐品牌的代表，其中食品饮料和美妆品类的竞争最为激烈，如图1-13所示。

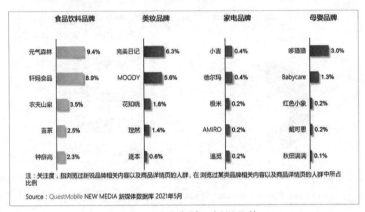

图1-13　关注度前五新锐品牌

(5) 新锐品牌在成长过程中通常由细分人群进入市场，通过持续的产品迭代和品牌营销，逐步面向更广泛人群，形成品牌护城河，如图1-14所示。

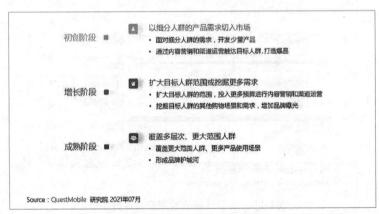

图1-14　新锐品牌成长路线

(6) 洞察人群的特征与偏好成为新锐品牌成功的关键，品类与价格偏好、购物渠道偏好、内容平台及关键意见领袖(KOL)偏好是四个必要考虑因素，如图1-15所示。

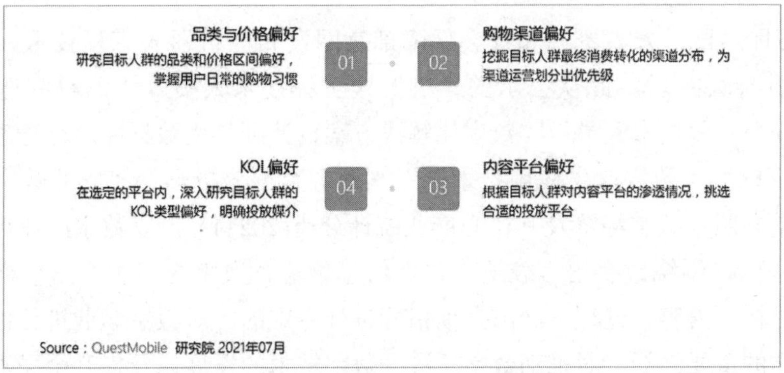

图1-15　品牌人群洞察要素

(资料来源：艾奇SEM，有删改)

◆ 任务小结

请同学们根据任务实施过程中的实际情况进行任务小结。
_____
_____

◆ 任务评价

自我评价：_____

小组评价：_____

教师评价：_____

任务1.3　电子商务数据分析岗位的职业规划

任务1.3.1　商务数据分析专业面向的典型岗位

数据时代，数字化人才成为企业纷纷争夺的"香饽饽"，互联网企业招募大量数据类岗位人才。《2020中国数字化人才现状与展望》报告显示，数字化人才的需求在不断增加。与此同时，数字化人才的岗位薪资也高于普通白领平均薪资，在阿里巴巴、腾讯、华为等大型互联网企业，数字化人才的年薪甚至接近百万元。请同学们以小组为单位讨论，怎么才能成为优秀的数据分析师和数据产品经理？需要进行哪些知识储备？并将讨论结果记录下来。
_____
_____

◆ 必备知识

1. 职业前景

2022年6月14日，人力资源和社会保障部官网发布《机器人工程技术人员等18个新职业信息向社会公示》。此次公示的"机器人工程技术人员""增材制造工程技术人员""数据安全工程技术人员""数字化解决方案设计师""数据库运行管理员""信息系统适配验证师""数字孪生应用技术员""商务数据分析师""农业数字化技术员"等职业，均是参照《数字经济及其核心产业统计分类(2021)》，以数字产业化和产业数字化两个基本视角，围绕数字语言表达、数字信息传输、数字内容生产三个维度，以及工具、环境、目标、内容、过程、产出六项指标进行界定的。对数字职业进行标注，是我国职业分类工作的重要创新，对推动数字经济、数字技术的发展以及提升全民数字素养具有重要意义。

职业分类作为制定职业标准的依据，是开展职业教育培训和人才评价的重要基础性工作。这些新职业信息的发布，对于增强从业人员的社会认同度、促进就业创业、引领职业教育培训改革、推动经济高质量发展等，都具有重要意义。

2. 典型岗位职业素养

商务数据分析专业毕业生的就业方向有以下几种。

1) 数据分析师

- 岗位描述：

(1) 负责数据分析与数据挖掘；

(2) 负责公司产品各阶段数据的整理、分析并提交数据报告，重点对用户行为数据进行分析和挖掘；

(3) 对海量业务数据进行整合、分析挖掘，挖掘产品以及用户潜在信息，为营销、运营及决策提供业务分析及数据支持。

- 岗位要求：

利用各种方法进行数据收集；利用数据处理软件进行一系列加工处理，降低原始数据的复杂程度，最终汇总成用户可以解读的业务指标；灵活运用各种分析方法，对数据资料进行分析，深入挖掘数据内涵；熟练运用各种预测方法进行市场预测。

2) 运营数据分析专员

- 岗位描述：

(1) 通过聊天工具为客户解答问题(关于商品、快递、售后、价格、网站活动、支付方式、发票等疑问)、回复咨询，引导客户完成订单，有机会再向客户推荐其他热销或者关联产品；

(2) 负责联系未及时付款的客户，适当地催单；

(3) 客户下单后，核对客户的相关信息是否准确无误；

(4) 负责及时有效地沟通并收集客户信息，确保货品库存充足，主动与客户联系，以解决问题。

岗位要求：

根据企业产品等信息回答客户咨询；利用客户咨询契机有效宣传产品亮点、特色、价格优势、促销活动等，从而引导客户下单购买，提高客户咨询转化率；根据订单状态跟踪物流进度，及时向买家反馈物流状态，提醒买家确认收货，直至订单完成；处理纠纷事件，分析纠纷原因，判定责任归属，熟悉平台纠纷处理规定；分析客户数据，开展有效的客户分类管理。

3) 市场数据分析专员

● 岗位描述：

(1) 负责制定市场数据收集方案；

(2) 负责收集市场数据；

(3) 开展数据整理、筛选、清洗等工作；

(4) 进行数据分析；

(5) 负责撰写市场分析报告。

● 岗位要求：

(1) 市场数据采集岗位：理解市场数据采集指标的含义，根据数据采集与处理的方案，熟练地使用数据采集以及数据分析辅助工具；运用数据采集的方法与技巧，对行业的总销售额、行业增长率、顾客品牌偏好、顾客地域分布、职业等数据进行合理合规的采集。

(2) 数据分析岗位：熟练运用数据采集与处理方法，对日常采集到的市场数据进行分类整理；熟练使用分析工具，运用数据分析的方法，对处理后的数据进行趋势分析、对比分析、环比分析等；能够将分析结果形成专业的市场数据分析报告。

4) 客户数据分析专员

● 岗位描述：

(1) 能使用几种常见的采集器进行数据采集，能导入不同来源的数据；

(2) 能处理重复数据、缺失数据及逻辑错误数据；

(3) 能运用Excel及常见的数据采集器进行数据处理及保存。

● 岗位要求：

(1) 客户数据采集与处理岗位：根据调查目的正确选择数据采集方法；能进行客户类数据及产品类数据采集处理。

(2) 客户数据分析与可视化岗位：运用Excel进行客户数据分析；运用可视化工具进行客户数据整合；根据分析主题选取合适的图表；运用可视化工具制作图表；根据图表的特点对图形元素进行调整、优化。

5) 产品数据分析专员

● 岗位描述：

主要负责相关产品数据的采集、筛选及分析工作。

- 岗位要求：

(1) 产品数据采集岗位：理解电子商务数据采集指标含义，按照数据采集与处理的方案，熟练使用数据采集以及数据分析辅助工具；运用数据采集的方法与技巧，对产品搜索指数、产品交易指数等相关产品行业数据进行合法合规采集。

(2) 产品数据分析岗位：理解数据指标含义，根据电子商务数据化运营方案，熟练使用数据分析工具；运用数据分析的方法与技巧，对产品搜索指数、产品交易指数等相关产品行业数据进行分析。

任务1.3.2 数据分析师的职业规划

近几年数据分析的重要性进一步加强，我国数据分析师数量持续增长。据统计我国数据分析岗位需求规模达到300万个，且未来5年都将以30%～40%的速度增长，需求总量将达到2000万个。每个人在学习数据分析的时候可能都会陷入迷茫，数据分析需要那么多技能，该如何学习呢？请同学们以小组为单位讨论，不同数据分析岗位需要掌握哪些技能。

◆ 必备知识

常见的数据分析师主要包含以下六大类，如图1-16所示。

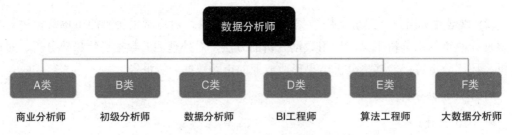

图1-16 常见的数据分析师岗位划分

1. 商业分析师

(1) 岗位特点：上手快、深入难。

(2) 主要工作：帮助业务人员、市场人员以及管理人员做一些数据的分析，还原数据的本质，讲述数据的故事，要很清楚地了解市场要什么，用户爱什么。

(3) 需要掌握的技能。

① 硬性技能：SQL、Excel、PPT等常用办公软件。

② 软性技能：表达能力、沟通能力、审美能力、逻辑思维能力。

③ 需要掌握的方法论：ABtest、AARRR、SWOT、RFM、二八原则、5W2H等。

④ 需要掌握的统计学知识：常规统计指标(均值、中位数、分位数、T检验等)、回归、聚类、因子、决策树、逻辑回归等。

⑤ 加分项：具有图表可视化、结构化思维应用、金字塔原理应用、数据处理经验。另外，需要掌握一些宏观数据的获取方式，最好掌握一种自助式BI工具，比如Google

Analytics、百度统计、TalkingData、神策数据等。

(4) 发展方向：业务负责人、独立咨询师、管理者、战略分析师。

(5) 适合人群：文科生、运营/产品转岗人员，以及不喜欢编程、不善于研究算法的学生。

2. 初级分析师

(1) 岗位特点：学习内容广泛。

(2) 主要工作：协助业务员或者上级完成常规工作，换句话说就是别人要什么，分析师就做什么。

(3) 需要掌握的技能。

① 硬性技能：SQL、Excel、PPT、Python/Spss/R。

② 软性技能：沟通能力、抗打击能力、数据管理能力(数据库和数据字典)。

③ 需要掌握的方法论：ABtest、AARRR、SWOT、RFM、5W2H等。

④ 需要掌握的统计学知识：常规统计指标(均值、中位数、分位数等)、回归、聚类、因子、决策树、逻辑回归等。

⑤ 加分项：理解力强，擅长各类工具的应用，能快速响应需求方的需求。

(4) 发展方向：数据分析师、数据产品经理、数据仓库人员。

(5) 适合人群：数据分析爱好者。

3. 数据分析师

(1) 岗位特点：能够独当一面，战斗力强，在企业决策者面前有一点影响力。

(2) 主要工作：除了从事被动的常规分析外，还能主动发现业务存在的问题，能从数据中找到问题，梳理业务发展与指标体系之间的关系，从事日常监督分析和专题性分析。

(3) 需要掌握的技能。

① 硬性技能：SQL、Excel、PPT、Python/Spss/R、Tableau/Powerbi，还要懂一些BI工具和市面上流行的数据产品。

② 软性技能：沟通能力、表达能力、较强的逻辑思维能力。

③ 需要掌握的方法论：ABtest、AARRR、SWOT、RFM、二八原则、5W2H、用户及产品生命周期等。

④ 需要掌握的统计学知识：常规统计指标(均值、中位数、分位数等)、回归、聚类、因子、决策树、逻辑回归、机器学习等。

⑤ 加分项：具有图表可视化、PPT展示经验，对行业有认识和沉淀。

(4) 发展方向：数据分析师、项目经理、数据化高管。

(5) 适合人群：信息应用类、金融类、统计类等相关专业人员。

4. BI工程师

(1) 岗位特点：分析师中的程序员。

(2) 主要工作：负责数据仓库设计、建模，构建可扩展的数据仓库以及数据分析解决方案，主要从事数据规范、数据仓库、业务需求报表开发、多维度呈现等工作。

(3) 需要掌握的技能。

① 硬性技能：数据库技术、Informatica、Datastage、Kettle，还有一些厂家的展示产品Business Objects、 Cognos，常用梳理工具ERwin、ECharts等。

② 软性技能：理解能力、表达能力、思维能力。

③ 需要掌握的方法论：无特殊要求。

④ 需要掌握的统计学知识：常规统计指标(均值、中位数、分位数等)、回归、聚类、因子、决策树、逻辑回归等。

⑤ 加分项：专业技术过硬，视觉思维强，有过大型BI(business intelligence，商业智能)系统建设经验。

(4) 发展方向：CTO(首席技术官)、项目经理、产品经理、平台负责人等。

(5) 适合人群：计算机、数学、数理统计等相关专业人士。

5. 算法工程师

(1) 岗位特点：专业技术过硬。

(2) 主要工作：做算法、搞研发、创新算法等。

(3) 需要掌握的技能。

① 硬性技能：数据库技术、Hadoop、Python、R、Spark等。

② 软性技能：理解能力、表达能力、思维能力。

③ 加分项：熟练掌握各种算法，专业技术过硬，能阅读国外专业书刊。

(4) 发展方向：视频算法工程师、图像处理算法工程师、音频算法工程师、通信基带算法工程师、信号算法工程师等。

(5) 适合人群：计算机、电子、通信、数学等相关专业人士。

6. 大数据分析师

(1) 岗位特点：利用各种数据源，打破信息孤岛，在海量数据中寻找数据规律，发现数据异常。

(2) 主要工作：负责大数据分析和挖掘平台的规划、开发、运营和优化等。

(3) 需要掌握的技能。

① 硬性技能：掌握基本的数据统计工具，并能够绘制数据可视化表格，能够编制数据分析报告。

② 软性技能：具备基本的数据思维与敏感度。

③ 需要掌握的方法论：ABtest、AARRR、SWOT、RFM、二八原则、5W2H等。

④ 需要掌握的统计学知识：常规统计指标(均值、中位数、分位数等)、回归、聚类、因子、决策树、逻辑回归、机器学习等。

⑤ 加分项：具有大数据分析的应用场景设计融合能力。

(4) 发展方向：大数据开发工程师、大数据挖掘师、大数据高级工程师、大数据运维工程师等。

(5) 适合人群：信息技术、信息安全、软件、统计学、应用数学、金融数学、人工智能、自动化等相关专业人士。

> **扩展阅读** 日行2万余步，他是外卖商家的"幕后军师"

晚上7时，大多数人正在享用晚餐，26岁的重庆小伙儿谢鹏仍在外奔波。按照计划，他当天还要走访8户商家，了解他们在外卖运营过程中存在的问题，并提出解决方案。

谢鹏是一名外卖运营师，就职于美团外卖。这是一个随着互联网新经济发展产生的新职业，主要服务于入驻外卖平台的商家。从商家注册上线到活动推广，他们将从专业角度为商家规划线上运营方式，是商家们的"外卖军师"。

"我的每一天都是从一张表格开始的。"谢鹏告诉记者，自己负责的商家有300多户，每个工作日的行走步数超过28 000步。每天出门，他都会做一个详细的计划表，里面罗列着当天要走访的商家，商家的经营情况，以及改进和提升方案。

在外人看来，外卖运营师每天都在"逛街"，但事实上，作为商家的"外卖军师"，他们为商家的数字化运营出谋划策，深度参与商家外卖运营全过程。

"这家沙县老馄饨以前没有外卖，这两年堂食生意减少，老板才开始尝试外卖，现在外卖平台的销量已经冲进商圈前三了。"谢鹏说的这家店位于大渡口区，老板柯先生是福建人。今年7月，他找到谢鹏，希望能做线上外卖，增加店铺销量。

虽然经营了多年餐饮，但对于外卖，柯先生还是一个门外汉。"基本上都是谢鹏帮我一手包办的。"柯先生说，从注册资料到设计菜单，再到活动推广……谢鹏一路手把手教他，帮他优化了商品的图片和分组、设置招牌菜、做商品引流等，还提醒他后期要注重用户反馈，关注、维护门店评论等。

"外卖上线第一天，这家店接了大约20单外卖，第二天有30单左右。"谢鹏透露，两天时间里，他在分析店铺的各项数据时发现，入店转化率正常，下单转化率较低，"根据这个情况，我又帮商家设计了新客减免、配送费减免、收藏有礼等活动，一下子就把下单转化率提升了25%以上，订单量每天都在递增。"

目前，这家卖馄饨的小店，日均外卖订单量有100单左右。

据《2020年中国外卖产业发展大数据报告》显示，2015年至2019年，中国餐饮外卖行业市场规模呈现快速上升态势，行业年均复合增长率达45.46%。外卖产业的发展形成人才虹吸效应。招聘平台数据显示，目前在北上广深等一线城市，"外卖运营"相关岗位需求量较大，且多数岗位月薪超过1万元。

(资料来源：央广网，有删改)

◆ 任务小结

请同学们根据任务实施过程中的实际情况进行任务小结。

◆ **任务评价**

自我评价：_____

小组评价：_____

教师评价：_____

知识拓展

1. EB

EB是计算机存储单位，全称Exabyte，中文名叫艾字节。计算机存储单位一般用B、KB、MB、GB、TB、PB、EB、ZB、YB、BB来表示。

2. KOL

关键意见领袖(key opinion leader，KOL)是营销学上的概念，通常被定义为拥有更多、更准确的产品信息，且为相关群体所接受或信任，并对该群体的购买行为有较大影响力的人。

3. ETL

ETL是英文extract-transform-load的缩写，用来描述将数据从来源端经过抽取(extract)、转换(transform)、加载(load)至目的端的过程。

模块总结

蓬勃发展的数字经济对人才产生了新要求，同时，对数据分析结果的全面性、准确性、及时性、可预测性提出了更高的要求。既懂电子商务数据分析原理，又掌握电子商务数据分析技能的人才将受到企业的关注和青睐。优秀的数字营销和商务数据分析岗位人员，既能全面进行市场分析，也能细化商品数据分析；既能理解企业业务流程，也能利用工具进行统计分析；既懂得电子商务数据分析体系指标，也能洞悉数据分析用户的行为习惯，从而实现从数据分析到优化决策的转化，打造互联网运营生态闭环。

我的收获：_____

我的不足：_____

模块 2 易上手的数据分析利器

> 我们加快推进科技自立自强，全社会研发经费支出从1万亿元增加到2万8千亿元，居世界第2位，研发人员总量居世界首位。
>
> ——党的二十大报告

学习目标

知识目标

- 了解目前主流的电子商务数据分析工具及其特点
- 掌握Excel常用公式
- 熟悉Python部署步骤
- 掌握Python常用模块

能力目标

- 掌握使用Excel常用公式应对数据处理任务的要领
- 具备Python运行环境部署的能力
- 掌握Python目前主流编写平台的部署方法

技能目标

- 熟练掌握主流的电子商务数据分析工具
- 熟练使用Excel解决相关问题
- 熟练使用Python解决相关问题

模块导入

2022年"双11"期间，拥有2100万常住人口的成都，显示出了强大的购买力。"抖音双11好物节"数据报告显示，成都在抖音电商消费城市排名中位居全国第四。同样，在京东公布的"双11"报告中，成都在全国直辖市/地级市购买力排名中位居全国第六。

消费实绩的背后，反映的是成都电商氛围浓厚、产业动能澎湃。12月2日举行的"乡村好风物，电商新消费"2022中国(成都)移动电子商务年会暨乡村直播电商节开幕式上，抖音、美团、微博、唯品会、盒马鲜生五大电商平台代表接力发布"2022成都电商消费数据",从电商热门品类销量增长率、"消费券"话题热度、电商平台用户活跃度、区(市)县线上繁荣度等多维度出发,输出消费亮点数据,展现城市消费活力,共绘成都电商消费热力图。

显然,数据分析离不开数据图表。数据图表可以方便地查看数据的差异和预测趋势,使数据比较或数据变化趋势一目了然,有助于快速、有效地表达数据关系。合理的数据图表,会更直观地反映数据间的关系,比用数据和文字描述更清晰、更易懂。将工作表中的数据转换成图表,可以帮助读者更好地了解数据间的比例关系及变化趋势,对研究对象做出合理的推断和预测。本模块将引领读者了解电子商务数据分析工具的种类及其特点,掌握Excel常用的公式,熟悉Python的相关知识,帮助读者快速掌握数据分析工具并能绘制出有效的数据图表。

任务2.1 电子商务数据分析工具介绍

任务2.1.1 电子商务数据分析工具

随着数据分析领域的不断发展与成熟,可访问的数据分析工具的数量也随之日益增多。数据分析是清理、转换和为数据建模的过程,以便为业务决策找到有用的信息。数据分析的目标是从数据中提取可用信息并做出决策。在任何情况下,数据分析师都需要使用数据分析工具从业务数据中提取相关信息,并且合理利用各种数据分析工具使整个分析过程更加方便、容易。请通过网络了解主流的数据分析工具有哪些,在小组内进行分类汇总,并将汇总结果记录下来。

_____

_____

◆ 必备知识

对于数据分析师而言,了解并熟练使用数据分析工具在当今信息化时代至关重要。下面对几款主流的电子商务数据分析工具进行介绍。

1. 微软Excel

上手难度:★

使用频率:★★★★

Excel是世界上最著名的电子表格程序。此外,Excel还具有数据分析的计算和绘图功能。

Excel的内置功能至关重要,包括数据透视表(用于对数据进行排序或汇总)和表单开发工具。

但是Excel在处理庞大的数据集时运行速度非常慢,并且有可能发生错误。尽管如此,Excel仍是一个重要而强大的工具,并且可以通过使用大量插件,轻松克服自身缺点。Excel是每个数据分析师都必须熟练掌握的工具。

2. Python

上手难度：★★★

使用频率：★★★★

Python是一种面向对象的编程语言，最初被用于软件和网页开发，但后来被改进用于数据研究。Python是现在最火的免费开源编程语言之一。

Python的数据分析库Pandas是在Python的第一个数据科学库NumPy上开发的，支持大量的数据转换和数值分析。Pandas是完成数据可视化、数据屏蔽、合并、索引、分组和数据清理等任务的有效工具。除此以外，Pandas还支持多种文件格式，例如，可以将Excel电子表格中的数据导入处理集以进行时间序列分析。

3. SAS(statistical analysis system)

上手难度：★★★★

使用频率：★★

SAS是一款统计软件包，通常用于商业智能 (BI)、数据管理和预测分析。SAS 是一款专业软件，必须付费才能使用，但同时也提供了免费的学生版本。

SAS使用起来很简单，但是，想要熟练使用该工具需要对SAS编程有更深入的了解。SAS的DATA阶段(此阶段用于生成、导入、更改、合并或计算数据)可进行低效的数据管理和操作。

4. Jupyter Notebook

上手难度：★★★

使用频率：★★

Jupyter Notebook是一个用于创建交互式文档的开源在线工具，可以使用实时代码、数学、图形和叙事散文的组合。同时，Jupyter Notebook也支持基于浏览器的编程环境，包括40多种语言，例如Python和R编程，因此非常适合作为数据分析展示的工具。

5. Power BI

上手难度：★★

使用频率：★★★★

Power BI总共有三个版本：桌面版、专业版和高级版。桌面版可免费使用，专业版和高级版是付费版本。该软件可以查看数据，连接多个数据源并展示结果。Power BI的实时仪表板和报告能使数据栩栩如生。当然，Power BI还能够与其他工具(如 Microsoft Excel)相连接，十分便捷。

6. Tableau

上手难度：★★

使用频率：★★★★

Tableau是最出色的商业数据分析工具之一，不需要大量编码知识即可创建交互式、可视化的仪表板。该套件能比许多其他商业智能工具更好地处理大量数据，并且非常适合初学者使用。

该工具有图形拖放界面(与许多其他数据分析工具相比的另一个明显优势)。但是，由于缺少脚本层，Tableau的功能受到限制。例如，不适用于预处理数据或构建更复杂的计算。尽管Tableau存在缺陷，但其可视化效果相当好，也适合在移动设备中使用，因此非常受欢迎。

7. KNIME

上手难度：★★★★

使用频率：★★

KNIME (Konstanz information miner)是一个开源的、基于云的数据集成平台，由德国康斯坦茨大学的软件开发人员于2004年创建。

尽管其最初是为制药业务设计的，但后来随着技术的提高，KNIME拥有了能使各个来源的数据聚合到一个系统中的能力，因此在客户分析、商业情报和机器学习等领域中也得到了广泛运用。

KNIME的优点体现在拖放式图形用户界面(graphical user interface，GUI)，非常适用于可视化编程，这意味着用户不需要高水平的技术能力也可构建数据管道。

8. R-Studio

上手难度：★★★

使用频率：★★★★

R-Studio是一种著名的开源编程语言，类似于Python，通常用于数据分析和统计建模。R-Studio的语法比Python更复杂，学习难度也更高。

R-Studio主要是为密集的统计处理工作负载而设计的，并同样支持数据可视化。R-Studio与Python一样，拥有一个可公开访问的代码网络，称为CRAN(comprehensive r archive network)，其中包含超过10000个数据包。

9. SQL Console

上手难度：★★★★

使用频率：★★★★

如果没有SQL(structured query language，结构化查询语言)控制台，数据分析工具列表将是不完整的。SQL本质上是一种用于管理、查询关系数据库系统的计算机语言，作为分析师的数据库工具，其在管理结构化数据方面非常有用。

SQL Console是被数据科学界广泛使用的分析工具之一，因为大多数数据都保存在关系数据库中，需要通过访问工具即可进行查询和搜索。MySQL、PostgreSQL、MS SQL和Oracle是关系(基于SQL)数据库管理系统的示例。

10. ETL Tools

上手难度：★★★

使用频率：★★★★

随着公司的扩张，提取、加载数据并将数据转换到另一个数据库中，对其进行分析并生成查询的业务需求越来越高，ETL逐渐成为世界各地企业的必备工具。

ETL工具主要分为三种类型：批量ETL、实时ETL和基于云的ETL，每种工具都有自己的一套标准和功能，可以满足不同的业务需求。

当然，市面上数据分析工具还有很多，每个工具都有其独到之处。随着学习者学习的深入，可以根据所处理问题的性质来选择不同的工具软件。

任务2.1.2　易上手的数据分析利器

"数据分析"是当今社会非常火的一个职业，很多学生都觉得这个行业收入可观，发展前景好，希望毕业后能够从事这个职业。虽然数据运营师、商业分析师、产品经理等职业对技术的要求相对较低，会用编程工具即可，但是数据算法工程师、数据挖掘工程师等职业对技术的要求很高，必须要有很好的编程能力。"工欲善其事，必先利其器。"说起数据分析工具，初学者都会感觉很迷茫，面对这么多数据分析工具，应该学习哪个工具？它们之间的区别到底是什么？请同学们以小组为单位进行讨论，并将讨论结果记录下来。

◆ **必备知识**

1. Microsoft Office Excel 和 WPS Office Excel

Microsoft Office Excel是微软为使用Windows和Apple Macintosh操作系统的电脑用户编写的一款电子表格软件。直观的界面、出色的计算功能和图表工具，再加上成功的市场营销，使Excel成为最流行的个人计算机数据处理软件。

WPS Office Excel是我国金山公司(Kingsoft)开发的一款电子表格软件。与Microsoft Excel相比主要功能区别不大，而WPS Office Excel出现的时间比Microsoft Office Excel晚，虽然WPS Office Excel可以兼容Microsoft Office Excel的老格式(.xls)与新格式(.xlsx)，但是两个软件在做同一个文件时，还是存在着一定的不同。WPS Office Excel在个人常用的工具上进行了一些完善，而Microsoft Office Excel的市场占有率更大，并且在功能开发上还是一个领跑者。

Excel的主要特点如下。

(1) 表格录入、制作简单。

(2) 能实现数据透视的效果。学会数据透视表，基本可以解决80%的工作需求。

(3) 通过公式可以进行数学计算。

(4) Excel里的数据分析可以实现描述统计、假设检验、抽样等统计分析的功能。只要用得好，Excel不逊色于专业的统计分析软件。

(5) Excel提供多种图表样式与风格，比单一的数据表格展现出更加直观的数据表现力。

(6) 具有VBA功能。VBA(Visual Basic for Applications)是Visual Basic的一种宏语言，是在其桌面应用程序中执行通用的自动化(OLE)任务的编程语言。用VBA编程能够实现更高级复杂的需求，更好地拓展应用场景。

(7) 安装PowerQuery、PowerMap、PowerView等插件，提供更为强大的数据分析功能。

2. Tableau

Tableau是用于商业智能(business intelligence，BI)的可视化分析软件，成立于2003年，是斯坦福大学一个计算机科学项目的成果，该项目旨在改善分析流程并让人们通过可视化更轻松地使用数据。Tableau自成立以来高速发展，提供更实用的机器学习、统计、自然语言和智能数据准备功能。

Tableau是一个可视化分析平台，十分容易上手，通过拖拽等操作能轻易创建图表。该技术通过直观的界面将拖放操作转化为数据查询，从而对数据进行可视化呈现。通过官方网站打开Tableau首页，如图2-1所示。

图2-1　Tableau官方网站首页

Tableau是可以媲美Excel图表制作的一个专门图表工具，其将数据计算和图表完美地融合在一起，可以生成美观的图表、坐标图、仪表盘与报告。利用Tableau简便的拖放式界面可以自定义视图、布局、形状、颜色等，帮助分析师展现不同的数据视角，特别是多表联动数据源功能，是用来快速分析、可视化的强大工具。

1) 目前常用的Tableau版本

(1) Tableau Desktop(收费版)：电脑桌面版(企业级)，可与数据库进行连接，能够高效地完成数据连接与可视化。

(2) Tableau Server(收费版)：服务器版，基于浏览器和移动设备的分析工具(企业级)，支持公司数据的分析共享。

(3) Tableau Public(免费版)：电脑桌面版，可将自己创建的可视化内容进行发布，与全球Tableau爱好者进行交流和互动。

2) Tableau支持多种数据源(见图2-2)

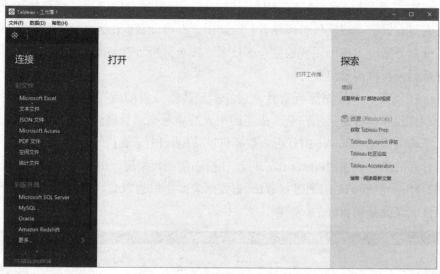

图2-2　Tableau连接数据源的界面

(1) 文件型数据源，包括Microsoft Excel电子表格文件、文本文件、JSON文件、Microsoft Access数据库文件、PDF文件等。

(2) 服务器型数据源，包括Microsoft SQL Server、MySQL、Oracle、Amazon Redshift、PostgreSQL、ODBC等。

如图2-3所示，Tableau通过挂载Excel数据表，生成的东北、华北、华东、西北、西南、中南各省/市/自治区某商品利润及销售额的条状图表。

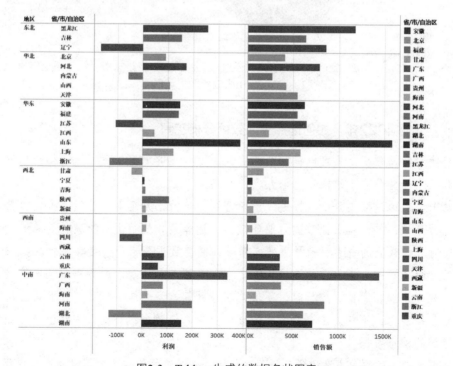

图2-3　Tableau生成的数据条状图表

3. Power BI

Power BI以前是Microsoft Excel的一个插件，后来独立门户，其可视化效果非常强大，被视为商业分析领域软件的领导者。所谓BI，即商业智能(business intelligence)，又称商业智慧或商务智能，指用现代数据仓库技术、线上分析处理技术、数据挖掘和数据展现技术进行数据分析以实现商业价值。

Power BI就是一个数据分析工具，它能实现数据分析的所有流程，包括对数据的获取、清洗、建模和可视化展示，从而来帮助个人或企业来对数据进行分析，用数据驱动业务，做出正确的决策。Power BI分析的数据可以是Excel电子表格，也可以是基于云和本地混合数据仓库的集合。使用Power BI，可以轻松连接到数据源，进行数据分析并可视化。

如图2-4所示，Power BI通过挂载Excel数据表，生成的东北、华北、华东、西北、西南、中南地区某商品销售额的环状图。

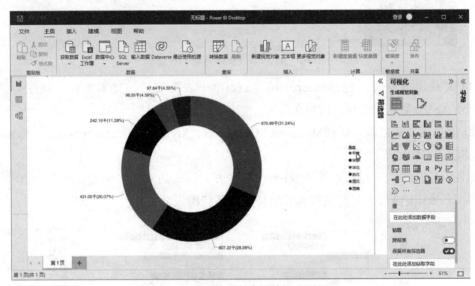

图2-4　Power BI生成的数据环形图

> **扩展阅读**　2022年，如何选择最佳数据分析工具

有效使用数据分析工具可以提升业务决策能力，能够更好、更快地获得市场洞察力，这也是数字化转型最需要的核心竞争力。

准确来说，通过数据分析软件进一步挖掘数据价值，是企业业务能力全面提升的关键所在。也就是说，要想真正让数据为业务赋能，选择最佳的数据分析软件是关键，尤其是在大数据时代，数据的种类、数量爆发式增长，使得数据分析变得更具挑战性。

当然，除了数据分析平台的选择，方案本身是否与企业现有的数据源全面连接，也很重要。比如，企业在做数据分析时，不仅关注云计算本身的服务能力，还要关注边缘计算的部署和监控能力；不仅关注企业原有的核心业务系统数据，还要关注和企业业务相关的整个供应链的动态数据。

正所谓，二流的解决方案提供商只关注功能，而一流的解决方案提供商不仅提供了和数据分析相关的多种功能和特性，还要拥有全数据的理解能力，即数字孪生能力。越来越多的企业希望，核心的数据框架不仅拥有对复杂场景的理解能力，还能通过实时和可视化的数据工具准确理解数据，包括借助机器学习、人工智能等先进技术，让数据分析变得更智能化。

问题是，放眼市场，可选择的数据分析工具有很多，该如何选择呢？

数据分析软件选型不是一件小事儿，需要多方面权衡，还要综合利弊，充分考虑到应用的特性和框架等要素。以下方法，或许能为更多企业提供指导。

1. 按照业务角色分析数据需求

在数据分析软件选型之前，首先要评估企业对于数据的要求是什么，需要设定哪些目标。重要的是，要看谁是最终使用数据的人。例如，业务线用户与数据科学家的需求分别是什么？企业希望该平台的使用权限如何界定？等等。此外，还要了解构建数据模型所需的数据源和洞察力，以及所需的分析能力类型，包括数据可视化、统计分析、预测分析或其他专业需求等。

2. 分析供应商的服务能力，且充分考虑后期的可扩展性

要对供应商提供的服务能力进行比对，供应商提供的解决方案能有效地管理数据，并能始终如一地交付预期结果，这点至关重要。

另外，所选数据分析软件具有可扩展性。随着企业业务能力、供应链以及与合作伙伴关系的不断扩展，数据分析工具也要与时俱进，能够通过最新来源获取数据，同时具备有效处理新数据的能力，让数据具有可操作性。

3. 一旦选定方案不要轻易切换

要知道，数据分析平台一旦落地，就很难切换。因为切换平台既复杂，又浪费时间，还涉及巨额的支出。在方案设计之初，就要选择适合的方案。有时候，为了确保方案的万无一失，要开发很多功能。具体而言，要根据解决方案的性能、用户界面(UI)和可用性(UX)、灵活性、可扩展性、安全性以及整体服务水平，进行综合权衡。

需要特别注意的一点是，供应商是否满足 SLA 需求，前期价格其实在总拥有成本(total cost of ownership，TCO)中并不重要。

(资料来源：IT168，有删改)

◆ 任务小结

请同学们根据任务实施过程中的实际情况进行任务小结。
_____
_____

◆ 任务评价

自我评价：_____

小组评价：_____

教师评价：_____

任务2.2 高效办公之Excel

任务2.2.1 Excel常用函数

在数据分析时如果能够恰当地使用函数公式,可以大大提高工作效率。请同学们在小组内讨论,在日常的工作和学习中使用过哪些函数公式,它们都适用于什么场景,能解决哪些需求,然后将讨论结果记录下来。

◆ 必备知识

1. 日期类型函数

日期类型函数常用于获取当前时间等操作,如图2-5所示。

	A	B	C
1	函数公式（编辑栏内容）	值	说明
2	=NOW()	2022/7/18 16:52	返回当前时间
3	=TODAY()	2022/7/18	返回当前日期
4	=DAY(NOW())	18	从NOW()的返回值中获取天数
5	=DAY("2022-10-1")	1	从2022-10-1中获取天数
6	=DAY(B2)	18	这里引用了B2单元格的值
7	=MONTH(NOW())	7	从NOW()的返回值中获取月份
8	=YEAR(NOW())	2022	从NOW()的返回值中获取年份

图2-5 日期类型函数的公式使用方法与说明

(1) NOW():其功能是返回当前系统的时间,格式为"年/月/日 小时：分钟"。

(2) TODAY():其功能是返回当前系统的日期,格式为"年/月/日"。

(3) DAY(参数):其功能是返回参数的天数。

参数:可以是日期型字符串(或单元格地址),比如NOW()返回的值,或者是"2022-10-1"。

(4) MONTH(参数):其功能是返回参数的月份。

参数:与DAY的参数使用方法一样。

(5) YEAR(参数):其功能是返回参数的年份。

参数:与DAY的参数使用方法一样。

2. 字符串函数

字符串函数常用于不同情况字符串的截取以及格式化,如图2-6所示。

(1) LEFT(参数1,参数2):从字符串左边截取指定长度的字符。

参数1:字符串或者单元格地址。

参数2:截取字符长度。

	A	B	C
1	函数公式（编辑栏内容）	值	说明
2	=LEFT("HOLD",2)	HO	从字符串左边第一个开始截取2个字符
3	=RIGHT("KEEP",3)	EEP	从字符串右边第一个开始截取3个字符
4	=MID("EXCEL",2,2)	XC	从字符串的第2个字符开始，向右边取2个字符
5	=LEN("成功-Suc")	6	返回字符个数
6	=LENB("成功-Suc")	8	返回字节个数（汉字占两个字符位）
7	=TEXT(NOW(),"yyyy-mm-dd aaaa")	2022-07-19 星期二	将当前日期时间格式化，然后输出
8	=TEXT(NOW(),"hh:mm:ss")	10:38:22	将当前日期时间格式化，然后输出
9	=TEXT("1723","[dbnum2]")	壹仟柒佰贰拾叁	将数值格式转化为大写汉字数字
10	=TEXT("1723","[dbnum1]")	一千七百二十三	将数值格式转化为汉字数字
11	=TEXT("5123.1","#,###.00")	5,123.10	格式化数值样式
12	=UPPER("hurry up")	HURRY UP	字符串中的所有字母转化为大写
13	=LOWER("HURRY UP ")	hurry up	字符串中的所有字母转化为小写

图2-6　字符串函数的公式使用方法与说明

(2) RIGHT(参数1，参数2)：从字符串右边截取指定长度的字符。

参数1：字符串或者单元格地址。

参数2：截取字符长度。

(3) MID(参数1，参数2，参数3)：从字符串指定位置截取指定长度的字符。

参数1：字符串或者单元格地址。

参数2：开始截取字符的位置(包含该位置的字符)。

参数3：截取字符长度。

(4) LEN(参数)和LENB(参数)：返回字符串长度。

参数：字符串或单元格地址。

① LEN(参数)：返回字符个数。

② LENB(参数)：返回字节个数(一个汉字占两个字节，全角标点符号也占两个字节)。

(5) TEXT(参数1，参数2)：按指定格式输出字符串。

参数1：字符串或者单元格地址。

参数2：格式化标准。

① yyyy-mm-dd：转化为四位的年份，两位的月份，两位的日期。

yyyy-m-d：转化为四位的年份，一位的月份，一位的日期。

② hh:mm:ss：转化为两位的小时，两位的分钟，两位的秒数。

h:m:s：转化为一位的小时，一位的分钟，一位的秒数。

③ aaaa：转化为星期×格式。

④ [dbnum2]：将数值格式转化为大写汉字数字。

⑤ [dbnum1]：将数值格式转化为汉字数字。

⑥ #,###.00：将数值格式转化输出。#位有数位则正常输出，无则不输出。0位有数位正常输出，无则补0输出。

(6) UPPER(参数)和LOWER(参数)

参数：字符串或单元格地址。

① UPPER(参数)：将字符串中的所有字母转化为大写。
② LOWER(参数)：将字符串中的所有字母转化为小写。

3. 条件函数

条件函数常用于条件判断，从而执行符合条件的参数，如图2-7所示。

函数公式（编辑栏内容）	测试值	返回值	说明
=IF(B2>=60,"合格","不合格")	70	合格	返回符合条件的值，60以下为不合格，60以上为合格，85为以上优秀（条件重复区域覆盖）
=TEXT(B3,"[>85]优良;[>60]合格;不合格")	68	合格	返回符合条件的值，60以上为合格，否则为不合格
=EXACT(C2,C3)		TRUE	比较两个单元格地址中的内容，一致为TRUE，否则为FALSE
=EXACT("OK","Ok")		FALSE	比较两个字符串，一致为TRUE，否则为FALSE（区别大小写）
=LOOKUP(B6,{75,85},{"良好","优秀"})	79	良好	返回符合条件的值，75以上为良好，85以上为优秀（条件重复区域覆盖）
=FIND("R",B7,1)	CARD	3	查找文本中某个字符串的所在位置（区分字母大小写，且不能用通配符*号）
=SEARCH ("a",B8,1)	CARD	2	查找文本中某个字符串的所在位置（不区分字母大小写）

图2-7 条件函数的公式使用方法与说明

(1) IF(条件表达式，参数1，参数2)：其功能是条件筛选，返回符合条件的值。

条件表达式：对单条件表达式进行判断，符合条件结果为真，返回参数1；不符合条件结果为假，返回参数2。

参数1：若参数是字符串、单元格地址则返回此参数值；若参数是函数则执行。

参数2：若参数是字符串、单元格地址则返回此参数值；若参数是函数则执行。

注：参数还可以是IF等函数，实现对条件的一次判断后的多次判断。

(2) TEXT(参数，条件表达式)：其功能是条件筛选，返回符合条件的值。

参数：被筛选的单元格地址。

条件表达式：条件表达式可以是n个，若[条件1]符合，返回符合条件1的值；若[条件2]符合，返回符合条件2的值；……；若[条件n-1]符合，返回符合条件n-1的值；所有条件都不符合，返回符合条件n的值。

例如：TEXT(B3, "[>85]优良；[>60]合格；不合格")，假设参数B3为"80"，符合>60，则返回值为"合格"。

(3) EXACT(字符串1，字符串2)：其功能是比较字符串1与字符串2是否一致(区分英文大小写)，一致为TRUE，否则为FALSE。

(4) LOOKUP(参数，{条件列表}，{返回值列表})：其功能是条件筛选，返回符合条件的值。

参数：被筛选的单元格地址。

条件列表：条件区间列表。

返回值列表：对应条件区间列表位数的返回值。

例如：LOOKUP(B6，{75,85}，{"良好"，"优秀"})，条件列表中第一个是75，

第二个是85，对应返回值列表中第一个是良好，第二个是优秀。假设参数B6为"79"，大于75但小于85，符合条件列表中的第一项，则返回返回值列表的第一项，即返回值为"良好"。

(5) FIND(参数1，参数2，参数3)：其功能是查找函数，返回其位置。

注：查找时，区分字母大小写，不能使用通配符*号。

在参数2中查找参数1是否存在，存在则返回其在参数2中的位置，否则返回#VALUE!。

参数3：从参数2的第几位开始查找，不写则视为从第一位开始查找。

(6) SEARCH(参数1，参数2，参数3)：其功能是查找函数，返回其位置。

注：查找时，不区分字母大小写，可以使用通配符*号。

在参数2中查找参数1是否存在，存在则返回其在参数2中的位置，否则返回#VALUE!。

参数3：从参数2的第几位开始查找，不写则视为从第一位开始查找。

4. 其他常用函数

其他常用函数有随机函数、绝对值、取整、保留小数位等，如图2-8所示。

	A	B	C	D
1	函数公式（编辑栏内容）	测试值	返回值	说明
2	=RAND()		0.8312	生成一个大于0小于1的随机数
3	=RANDBETWEEN(1,100)		87	生成一个1到100区间的随机数
4	=ABS(B4)	-31	31	返回其绝对值
5	=INT(B5)	12.519	12	返回其整数部分，并不是四舍五入
6	=ROUND(B6,2)	12.519	12.52	返回保留小数点后两位数值（四舍五入）
7	=ROUND(B7,0)	12.519	13	返回保留整数数值（四舍五入）

图2-8 其他常用函数的公式使用方法与说明

(1) RAND()：其功能是生成一个大于0小于1的随机数，多用于配合其他函数生成带有随机的整数、小数等不同要求的情景。

(2) RANDBETWEEN(数值1，数值2)：其功能是生成一个从数值1到数值2区间的随机数(是整数，并非小数)，常见于新建一列，生成此列随机数，然后执行排序，常用于辅助随机冒泡排序等情况。

数值1：生成随机整数的下限(可以为负数)。

数值2：生成随机整数的上限(可以为负数)。

(3) ABS(参数)：其功能是返回其参数的绝对值，用于负数转为正数。

参数：可以是数值，也可以是单元格地址。

(4) INT(参数)：其功能是返回其参数的整数部分。

注：此函数截取整数部分，并不是四舍五入。

参数：可以是数值，也可以是单元格地址。

(5) ROUND(参数1，参数2)：其功能是返回保留小数点位数的值(四舍五入)，常用于数据精度的格式化。比如，某数值小数点后有5位，对该数值保留小数点2位，格式化后的值小数点后有2位(换言之，对该数值四舍五入并保留2位小数)；或者对"成绩"进行四舍五入，格式化为整数，都可以使用这个函数。

参数1：可以是数值，也可以是单元格地址。

参数2：要保留小数点的位数。若要四舍五入到整数，将参数设置为0即可。

任务2.2.2　高级Excel函数的应用

前面学习了一些基础的Excel函数公式，但是在面对海量的数据时仍需一条一条处理，既费时又费力，还容易出现错误。在这种情况下，如果可以将一些函数公式正确并巧妙地进行组合，生成需要的"数据加工工具"，既可以大大提高办公效率，又可以实现更加复杂的数据处理与计算。请同学们在小组内讨论日常工作和学习中遇到的复杂数据处理问题有哪些，是否可以通过多个函数公式来完成，可能用到哪些学习过的函数，并将讨论结果记录下来。

◆ **必备知识**

1. 从身份证号中获取相关信息

日常工作中，经常需要从身份证号中获取出生日期、性别、年龄的信息。从身份证号的第7位开始向后8位数字就是一个人的出生日期，所以首先用MID字符串截取函数，将这8位数字从中截取出来，即MID(字符串，7，8)；再通过TEXT格式化字符函数进行格式化输出，例如0000-00-00或0000年00月00日。

身份证号中的第17位数字代表此人的性别，偶数为女性，奇数为男性。首先用MID字符串截取函数，将第17位数字从中截取出来，即MID(字符串，17，1)；再通过MOD求余函数：MOD(除数，2)，判断奇偶，可以整除返回"0"，否则返回"1"。但要把返回的"1"或"0"转化为"男"或"女"，此时就需要使用IF条件函数进行判断，即IF(表达式，符合条件返回值，不符合条件返回值)，例如，等于"1"返回字符串"男"，否则返回字符串"女"。

要计算年龄，需要从身份证号中获取出生日期和使用TODAY()函数获取的当前日期，计算两个日期的时间差。首先获取的8位出生日期是连着的，不符合日期的格式，所以要通过TEXT()格式化函数，输出0000-00-00的格式；然后使用DATEDIF()日期差函数：DATEDIF(日期字符串1，日期字符串2，返回样式)。返回样式分别有D(两个日期相差的天数)、M(两个日期相差的月数)、Y(两个日期相差的年数)三种，因为要计算年龄，返回样式设置为Y。从身份证号中获取数据的操作说明如图2-9所示。

	A	B	C	D
1	函数公式（编辑栏内容）	测试值	返回值	说明
2	=TEXT(MID(B2,7,8),"0000-00-00")	622630199810211168	1998-10-21	获取出生日期
3	=TEXT(MID(B3,7,8),"0000年00月00日")	120112200106240914	2001年6月24日	获取出生日期
4	=IF(MOD(MID(B4,17,1),2)=1,"男","女")	622630199810211168	女	获取性别
5	=IF(MOD(MID(B5,17,1),2)=1,"男","女")	120112200106240914	男	获取性别
6	=DATEDIF(TEXT(MID(B6,7,8),"0000-00-00"),TODAY(),"Y")	622630199810211168	23	获取年龄
7	=DATEDIF(TEXT(MID(B7,7,8),"0000-00-00"),TODAY(),"Y")	120112200106240914	21	获取年龄

图2-9　从身份证号中获取数据

2. 随机函数的使用

例如，在初始表格(见图2-10)中的B2单元格编辑栏中输入"=RANDBETWEEN(1,1000)"，功能是从1到1000中随机生成一个整数，然后对B3到B14单元格编辑栏进行自动填充，结果如图2-11所示。

	A	B	C	D
1	工号	抽号（随机值）	排名	C列公式
2	10001			
3	10002			
4	10003			
5	10004			
6	10005			
7	10006			
8	10007			
9	10008			
10	10009			
11	10010			
12	10011			
13	10012			
14	10013			

图2-10　初始表格

	A	B	C	D
1	工号	抽号（随机值）	排名	C列公式
2	10001	458		
3	10002	77		
4	10003	126		
5	10004	864		
6	10005	227		
7	10006	586		
8	10007	242		
9	10008	560		
10	10009	507		
11	10010	556		
12	10011	57		
13	10012	771		
14	10013	318		

图2-11　RANDBETWEEN()函数的使用

使用RANDBETWEEN()函数或RAND()函数时，在生成随机数后，只要对该工作表内单元格执行任意的自动填充，所有RANDBETWEEN()函数或RAND()函数内容都会自动刷新。要解决这个问题，首先选中已生成随机数的单元格区域，然后按【Ctrl】+【C】进行复制，单击Excel界面的【开始】菜单选项卡中的【粘贴】按钮下的"向下小箭头"处，单击选择【只保留文本】图标，这样随机函数的单元格内容就是数值，而不再是公式了。

另外，要解决排名问题，就需要使用RANK()函数来实现，RANK()函数的使用方法如下。

公式：RANK(参数1，参数2)

参数1：引用一个需要排名的单元格地址。

参数2：引用一块要参与排名的数据单元格区域地址。

例如，在C2单元格编辑栏中输入公式"=RANK(B2，B2：B14)"，其功能是在C2单元格中输出B2数据的排名，要参与排名的数据单元格区域是B2到B14。但这样会出现一个问题，当C2的内容进行自动填充时，参数2的数据相应也会发生变化，导致出现错误。要解决这个问题，就要将参数2的"B2：B14"(相对地址)写成"\$B\$2：\$B\$14"(绝对地址)，这样再进行自动填充时，数据就不会变化了，结果如图2-12所示。

	A	B	C	D
1	工号	抽号（随机值）	排名	C列公式
2	10001	458	7	=RANK(B2,$B$2:$B$14)
3	10002	77	12	=RANK(B3,$B$2:$B$14)
4	10003	126	11	=RANK(B4,$B$2:$B$14)
5	10004	864	1	=RANK(B5,$B$2:$B$14)
6	10005	227	10	=RANK(B6,$B$2:$B$14)
7	10006	586	3	=RANK(B7,$B$2:$B$14)
8	10007	242	9	=RANK(B8,$B$2:$B$14)
9	10008	560	4	=RANK(B9,$B$2:$B$14)
10	10009	507	6	=RANK(B10,$B$2:$B$14)
11	10010	556	5	=RANK(B11,$B$2:$B$14)
12	10011	57	13	=RANK(B12,$B$2:$B$14)
13	10012	771	2	=RANK(B12,$B$2:$B$14)
14	10013	318	8	=RANK(B13,$B$2:$B$14)

图2-12　RANK()函数的使用

3. 分类汇总

例如，在图2-13的D3单元格中统计工资大于等于6000元的人数。

这里需要用到COUNTIF()单条件统计函数，该函数使用方法如下。

公式：COUNTIF(参数，条件表达式)

参数：要进行筛选的单元格区域。

条件表达式：设置筛选的条件。

按照要求，统计表内工资单元格数据区域，即C2到C7，统计工资大于等于6000元的人数，条件表达式为"">=6000""。所以D3单元格的公式应为"=COUNTIF(C2：C7，"">=6000"")"，其结果为""3""。

	A	B	C
1	工号	年龄	工资
2	10001	47	¥14,100.00
3	10002	34	¥5,080.50
4	10003	32	¥5,634.70
5	10004	38	¥6,134.80
6	10005	40	¥10,928.10
7	10006	29	¥4,856.50

图2-13 分类汇总函数练习

又如，在图2-13的D6单元格中统计年龄在35岁以下，且工资大于5000元的人数。这里的筛选条件从之前的一个变成两个，显然COUNTIF()单条件统计函数就不适用了，需要使用COUNTIFS()多条件统计函数，该函数使用方法如下。

公式：COUNTIFS(参数1，条件表达式1，参数2，条件表达式2，……，参数N，条件表达式N)

参数：要进行筛选的单元格区域。

条件表达式：设置筛选的条件。

注：每相邻的参数与条件表达式是一组。

具体分析题目可知，第一个条件是年龄在35岁以下，第二个条件是工资大于5000元。那么，要满足第一个条件，应在年龄单元格区域(B2到B7)中筛选小于35的数据，条件表达式为"B2：B7，"<35""；要满足第二个条件，应在工资单元格区域(C2到C7)中筛选大于5000的数据，条件表达式为"C2：C7，">5000""。因此，要同时满足两个条件，D6单元格的公式应为"=COUNTIFS(B2：B7，"<35"，C2：C7，">5000")"，其结果为"2"。

两次操作的最终结果如图2-14所示。

	A	B	C	D
1	工号	年龄	工资	
2	10001	47	¥14,100.00	统计工资中大于等于6000的人数
3	10002	34	¥5,080.50	3
4	10003	32	¥5,634.70	=COUNTIF(C2:C7,">=6000")
5	10004	38	¥6,134.80	统计年龄在35岁以下，工资中大于5000的人数
6	10005	40	¥10,928.10	2
7	10006	29	¥4,856.50	=COUNTIFS(B2:B7,"<35",C2:C7,">5000")

图2-14 分类汇总函数的使用

4. 数据匹配

例如，补全Sheet01表(如图2-15所示)中员工的电话信息，信息数据从Sheet02表(如图2-16所示)中获取。

	A	B	C	D
1	工号	年龄	工资	电话
2	10001	47	¥14,100.00	
3	10002	34	¥5,080.50	
4	10003	32	¥5,634.70	
5	10004	38	¥6,134.80	
6	10005	40	¥10,928.10	
7	10006	29	¥4,856.50	
8	10007	31	¥113,309.00	
9	10008	33	¥3,987.56	
10	10009	35	¥7,118.11	

图2-15　工作簿中Sheet01表数据

	A	B	C
1	工号	邮箱	电话
2	10007	*****@163.com	1981493270*
3	10005	*****@126.com	1585422394*
4	10002	*****@sina.com	1305616056*
5	10009	*****@qq.com	1762879003*
6	10004	*****@aliyun.com	1508145143*
7	10001	*****@sohu.com	1338145690*
8	10008	*****@169.com	1525815788*
9	10003	*****@163.com	1887621074*
10	10006	*****@126.com	1727093919*

图2-16　工作簿中Sheet02表数据

如果只处理几十条数据，用传统的复制粘贴方法是可行的；如果面对海量的数据，按传统方法操作就相当困难了，且数据匹配的正确率无法保证。针对这类多表数据匹配问题，就要使用VLOOKUP()函数，该函数使用方法如下。

公式：VLOOKUP(参数1，参数2，参数3，参数4)

参数1：要匹配的单元格地址。

参数2：要筛选的单元格区域。

参数3：返回要筛选的单元格区域对应的列号。

参数4：匹配模式(近似匹配/精确匹配)。

要实现表Sheet01与表Sheet02的数据匹配，在操作前一定要先将两个数据表放在同一个工作簿中。若不在同一个工作簿中，可以通过"移动或复制工作表"功能实现，操作如下。

在表Sheet01的D2单元格中进行公式编辑，先输入"=VLOOKUP()"，再设定参数。

参数1：要匹配的单元格地址，也就是单元格A2。

参数2：要筛选的单元格区域，也就是表Sheet02中的A列到C列的全部单元格，可通过鼠标切换当前工作表并配合Shift键进行多列选中。这里需要注意的是，参数2筛选单元格区域中的第一列一定要与参数1中单元格的数据相匹配，也就是参数2表Sheet02中的A列是"工号"，参数1表Sheet01中单元格A2也应该是"工号"，这样才能形成匹配，否则需要调整表Sheet02中列的次序。

参数3：返回要筛选的单元格区域对应的列号，这里表Sheet02中要返回的数据列是"电话"列，"电话"列位于要筛选的单元格区域中的第三列，所以参数3的值是"3"。

参数4：匹配模式。"0"代表精确匹配，即参数1中匹配单元格的数据与参数2要筛选单元格区域第一列中每个单元格的数据一一进行精确匹配，如果单元格中包含多余的空格或者存在单元格格式问题都将影响匹配结果；"1"代表近似匹配，即参数1中匹配单元格的数据与参数2要筛选单元格区域第一列中每个单元格的数据是被包含的关系。显然，本例题需要精确匹配，设置值为"0"。

由此推出，表Sheet01的D2单元格的公式为"=VLOOKUP(A2，Sheet02！A：C，3，0)"，使用自动填充功能补全剩下的单元格即可。匹配成功会返回电话字段数据，匹配失败则返回"#N/A"。

造成匹配失败的原因多数是参数1中匹配单元格的数据与参数2要筛选单元格区域中第一列的数据格式不一致。即使看上去数据内容是一致的，如果数据格式不一致也不会匹配成功。换言之，参数1或参数2(要筛选单元格区域中第一列的数据)有的是文本格式，有的是非文本格式，就会导致匹配失败。要解决这一问题，需要批量转换整列单元格数值类型。

批量转换整列单元格数值类型的具体方法：选中表Sheet01A列后，在【数据】选项菜单栏中的【分列】按钮下单击【下一步】，如图2-17所示；继续单击【下一步】(对话框标题栏第2步)；在"列数据格式"中选择【文本】(对话框标题栏第3步)，单击【完成】，如图2-18所示。

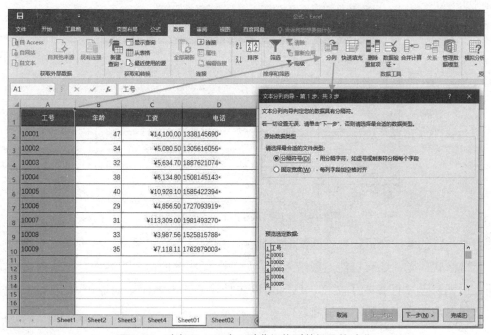

图2-17　对表Sheet01中A列进行整列数据的格式化

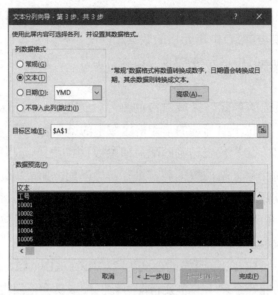

图2-18　文本分列向导的第3步

至此，表Sheet01中A列("工号"列)的数值就全部转换为文本格式。重复上述操作将表Sheet02中的A列("工号"列)的数值全部转换为文本格式，即可以解决参数1与参数2(要筛选单元格区域中第一列的数据)格式不一致的问题。

最后的匹配结果如图2-19所示。表Sheet01中A列所有数据单元格左上角有一个绿色的小标，表示此单元格是以文本的形式存放数值，故在此状态下不会出现数值前加"0"被自动去掉，或者过长的数位自动改为用科学计数法显示的情况。比如，输入身份证号时，如果不将单元格的格式设置为文本，数据会改为科学计数法显示，即使后期再进行格式转换，身份证号的后四位仍全部会变为"0"，造成数据丢失。

	A	B	C	D
1	工号	年龄	工资	电话
2	10001	47	¥14,100.00	1338145690*
3	10002	34	¥5,080.50	1305616056*
4	10003	32	¥5,634.70	1887621074*
5	10004	38	¥6,134.80	1508145143*
6	10005	40	¥10,928.10	1585422394*
7	10006	29	¥4,856.50	1727093919*
8	10007	31	¥113,309.00	1981493270*
9	10008	33	¥3,987.56	1525815788*
10	10009	35	¥7,118.11	1762879003*

图2-19　完成对表Sheet01数据的匹配

需要注意的是，在进行数据匹配时，比如，电话号码、工号、学号等字段不仅容易出现单元格格式问题，还有可能出现录入错误导致单元格内的内容有问题，如录入时在数值前面、后面甚至中间掺入了空格，这时可以先使用TRIM(单元格地址)函数进行去空格过滤，解决多余空格带来的不匹配问题。

扩展阅读　常用Excel快捷键

快捷键可以大幅提高工作效率。虽然Excel的快捷键有几百个，但在工作中常用的快捷键并不多。

1. Ctrl+1(调出设置窗口)

按Ctrl+1键即可调出单元格格式设置窗口。这个快捷键经常被用于自定义单元格格式和图表的设置。

2. Ctrl+E(快速填充)

按Ctrl+E键即可快速地向下填充数据。这个快捷键经常被用于数据的提取、合并与拆分。

3. Ctrl+P(打印预览)

按Ctrl+P键即可快速进入打印预览，可以在这里对打印效果进行设置，在右边的窗口可以直接看到效果。

4. Ctrl+Q(快速分析)

通过这个快捷键可以快速地对数据进行计算，添加数据条以及图表等。

5. Ctrl+Shift+方向键(快速选择整行或者整列)

先按住Ctrrl+Shift键不放，接着按下键盘上的方向键，可以快速地选择整行或者整列数据。

6. Ctrl+方向键(快速跳转到表格的末尾)

利用这个快捷键配合上下左右四个方向键，可以快速地跳转到表格的末尾。

7. Ctrl+加号/减号(快速删除行列)

首先选择需要增加行列的位置，然后按下Ctrl+加号即可增加行列，按下Ctrl+减号即可删除行列。

8. Ctrl+\(快速对比两列数据差异)

选择需要对比的数据，按下Ctrl+\即可选中两列中具有差异的单元格，然后填充一个颜色即可。

9. Ctrl+T(超级表)

选中数据，按下Ctrl+T即可将表格转换为超级表。超级表真的很强大，可以快速美化表格、设置定义名称、自动填充公式等。

10. Ctrl+F和Ctrl+H

Ctrl+F：调出查找窗口。

Ctrl+H：调出替换窗口。

这两个功能被集成在了一个窗口中，操作的方法基本上都是一样的。

11. 快速设置数据格式

Ctrl+Shift+1：删除小数。

Ctrl+Shift+2：设置时间格式。

Ctrl+Shift+3：设置日期格式。
Ctrl+Shift+4：财务格式。
Ctrl+Shift+5：百分比格式。

12. 快速设置字体格式

Ctrl+B：字体加粗。
Ctrl+I：字体倾斜。
Ctrl+U：添加下划线。

(资料来源：Excel从零到一，有删改)

◆ **任务小结**

请同学们根据任务实施过程中的实际情况进行任务小结。
_____
_____

◆ **任务评价**

自我评价：_____
_____

小组评价：_____
_____

教师评价：_____
_____

任务2.3　Python快速上手

任务2.3.1　Python入门

Python是由荷兰国家数学和计算机科学研究所的吉多·范罗苏姆(Guido van Rossum)于20世纪80年代末至90年代初设计的。Python提供了高效的高级数据结构，还能简单有效地面向对象编程。Python的语法和动态类型，以及解释型语言的本质，使它成为多数平台上的编程语言。随着版本的不断更新和新功能的添加，Python逐渐被用于独立的、大型项目的开发。请同学们在小组内查阅资料并讨论为什么需要学习Python，Python有哪些特点，并将讨论结果记录下来。
_____
_____

◆ **必备知识**

1. Python简介

Python是由诸多其他语言发展而来的，包括ABC、Modula-3、C、C++、Algol-68、

SmallTalk、Unix shell和其他的脚本语言,其源代码同样遵循GPL(general public license)协议。自从20世纪90年代初Python语言诞生至今,已被广泛应用于系统管理任务的处理和Web编程中。

1989年圣诞节期间,Python的创始人吉多·范罗苏姆(Guido van Rossum)。为了打发圣诞节的无趣,决心开发一个新的脚本解释程序——Python,作为ABC语言的一种继承。该编程语言的名字Python(大蟒蛇)取自英国20世纪70年代首播的电视喜剧《蒙提·派森的飞行马戏团》(*Monty Python's Flying Circus*)。

ABC是由Guido参加设计的一种教学语言。就Guido本人看来,ABC语言非常优美和强大,是专门为非专业程序员设计的。但是ABC语言并没有成功,究其原因,Guido认为是其非开放造成的。Guido决心在Python中避免这一失误,同时,还想实现在ABC中闪现过但未曾实现的东西。

就这样,Python在Guido手中诞生了。可以说,Python从ABC发展起来,主要受到了Modula-3(另一种相当优美且强大的语言,为小型团体所设计)的影响,并且结合了Unix Shell和C语言的习惯。

Python已经成为最受欢迎的程序设计语言之一。2004年以后,Python的使用率呈线性增长。Python2于2000年10月16日发布,稳定版本是Python2.7。Python3于2008年12月3日发布,不完全兼容Python2。2011年1月,Python被TIOBE编程语言排行榜评为2010年度语言。

由于Python语言的简洁性、易读性以及可扩展性,在国外用Python做科学计算的研究机构日益增多,一些知名大学已经采用Python来教授程序设计课程。例如,卡耐基梅隆大学的编程基础、麻省理工学院的计算机科学及编程导论就使用Python语言讲授。众多开源的科学计算软件包都提供了Python的调用接口,如著名的计算机视觉库OpenCV、三维可视化库VTK、医学图像处理库ITK等。而Python专用的科学计算扩展库就更多了,如NumPy、SciPy和Matplotlib三个十分经典的科学计算扩展库,分别为Python提供了快速数组处理、数值运算以及绘图功能。因此,Python语言及其众多的扩展库所构成的开发环境十分适合工程技术、科研人员处理实验数据、制作图表,甚至开发科学计算应用程序。

2018年3月,Guido在邮件列表上宣布Python2.7于2020年1月1日终止支持。用户如果想要在这个日期之后继续得到与Python2.7有关的支持,则需要付费给商业供应商。

2021年10月,语言流行指数的编译器TIOBE将Python加冕为最受欢迎的编程语言,20年来首次置于Java、C和JavaScript之上。

2. Python的安装与部署

1) Python的版本

刚开始接触Python都会有一个困惑,那就是Python目前有两个版本,Python2和Python3。那么Python2与Python3之间的区别以及如何选择,成为初学者需要了解的问题。

首先,Python2与Python3的代码是不兼容的。换言之,Python2的代码不能在Python3的运行环境下运行,Python3不向下兼容;反之,Python3的代码同样不能在Python2的运行环境下运行,并且Python2与Python3的代码差异比较大。

由于绝大多数组件和扩展都是基于Python2代码而来的，目前实际应用较多的还是Python2。但是要注意兼容Python2/Python3的代码，以Python2为主写新代码时，要考虑以后迁移到Python3的可行性，这点是非常重要的。

据2022年数据统计显示，在被开发的应用中，10%的应用使用Python3；20%的应用既使用Python2又使用Python3，但Python2用得更多；70%的应用使用Python2。但随着时代的发展，Python3的使用率将会不断地提高。

Python是Linux操作系统平台上最常用的软件之一，目前Linux平台上运行的主流版本还是Python2，虽然依赖Python2运行环境的程序更多一些，但是Python3要代替Python2一定是主流趋势。

其次，尽可能持续使用一种版本。也就是说，如果之前使用的是Python2.X，就继续使用Python2.X，否则整体项目将无法进行下去。这是由于Python3.X与Python2.X不兼容。毕竟Python2.X更多用于工程开发，用来制作一些常用库与组件。

最后，对于初学者，推荐使用比较新的版本Python3.X(Python2.X 已经于2020年4月停止更新)，这样可以使用最新的特性与功能。Python3.X中的常用库非常多，对于初学者还是方便的。在使用Python3.X完成一些简单并且功能不多的代码时，引用各种常用库可以大大提高编写的效率，可用性也更高。

2) Python的安装

Python下载(Windows平台)网址为https://www.Python.org/downloads/windows/。在该网页上，Python分为Stable Releases(稳定发行版)与 Pre-Releases(预发行版)。需要注意的是，Python的稳定版本以此时的官方网站中推荐的稳定版为准，如图2-20所示。

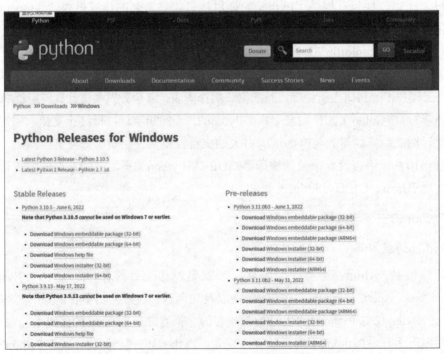

图2-20　Python官方网站的下载界面

推荐使用Stable Releases(稳定发行版)。但Pre-Releases(预发行版)稳定版的版本号更高，主要用于测试，通过测试后将转为稳定版。

从图2-20中可以看出，目前Python3中的稳定版是Python3.10.5，Python2中的稳定版是Python2.7.18。各种版本均提供32位与64位的Windows embeddable package(压缩包版)、Windows installer(安装包版)及帮助文档。其中压缩包版需要解压缩后再手动添加系统环境变量才能使用，而安装包版比较方便，安装后即可使用。这里推荐使用Windows installer(64-bit)。

以Python3.10.5安装为例，下载的文件名是Python-3.10.5-amd64.exe，下载完成后双击运行，如图2-21所示。

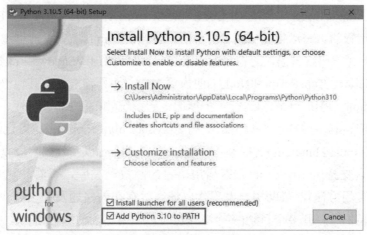

图2-21　Python的安装界面1

安装时要勾选【Add Python 3.10 to PATH】，以便将安装目录加入系统的环境变量(系统的环境变量负责提供程序调用时的必要参数，如果没有会导致调用失败，程序报错，无法运行)，以便执行代码时调用Python。然后单击【Install Now】，进行安装，单击【Close】完成安装，如图2-22所示。

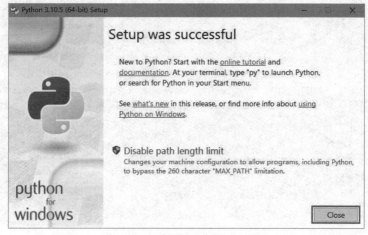

图2-22　Python安装界面2

至此，完成了Python3.X运行环境的安装。运行环境是在其基础上运行程序的必要条件，如Microsoft Visual C++、Microsoft. Net Framework、DirectX Runtime及JRE(Java Runtime Environment)等运行环境为电脑常用软件提供了运行的必要条件。同样，对于Python而言，没有运行环境，是无法执行Python程序的。

完成了Python3.X运行环境的部署，还要安装部署Python IDE(Python Integrated Development Environment)，即Python的集成开发环境，使用Python的集成开发环境进行Python代码的编写及运行调试。

3) Python的开发平台

目前常用的Python IDE有Visual Studio Code、PyCharm、Sublime Text、Python IDLE等。

(1) Visual Studio Code(简称"VS Code")是Microsoft在2015年4月30日Build开发者大会上正式宣布运行的。它运行于Mac OS X、Windows和Linux之上，能够编写现代Web和云应用的跨平台源代码编辑器，可在桌面上运行，并且可用于Windows、macOS和Linux。它具有对JavaScript、TypeScript和Node.js的内置支持，并具有丰富的其他语言(如C++，C#，Java，Python，PHP，Go)和运行时扩展的生态系统(如.NET和Unity)。它集成了一款现代编辑器所应该具备的特性，包括语法高亮(syntax high lighting)、可定制的热键绑定(customizable keyboard bindings)、括号匹配(bracket matching)以及代码片段收集(snippets)，并且对部分语言支持IntelliSense(跟踪所用语言的函数、类库，查看和跳转到其定义的地方，了解其使用方法)，帮助用户发现代码编写时存在的问题及提出解决方案。Visual Studio Code支持同时打开多个目录(多个工作区可以使用不同的编程语言)，并可以保存在工作区配置中以便随时使用。Python强大的扩展功能可以让用户轻松获取各种语言的开发环境插件，还可以支持多种插件同时使用及配置参数，一键安装部署，提高代码编写效率。Visual Studio Code的主界面如图2-23所示。

图2-23　Visual Studio Code的主界面

例如，在其扩展商店输入关键字"Python"，就可以获取Python的IntelliSense(提供语法和调用函数的编写辅助、Debug、代码格式化、运行测试等功能)、运行环境管理(提供不同版本的运行环境的切换)、AWS Toolkit、库引用助手等功能扩展插件。

(2) PyCharm是一种Python IDE(integrated development environment，集成开发环境)，带有一整套可以帮助用户提高效率的工具，如调试、语法高亮、项目管理、代码跳转、智能提示、自动完成、单元测试、版本控制等。它提供专门的项目视图，允许在文件之间快速切换。它支持与Django、Flask和web2py一起促进Web开发。PyCharm配备了1000多个插件，方便程序员编写个性的插件来扩展其功能。针对不同需求的用户，PyCharm提供了两个版本供下载，即免费社区版和付费专业版。

通过PyCharm的MarketPlace(插件市场)可以获取需要的扩展插件，如Rainbow Brackets(语法颜色插件)、SonarLint(Bug调试、高亮错误代码、语句提示)、AWS Toolkit(创建、逐步调试和部署Python应用程序)等。PyCharm的主界面如图2-24所示，官方网址为https://www.jetbrains.com/pycharm。

图2-24　PyCharm的主界面

(3) Sublime Text是一个代码编辑器，也是HTML文本编辑器，由程序员Jon Skinner于2008年1月开发出来，其最初被设计为一个具有丰富扩展功能的编辑器。

Sublime Text同时支持Windows、Linux、Mac OS X等操作系统。它具有漂亮的用户界面和强大的功能，例如代码缩略图、Python的插件、代码段等，其主要功能包括拼写检查、书签、完整的Python API、Goto功能、即时项目切换、多选择、多窗口等。

2012年6月26日推出的版本Sublime Text 2.0，与之前版本相比有较大的改善：支持Retina视网膜屏、快速跳到下一个、文本拖放等。Sublime Text 2.0支持多种编程语言的语法高亮、拥有优秀的代码自动完成功能，还拥有代码片段(snippet)的功能，可以将常用的代码片段保存起来，在需要时随时调用；支持编辑器模式，可以使用编辑器模式下的多数命令；支持宏，简单地说就是把操作录制下来或者自行编写命令，然后播放刚才录制的操作或者命令；具有良好的扩展能力和完全开放的用户自定义配置与神奇实用的编辑状态恢复功能；支持强大的多行选择和多行编辑；拥有多种快捷命令，可以实时搜索到相应的命令、选项、代码片段(snippet)和句法(syntax)，按下回车就可以直接执行，减少了查找的麻烦；可即时切换文件，随心所欲地跳转到任意文件的任意位置；具有多重选择功能，允许在页面中同时存在多个光标；支持多种布局和代码缩略图，是该编辑器在界面上的特色，右侧的文件缩略图滑动条，更方便观察当前窗口在文件的哪个位置；提供了【F11】和【Shift+F11】进入全屏的免打扰模式，能让开发人员更加专心于编辑；支持代码缩略图、多标签页和多种布局设置，在大屏幕或需同时编辑多文件时尤为方便；支持文件夹浏览，可以打开文件夹，在左侧会有导航栏，方便同时处理多个文件；提供多个位置同时编辑功能，按住【Ctrl】，用鼠标选择多个位置，可以同时在对应位置进行相同操作。Sublime Text 2.0还有编辑状态恢复的功能，即当用户修改了一个文件，但没有保存，这时退出软件，软件不询问用户是否需要保存，因为无论是用户自发退出还是意外崩溃退出，下次启动软件后，之前的编辑状态都会被完整恢复，就像退出前一样。Sublime Text的主界面如图2-25所示，官方网址为https://www.sublimetext.com/。

图2-25　Sublime Text的主界面

(4) IDLE是Python软件包自带的一个集成开发环境，初学者可以利用其方便地创建、运行、测试和调试Python程序。一般下载正版的Python后，IDLE会自动安装，启动方式如图2-26所示，软件涵盖了语法加亮、段落缩进、基本文本编辑、TABLE键控制、调试程序等功能。IDLE启动后就是一个Python编辑器，通过其可以在IDLE内部执行Python命令，利用IDLE这个编辑器就可以与Python进行互动。

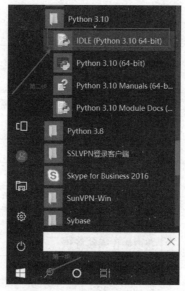

图2-26　IDLE的启动方式

任务2.3.2　Python常用模块的功能与作用

Python的应用有很多，比如爬虫、预测分析、图形用户界面(GUI)、自动化、图像处理、可视化等，可能只需要十几行代码就能实现酷炫的功能。因为Python拥有众多第三方工具库，把功能都封装在包里，只需要调用接口，就能实现复杂的功能。工具库中的每一个函数和模块都有其各自的用途，可以帮助开发人员更高效地编写代码。请同学们以小组为单位查阅资料并讨论，哪些函数和模块会在日常工作中被频繁使用，并将讨论结果记录下来。

◆ **必备知识**

在引用模块时要使用import语句进行模块对象的调用，后面的代码才可以正常地使用其模块的函数。

1. os模块

os模块的主要功能是文件资源管理与进程操作，其函数与其使用方法如表2-1所示。

表2-1　os模块的函数与使用方法列表

函数	说明
os.remove(path)	删除文件
os.rename(path)	重命名文件
os.listdir()	列出指定目录下所有文件
os.chdir(path)	改变当前工作目录

(续表)

函数	说明
os.getcwd(path)	获取当前文件路径
os.mkdir(path)	新建目录
os.rmdir(path)	删除空目录(删除非空目录)，否则会报错
os.makedirs(path)	创建多级目录
os.removedirs(path)	删除多级目录
os.stat(file)	获取文件属性
os.chmod(file)	修改文件权限
os.utime(file)	修改文件时间戳
os.name(file)	获取操作系统标识
os.system()	执行操作系统命令
os.execvp()	启动一个新进程
os.fork()	获取父进程ID，在子进程中返回0
os.execvp()	执行外部程序脚本(Unix)
os.spawn()	执行外部程序脚本(Windows)
os.path.split(filename)	将文件路径和文件名分割(会将最后一个目录作为文件名而分离)
os.path.splitext(filename)	将文件路径和文件扩展名分割成一个元组
os.path.dirname(filename)	返回文件路径的目录部分
os.path.basename(filename)	返回文件路径的文件名部分
os.path.join(dirname,basename)	将文件路径和文件名凑成完整文件路径
os.path.abspath(name)	获得绝对路径
os.path.splitunc(path)	把路径分割为挂载点和文件名
os.path.normpath(path)	规范path字符串形式
os.path.exists()	判断文件或目录是否存在
os.path.isabs()	如果path是绝对路径，则返回true
os.path.realpath(path)	返回path的真实路径
os.path.normcase(path)	转换path的大小写和斜杠
os.path.isdir()	判断name是不是一个目录，如果name不是目录，则返回false
os.path.isfile()	判断name是不是一个文件，如果不存在，则返回false
os.path.islink()	判断文件是不是连接文件，返回布尔值
os.path.ismount()	指定路径是不是存在且为一个挂载点，返回布尔值
os.path.samefile()	是不是相同路径的文件，返回布尔值
os.path.getatime()	返回最近访问时间
os.path.getmtime()	返回上一次修改时间

(续表)

函数	说明
os.path.getctime()	返回文件创建时间
os.path.getsize()	返回文件大小
os.path.commonprefix(list)	返回list(多个路径)中，所有path共有的最长的路径
os.path.splitdrive(path)	返回驱动器名和路径

例如，输入如图2-27所示的演示代码：

```
import os
#加载指定目录
os.chdir("C:/Users/")
#输出当前目录路径
print("当前加载目录: " + os.getcwd())
```

图2-27　os模块的演示代码

执行结果为：

当前加载目录：C:\Users

2. sys模块

sys模块的主要功能是输出程序调试与异常信息、程序方法操作、返回Python版本信息等，其函数与使用方法见表2-2。

表2-2　sys模块的函数与使用方法列表

函数	说明
sys.path()	返回模块的搜索路径，初始化时使用PythonPath环境变量的值
sys.modules.keys()	返回所有已经导入的模块列表
sys.exc_info()	获取当前处理的异常类，返回值是一个元组，包括三个参数异常信息分别是exe_type、exe_value、exe_traceback
sys.exit(n)	退出程序，正常退出时用exit(0)
sys.version	获取Python解释程序的版本信息
sys.platform	返回操作系统平台名称
sys.stdout	标准输出信息
sys.stdout.write("aaa")	标准输出内容
sys.stdout.writelines()	无换行输出
sys.stdin	标准输入
sys.stdin.read()	输入一行
sys.stderr	错误输出
sys.exc_clear()	用来清除当前线程所出现的当前的或最近的错误信息
sys.exec_prefix	返回当前使用的Python环境的安装路径

(续表)

函数	说明
sys.getdefaultencoding()	返回当前所用的默认的字符编码格式
sys.getfilesystemencoding()	获取当前系统的编码格式
sys.executable	返回Python解释程序路径
sys.getwindowsversion()	获取Windows的版本

例如，输入如图2-28所示的演示代码：

```
sys.py
1  import sys
2  #输入出当前Python版本号
3  print("当前Python版本号")
4  print(sys.version)
5  #输入出当前Python的执行目录
6  print("当前Python的执行目录")
7  print(sys.executable)
```

图2-28　sys模块的演示代码

执行结果为：

当前Python版本号3.10.0 (tags/v3.10.0:b494f59，Oct 4 2021，19:00:18) [MSC v.1929 64 bit (AMD64)]

当前Python的执行目录D:\Program Files\Python310\Python.exe

3.string模块

string模块主要功能是字符串处理，其函数与使用方法见表2-3。

表2-3　string模块的函数与使用方法列表

函数	说明
str.capitalize()	把字符串的第一个字符大写
str.center(width)	返回一个原字符串并居中，并使用空格填充到width长度的新字符串
str.ljust(width)	返回一个原字符串并左对齐，用空格填充到指定长度的新字符串
str.rjust(width)	返回一个原字符串并右对齐，用空格填充到指定长度的新字符串
str.zfill(width)	返回字符串并右对齐，前面用0填充到指定长度的新字符串
str.count(str,[beg,len])	返回子字符串在原字符串出现次数，"beg,len"用于指定范围
str.decode(encodeing[,replace])	解码字符串string，出错引发value error异常
str.encode(encodeing[,replace])	解码字符串string
str.endswith(substr[,beg,end])	字符串是否以substr结束，"beg,end"用于指定范围
str.startswith(substr[,beg,end])	字符串是否以substr开头，"beg,end"用于指定范围
str.expandtabs(tabsize)	使原字符串中的制表符("\t")的使用空间变大，用空格来扩展空间
str.find(str,[stat,end])	查找子字符串在字符串中第一次出现的位置，否则返回-1
str.index(str,[beg,end])	查找子字符串在指定字符中的位置，如果不存在报异常
str.isalnum()	检查字符串是否以字母和数字组成，如果是，则返回true；否则返回false

(续表)

函数	说明
str.isalpha()	检查字符串是否以纯字母组成,如果是,则返回true;否则返回false
str.isdecimal()	检查字符串是否以纯十进制数字组成,返回布尔值
str.isdigit()	检查字符串是否以纯数字组成,返回布尔值
str.islower()	检查字符串是否全是小写,返回布尔值
str.isupper()	检查字符串是否全是大写,返回布尔值
str.isnumeric()	检查字符串是否只包含数字字符,返回布尔值
str.isspace()	如果str中只包含空格,则返回true;否则返回false
str.title()	返回标题化的字符串(所有单词首字母大写,其余小写)
str.istitle()	如果字符串是标题化的[参见title()],则返回true;否则返回false
str.join(seq)	以str作为连接符,将一个序列中的元素连接成字符串
str.split(str=" ",num)	以str作为分隔符,将一个字符串分隔成一个序列,num是被分隔的字符串
str.splitlines(num)	以行分隔,返回各行内容作为元素的列表
str.lower()	将大写转为小写
str.upper()	转换字符串的小写为大写
str.swapcase()	转换字符串大小写
str.lstrip()	去掉字符左边的空格和回车换行符
str.rstrip()	去掉字符右边的空格和回车换行符
str.strip()	去掉字符两边的空格和回车换行符
str.partition(substr)	从substr出现的第一个位置起,将str分割成一个3元组
str.replace(str1,str2,num)	查找并将str1替换成str2,num是替换次数
str.rfind(str[,beg,end])	从右边开始查询子字符串
str.rindex(str,[beg,end])	从右边开始查找子字符串位置
str.rpartition(str)	类似partition函数,但从右边开始查找
str.translate(str,del=" ")	按str给出的表转换string的字符,del是要过滤的字符

例如,输入如图2-29所示的string模块的演示代码:

```python
import string
#将class首字母大写
print(str.capitalize("class"))
#以"."分割字符串Python.3
s1 = "Python.3"
d1 = s1.split(".")
print(d1)
#查找字符"t"在字符串"Python3.10"中出现的位置,以0开始计算
s2="Python3.10"
d2 = s2.index("t")
print(d2)
```

图2-29 string模块的演示代码

执行结果为：

Class
['Python', '3']
2

4. openpyxl模块

openpyxl模块是一个能够读写Excel 2010文档的Python库，如果要处理更早版本格式的Excel文档，需要用到额外的库。openpyxl模块是一个比较综合的工具，能够同时读取和修改Excel文档。

(1) Workbook类代表一个工作簿。所谓工作簿是指Excel环境中用来储存并处理工作数据的文件。一个Excel文件就称为一个工作簿，一个工作簿中可以包含若干张工作表。openpyxl模块中Workbook类的使用方法见表2-4。

表2-4　openpyxl模块中Workbook类的使用方法列表

函数	说明
load_workbook(filePath)	加载Excel文件，filePath是Excel文件的路径
Workbook.active()	获取当前选中的Worksheet对象
Workbook.save(filcPath)	保存Excel文件，filePath是Excel文件的路径
Workbook.create_sheet('SheetName',X)	创建工作表到当前工作簿中，SheetName是工作表名，X是插入工作表的位置
Workbook.remove('SheetName')	从当前的工作簿中删除名为SheetName的工作表
Workbook.sheetnames	获取文档中所有工作表名称
Workbook ['Sheet1']	获取名为Sheet1的工作表

(2) Worksheet类代表一个工作表。工作表是显示在工作簿窗口中的表格，每个工作表有一个名字，工作表名显示在工作表标签上。openpyxl模块中Worksheet类的使用方法见表2-5。

表2-5　使用方法列表

函数	说明
Worksheet=Workbook.active	获取当前选中的Worksheet对象(sheet表)
Worksheet.max_column	获取当前工作表的最大数据列
Worksheet.max_row	获取当前工作表的最大数据行

(3) Cell类代表工作表单元格，是表格的重要组成部分。单元格是表格中行与列的交叉部分，是组成表格的最小单位，可拆分或者合并。单个数据的输入和修改都是在单元格中进行的。openpyxl模块中Cell类的使用方法见表2-6。

表2-6　openpyxl模块中Cell类的使用方法列表

函数	说明
Cell=Worksheet ['XX']	获取指定位置的单元格对象，XX是单元格的地址，比如A1
Worksheet ['XX'].value	获取XX位置单元格的值
Worksheet.cell(X,Y).value	获取X行、Y列位置单元格的值，X与Y均为整数，比如Worksheet.cell(3,3).value意思是获取C3单元格的值
Worksheet['XX'].value='ABC'	设定XX位置单元格的值为ABC
Worksheet.cell(X,Y).value='ABC'	设定X行、Y列位置单元格的值为ABC
Worksheet.delete_cols(n)	删除第n列
Worksheet.delete_rows(n)	删除第n行

5. PyPDF2模块

PyPDF2模块的主要功能是分割或合并PDF文件，裁剪或转换PDF文件中的页面。

(1) PdfFileReader类是一个用来读入PDF的类，其主要属性如表2-7所示。例如，读取PDF文件需要使用PyPDF2.PdfFileReader(filePath)，filePath是PDF文件的路径。

表2-7　PyPDF2模块中PdfFileReader类的使用方法列表

函数	说明
documentInfo	获取PDF文件的文档信息
isEncrypted	PDF文件是否加密
numPages	返回PDF文件的页数
pages	返回PDF文件所有页面，每个页面pageObject对象的列表
pageLayout	获取PDF文件的页面布局
pageMode	获取PDF文件的页面模式
xmpMetadata	从PDF文件根目录检索XMP数据

(2) PdfFileWriter类是一个用来创建PDF的类，其主要属性如表2-8所示。例如，创建一个PDF文件对象需要使用PyPDF2.PdfFileWriter()。

表2-8　PyPDF2模块中PdfFileWriter类的使用方法列表

函数	说明
addPage(page)	向此PdfFileWriter添加页面，该页面通常是从一个PdfFileReader实例中获取的
addBlankPage(width=None,height=None)	追加一个空白页
insertBlankPage(width=None,height=None,index=0)	将空白页插入此PdfFileWriter的指定页码并返回此页面的PageObject对象
insertPage(page, index=0)	在此PdfFileWriter中的指定位置插入一个pageObject对象，该页面通常是从一个PdfFileReader实例中获取的，默认在最开始位置插入

(续表)

函数	说明
getNumPages()	获取PdfFileWrite中已有pageObject的页数
getPage(pageNumber)	获取PdfFileWrite中指定页码的pageObject对象
addAttachment(fname, fdata)	在PdfFileWriter中嵌入文件
addBookmark(title, pagenum, parent=None, color=None, bold=False, italic=False, fit='/Fit', *args)	添加书签
addJS(javascript)	添加javascript代码
addLink(pagenum, pagedest, rect, border=None, fit='/Fit', *args)	添加超链接
addMetadata(infos)	添加Metadata
encrypt(user_pwd, owner_pwd=None, use_128bit=True)	添加密码
removeImages(ignoreByteStringObject=False)	从此PdfFileWriter中删除图像
removeLinks()	从此PdfFileWriter中删除链接和注释
sctPageLayout(layout)	设置页面布局
getPageLayout()	获取页面布局PdfFileWriter.pageLayout
setPageMode(mode)	设置页面模式对应属性PdfFileWriter.pageMode
getPageMode()	获取页面模式
write(stream)	将添加到PdfFileWriter对象的所有页面写入PDF文件

（3）PdfFileMerger类是一个用来拼接PDF文件的类，其主要属性如表2-9所示。PdfFileMerger类可以在不打开PDF文件的基础上实现合并，并且有两个方法：一种是使用append()函数；另一种是使用merge()函数。前者只能往后追加新的PDF文件，后者则可以在指定位置插入PDF文件。

表2-9 PyPDF2模块中PdfFileMerger类的使用方法列表

函数	说明
append(fileobj, bookmark=None, pages=None, import_bookmarks=True)	将fileobj所有页面连接到文件末尾
merge(position, fileobj, bookmark=None, pages=None, import_bookmarks=True)	将给定fileobj中的页面合并到指定页码
write(fileobj)	将所有已合并的数据写入fileobj文件
close()	关闭并清除所有内存使用
addBookmark(title, pagenum, parent=None)	添加书签
addMetadata(infos)	添加Metadata
setPageLayout(layout)	设置页面布局
setPageMode(mode)	设置页面模式

扩展阅读　TIOBE 12月编程语言排行榜：C++首次超越Java进入前三

全球知名TIOBE编程语言社区发布了2022年12月的编程语言排行榜，如图2-30所示。在这次发布的数据中可以看到，C++在TIOBE上的排名历史上首次超过Java，以0.12%微弱的优势，凭借11.94%的市场份额首次超过了11.82%的Java，排在第三。Java则掉到了第四，这是自2001年TIOBE指数开始以来，Java首次掉出榜单前三名。不过前5名依然还是Python、C、C++、Java和C#。JavaScript排在第7位，PHP排在第12位，苹果的Swift编码语言排在第15位，比2021年这个时候的第10位有所下降。

Dec 2022	Dec 2021	Change	Programming Language	Ratings	Change
1	1		Python	16.66%	+3.76%
2	2		C	16.56%	+4.77%
3	4	∧	C++	11.94%	+4.21%
4	3	∨	Java	11.82%	+1.70%
5	5		C#	4.92%	-1.48%
6	6		Visual Basic	3.94%	-1.46%
7	7		JavaScript	3.19%	+0.90%
8	9	∧	SQL	2.22%	+0.43%
9	8	∨	Assembly language	1.87%	-0.38%
10	12	∧	PHP	1.62%	+0.12%
11	11		R	1.25%	-0.34%
12	19	∧	Go	1.15%	+0.20%
13	13		Classic Visual Basic	1.15%	-0.13%
14	20	∧	MATLAB	0.95%	+0.03%
15	10	∨	Swift	0.91%	-0.86%

图2-30　TIOBE 2022年12月的编程语言排行榜

值得一提的是，除了C++超过Java之外，榜单上Kotlin和Julia也越来越接近前20名。Kotlin从上个月的28名跃至23名，Julia则从32名升至24名。

TIOBE指数的百分比的计算不是基于市场份额，而是"基于全世界熟练工程师的数量、课程和第三方供应商"。

什么是成功的编程语言，在行业内的定义是不同的，TIOBE的指标只是衡量的一种方式。2022年早些时候，CirlceCI的2022年软件交付状况报告显示，最流行的编程语言前三名分别是TypeScript、JavaScript和Ruby，Python排在第四位，C和C++甚至没有进入前十名。

(资料来源：IT之家，有删改)

◆ 任务小结

请同学们根据任务实施过程中的实际情况进行任务小结。
_____
_____

◆ 任务评价

自我评价：_____
_____
小组评价：_____
_____
教师评价：_____
_____

知识拓展

1. SLA

SLA(service-level agreement)服务等级协议，是在一定开销下为保障服务的性能和可靠性，服务提供商与用户间定义的一种双方认可的协定。SLA概念已被大量企业所采纳，作为公司IT部门的内部服务。大型企业的IT部门都有一套服务等级协议，以衡量、确认其客户(企业其他部门的用户)服务，有时也与外部网络供应商提供的服务进行比较。一个完整的SLA同时也是一个合法的文档，包括所涉及的当事人、协定条款(包含应用程序和支持的服务)、违约的处罚、费用和仲裁机构、政策、修改条款、报告形式和双方的义务等。同样，服务提供商可以对用户在工作负荷和资源使用方面进行规定。

2. TCO

TCO(total cost of ownership，总拥有成本)，是公司经常采用的一种技术评价标准，是在一定时间范围内所拥有的包括置业成本(acquisition cost)和每年总成本在内的总体成本。在某些情况下，这一总体成本是一个为获得可比较的现行开支而对3~5年内的成本进行平均的值。

3. boolean

boolean即布尔型，是一种取值仅能为"真"或"假"的数据类型，赋予了编程语言在逻辑上表达"真"或"假"的能力。如果没有这种能力，很多计算机功能将无法实现。

4. Python模块

Python模块是一种以.py为后缀的Python文件，可以理解为编写好的Python文件。要作为库文件使用，必须包含函数。模块名为该.py文件的名称。模块的名称作为一个全局变量_name_的取值，可以被其他模块获取或导入。模块的导入通过ipmort来实现，导入模块的方式：import特定模块名称。

5. Python包

Python包是在模块之上的概念,为了方便管理而将文件进行打包,本质上是一个目录。包目录下第一个文件便是_init_.py,然后是一些模块文件和子目录,假如子目录中也有_init_.py,那么它就是这个包的子包了。包中特定模块的引用方式为:import 包名称.模块名称。

6. Python库

Python中的库是借用其他编程语言的概念,没有特别具体的定义,Python库着重强调其功能性。在Python中,具有某些功能的模块和包都可以被称为库。模块由诸多函数组成,包由诸多模块机构化组成,库中也可以包含包、模块和函数。所以,Python中真正使用的是包和模块,库是抽象意义上的统称。这也是Python的一大特色,即具有强大的标准库、第三方库以及自定义模块。

模块总结

目前,选择在网络上开店的商家越来越多。当需要查看店铺中的各方面数据并进行分析时,就要用到相应的分析工具。Excel是常用的数据分析工具,可以实现基本的数据分析工作,但在数据量大、公式嵌套多的情况下,Excel处理起来会很麻烦,而且处理速度也会变慢。此时,Python可作为首选,因为Python提供了大量的第三方扩展库,如Numpy、SciPy、Matplotlib、Pandas、Scikit-Learn、Keras和Gensim等,这些库不仅可以对数据进行处理、挖掘,还可以进行可视化展示,其自带的分析方法模型也使数据分析变得简单高效,只需编写少量的代码就可以得到分析结果。

我的收获:_____

_____

我的不足:_____

_____

模块 3 电子商务营销数据分析

> 我们实行更加积极主动的开放战略，构建面向全球的高标准自由贸易区网络，加快推进自由贸易试验区、海南自由贸易港建设，共建"一带一路"成为深受欢迎的国际公共产品和国际合作平台。我国成为140多个国家和地区的主要贸易伙伴，货物贸易总额居世界第一，吸引外资和对外投资居世界前列，形成更大范围、更宽领域、更深层次对外开放格局。
>
> ——党的二十大报告

 学习目标

知识目标
- 了解电子商务营销数据分析的意义和内容
- 了解电子商务营销数据分析的维度和报表
- 掌握电子商务营销数据的基本分析方法

能力目标
- 运用电子商务营销数据的基本分析方法解决问题
- 熟练掌握电子商务营销推广分析方法

技能目标
- 熟练运用电子商务营销数据的基本分析方法
- 具备电子商务营销推广分析的能力
- 培养营销数据分析的敏感性和自觉性

 模块导入

某电商平台在一次营销活动结束后对用户消费行为进行了分析，通过分析得出如下4条结论。

(1) 17%的用户购买了占总销售额78%的产品和服务，基本符合二八原则。

(2) 发展一个新用户所消耗的成本为维系一个老用户所消耗成本的4~7倍。

(3) 新老用户的产品成交率有所不同：新用户的产品成交率小于18%，而正常运营周期内的老用户的产品成交率高达55%。

(4) 每年用户保有率增加6%，利润增加20%~80%。

第1条结论说明，小部分用户在该平台的消费水平属于上等；第2条结论说明，发展一个新用户的成本相对于维系老用户成本来说太高；第3条结论说明，新用户的营销成功率明显低于老用户；第4条结论说明，用户保有率和利润增长率的关系。通过这短短的4条用户分析，可以大概了解该电商平台年收益。可见，营销数据分析对一个企业的重要性。本模块将系统介绍电子商务营销数据分析的意义和内容、营销数据分析的维度和报表、营销数据的基本分析方法，以及电子商务营销推广分析。

任务3.1 电子商务营销数据分析的意义和内容

任务3.1.1 营销数据分析的意义

在"6·18"血拼抢购、抄低价、薅羊毛的时候，你是否也有同样的感受：现在的产品推荐和各类广告也太神奇了，你想买什么、需要什么，商家似乎统统知道。请同学们以小组为单位讨论为什么现在的电商产品推荐和广告投放能够如此精准，如此懂你心意，并将讨论结果记录下来。

◆ **必备知识**

许多电子商务营销人员在进行营销策划和决策时，往往还停留在依赖过往经验、商业直觉、他人思路模板的阶段，即使加入营销数据分析，也基本是描述性统计，维度相对粗浅。比如判断一个获客渠道是否有效，或者决定和哪些媒体合作时，企业往往会跟踪各种指标，包括流量、线索和商机等。虽然这些数据是营销漏斗的关键部分，但仅这些数据分析还不足以支撑决策者做出更合理的营销决策，这样做，将局限数据对营销决策的指导作用，甚至产生误导。

营销环境今非昔比，大众市场不复存在，取而代之的是相对更窄的细分市场，甚至是个人市场，营销范式也从最初的营销1.0(大众营销)发展到营销2.0(分众营销)，并逐渐迈向营销3.0(组织与客户之间的协同营销)。而营销理论也由经典的4P理论发展为4C、4V等理论。综合当前的营销环境，客户的重要性越来越突出，企业在市场上的成功不仅需要满足客户形形色色的需求，还需要赢得客户的心智，引起客户的共鸣。此外，当前营销环境对产品也提出了更高的要求，产品功能逐渐弹性化，甚至个性化。与此同时，连接客户与产品的一系列销售因素，如价格、销量等波动性越来越大，越来越难以预料。

数据分析通常基于商业目的，是有目的地收集、整理、加工和分析数据，提炼有价值的信息的过程。根据想要解决的问题类型，可以将数据分析的目的分为三类，即分析现状、分析原因、预测未来。企业在产品营销实践过程中可以就单方面问题进行分析，也可以三者结合同时进行分析，俗话说"知己知彼，百战不殆"，用数据分析的方法了解本企业，了解竞争对手，及时调整策略，方能运筹帷幄。

数据分析首先需要考虑受众对象与分析目标，对于电子商务企业营销工作而言，数据分析的意义主要体现在以下4个方面。

1. 了解产品营销情况，诊断问题

电子商务企业对产品营销的日常工作包括营销内容生产、营销平台账号发布和推广、广告推广、直播分享、粉丝维护、社群运营、微店运营、线上线下活动策划及组织等。这些工作是否有价值、是否能够有效实现营销目标，需要通过数据来了解与判断。大部分电商企业比较关注流量数据、粉丝数据、阅读数据、活动转发与评论数据等。

2. 帮助企业预测发展方向，规避风险

通过数据分析，从数据中发现有规律性的信息，可以帮助企业预测未来的趋势和行为，做出具有针对性的决策，从而使得营销活动具有前瞻性，及时规避风险。现阶段，百度、腾讯等大型互联网公司都已经开放了大量数据，网民可以直接登录相关网站查看。通过对这些数据的分析解读，有助于判断新媒体内容活动推广是否要和网络热点结合。其中常见的行业数据分析指数包括百度指数、新浪微博指数、微信指数、头条指数等。

3. 帮助企业控制成本，提高效率

企业进行新媒体营销，一方面需要关注销售额的增长与品牌价值的提升；另一方面需要时刻关注运营成本，尤其是广告成本。如果企业的新媒体广告投放没有精准的方向，极有可能使广告费用"打水漂"，因此新媒体团队需要分析用户的城市分布、购买或阅读时间、常用应用、惯用机型、阅读习惯等数据，每次广告投放前都要综合近期的投放情况进行调整与优化，确保精准投放，以控制成本。

4. 帮助企业评估效果，改进营销方案

营销方案是团队根据以往经验而制定的工作规划，一段时间后需要通过数据进行评估。一方面，分析最终完成数据，可以反推方案中目标的可行性；另一方面分析过程数据，可以及时发现方案制定后在执行过程中遇到的问题，作为下次营销方案制定的参考。评估营销方案常用的数据有目标达成率、最终销售额、过程异常数据、失误率等。

任务3.1.2　营销数据分析的内容

农夫山泉为了提高销量，对产品的摆放做了详尽的分析。业务员一天要几十次到商场或超市拍摄农夫山泉水摆放的照片。按照规定，下班之前每个业务员要将200张照片传送到杭州总部。每个业务员每天产生的数据量在25M左右，这似乎并不是个多大的数字。但农夫山泉全国有15000个业务员，每天产生的数据大约是150GB，每月大约是3.5TB。当这些照片如雪花一样散落在杭州总部的机房时，农夫山泉的信息主管该如何着手开展工作？

请同学们以小组为单位进行讨论，并将讨论结果记录下来。

◆ **必备知识**

数据分析是对数据价值的一种挖掘，在营销领域，其可以被拆解为事前和事后两个部分。所谓事前分析，其实是通过对过往的总结，来指导未来的行动，比如消费者行为分析、商品价格分析、店铺销量分析等，遵循的是普适原则：假设了在条件相同的情况下还会发生的事情。而事后分析的目标是得到尽可能合理、真实、对未来有价值的洞察。

具有普适性的营销数据分析将帮助电商企业正确利用手中的数据，从深入的数据分析中发现更多隐藏信息，切切实实地提升营销决策效果。然而，海量级的数据必然会增加数据分析师的工作量，综合归纳后发现，营销数据分析可以从客户数据分析、产品数据分析以及销售数据分析三个方面展开。

1. 客户数据分析

客户(会员)数据分析的前提是电商企业必须能够接触和收集到足够多的与业务场景相关的客户数据。如果说用一个专有名词来代替客户数据分析的一系列方法，那就是客户画像。客户画像是一个比较抽象的概念，实际上是一系列数据分析流程(问题场景确定→数据收集→预处理→建模→标签提取→标签验证→结果分析和可视化等)的集合。将这些流程中所提取的客户标签(通常是一些高度凝练的词汇，如高价值、低购买力等)综合到一起，电商企业就能非常直观地发现该客户的商业轮廓，即客户画像。客户画像是企业采取下一步营销策略的指南针，有了客户的真实商业面貌，企业在营销方面能够做到有的放矢，极大地提高营销效率。客户画像可以被广泛地应用于客户生命周期的各个阶段，如早期的客户识别、中期的客户价值分析、晚期的客户留存和流失分析等，用到的方法如聚类算法、RFM模型、分类算法等。

2. 产品数据分析

一个产品的"一生"会经历众多的阶段。产品数据分析是从产品概念的产生到产品最终退出市场这一系列流程来探讨产品方面的数据分析。

(1) 任何一款产品都是从一个概念开始的。假设企业要为目标客户设计一款电脑，而目标客户对电脑功能的需求是多样的，由于研发资金有限，就需要分析出大部分目标客户对于这些功能的分类、满意度水平和优先级排序，根据上述分析结果来设计产品不仅能最大限度地发挥研发资金的利用率，还能显著提高新产品上市后的市场接受水平。

(2) 在新产品研发结束但还未上市的阶段，产品定价是很多企业需要重点考虑的问题。产品的定价受多重因素的影响，定价方法和策略众多，其中，价格敏感度测试PSM模型从目标客户心理对价格的接受水平入手，给出了一个能被大部分客户所接受的最优价格和可选定价的价格区间，对于指导产品定价有一定的参考意义。

(3) 新产品上市销售一段时间以后，企业还可以通过巴斯扩散模型预测该产品在市场上的扩散情况，通过预测结果可以大致总结出该产品的生命周期过程，以及在每个过程中应该采取哪些营销策略。

(4) 市场上大部分产品都处于成熟稳定期，处于这一阶段的产品面临的重要问题是产品改进。产品改进工作是研发人对"一切为了顾客满意"的企业核心价值观最直接的实践。产品改进工作有一系列方法和策略，如通过对漏斗模型、聚类算法、分类算法等的应用来展开相应分析而改进现有产品。

3. 销售数据分析

如果能提前预测出产品未来的价格或销量的走势，对于企业制定未来的生产和销售计划会有很强的指导意义。当然，这里主要讲的是对价格或销量的定量预测分析。在这类分析中，一般常用移动平均法、指数平滑法、趋势外推法和回归分析法这4种定量分析方法。

(1) 移动平均法最为简单，可以消除或减少时间序列数据受偶然性因素干扰而产生的随机变化影响，更适合那些波动性小、短期的预测。

(2) 指数平滑法是从移动平均法发展而来的，是一种改良的加权平均法，在不舍弃历史数据的前提下，对离预测较近的历史数据给予较大的权数，权数由近到远按指数规律递减。指数平滑法通常用于对那些有波动性和趋势性的数据的预测，也适用于短期预测。

(3) 趋势外推法是根据有一定趋势的历史数据拟合一条趋势线，以此来外推预测未来数值的预测方法，适合那些有一定趋势性的数据的中短期预测。

以上三种方法都仅用到预测变量的历史数据，不涉及其他变量，属于时间序列分析。

(4) 如果已知某些变量与需要预测的变量间有直接的因果联系，且这些解释变量的历史数据均能获取，就要考虑用回归分析法(包括一元线性回归、多元线性回归、非线性回归等)来预测了。回归分析法可预测的期限较长，适用于短、中、长期预测。

> **扩展阅读** 世界上最成功的时尚零售品牌之一：揭开Zara品牌的成功秘诀(节选)

Zara是世界上最成功的时尚零售品牌之一，其原本是西班牙的一个小众品牌，没想到在极短的时间内就风靡全世界。

Zara成功的秘诀很大程度上在于能够跟上快速变化的时尚潮流，并且马上在自己的产品中展示出来。可以说，Zara每天都在密切关注世界各地的时尚趋势，能在一两周内就把体现最新潮流和款式的产品投放市场，而大多数时尚品牌需要将近6个月的时间才能够将新产品推向市场。就这样，Zara打败了无数竞争对手，迅速成为无数人喜爱的品牌，尤其是那些时尚达人。

为了保持产品的"新鲜度"，Zara做了这3件事。

(1) 更短的交货时间。更短的交货时间让Zara的客户可以很快得到想要的衣服(比如当季系列、最近的趋势、名人的衣橱、顶级设计师的最新设计等)。可以说，Zara保持和客户同步，并及时为他们提供想要的东西。

(2) 减少生产数量(饥饿营销)。Zara会减少一些特定款的数量，给人一种"稀缺"的感觉。这一点几乎适用于所有的时尚单品，因为获得的概率越小，产品就越受欢迎。

减少生产数量还有一个好处,如果一种款式销量不佳,就可以及时止损。Zara一年只有两次限时销售,而不是不断地进行降价促销,而且Zara的产品折扣都非常小。

(3) 生产更多的款式。Zara生产的产品有很多款式,大约每年生产12000款。即使一种款式卖完了,还有新的款式及时补上。这就让客户有更多的选择,总能挑选到自己满意的款式。Zara只会让一个款式在商店里展示3~4周,这就让客户持续光顾商店,如果一个星期不去光顾,可能那些特定的款式就会消失,这样新客不断、老客不绝,就会一直保持客流量。

(资料来源:搜狐网,有删改)

◆ 任务小结

请同学们根据任务实施过程中的实际情况,进行任务小结。

_____
_____

◆ 任务评价

自我评价:_____

小组评价:_____

教师评价:_____

任务3.2　电子商务营销数据分析的维度和报表

任务3.2.1　营销数据分析的维度

市场营销是企业的命脉,肯定少不了营销数据分析和统计。通过对客户、业务、营销、竞争等诸多方面的深入分析,挖掘数据背后的规律和隐含的信息,不仅能够提升企业的科学管理和科学决策的水平,还能为制定有针对性和便于实施的营销战略奠定良好的基础。请同学们以小组为单位讨论工作中收集哪些维度的数据对营销分析是有必要的,并将讨论结果记录下来。

_____
_____

◆ 必备知识

电子商务企业分析营销数据主要有两个目的:一是对营销情况的整体把控,评估营销目标是否达成,图3-1从不同维度对店铺的销售情况进行分析,以便随时监控数据异常,及时发现问题;二是对特定性问题进行分析,比如为了提升销售额做的产品对比分析,渠道对比分析，退货量对销售的影响分析等，从某一维度的数据进行深入分析，来解决具体业务问题，如图3-2所示。

图3-1 店铺营销状况分析

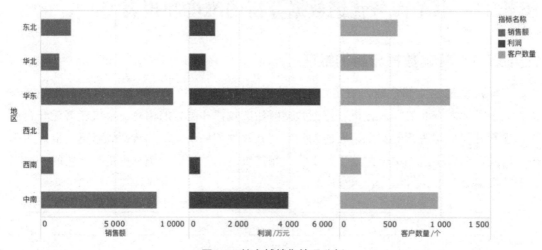

图3-2 某店铺销售情况分析

分析营销数据可以从以下几个维度着手。

1. 商品维度

商品(产品)维度分析是营销数据分析中最重要的部分之一，主要是指从商品的不同角度对销售数据进行分析,以便更好地了解每个商品的销售情况和特征,从而制定有效的营销策略和目标。可通过单一商品分析、商品分类分析、不同商品横向分析、商品竞争分析、商品生命周期的变化趋势、商品组合和交叉销售、商品开发和推广、商品市场需求的变化趋势等发现不同商品的销售情况和趋势,对比不同渠道的商品销售情况和趋势,比较不同商品的利润率和毛利率,分析消费者对商品的满意度和购买体验等。商品维度分析可用于商品业绩分析、商品上下架建议、下周期营销计划制定、商品摆放位置调整等。

2. 供应商维度

电商企业的商品可能由相同或者不同的供应商提供,本维度适用于有不同供应商的商品。例如,当电商企业要给客户提供的是"快速响应"价值时,企业的整个供应链的第一要务就是缩短每个环节的交付周期,那么对距离近的、供应周期稳定的供应商就会分配更多的资源。供应商维度分析可用于供应商评价、商品议价建议、供应商下一周期供货计划制订等。

3. 内部组织维度

根据企业的性质及组织结构不同,可进行内部组织维度分析,如连锁店营销情况分析、子公司营销情况分析、销售员的营销情况分析等;根据销售主体的不同类别,也可进行内部组织维度分析,如专职兼职销售员分类、线上线下销售员分类等。内部组织维度分析还可用于绩效评价、销售策略调整、资源补充计划等方面。

4. 客户维度

客户(会员)是销售对象,是企业的核心资产,可按客户的不同类别进行分类,以便做精细化的分析。可按照客户属性(如客户性别、年龄、区域等)分类;也可按客户性质,如企业客户、个人客户、国内客户、国际客户、不同规模的企业客户等分类。通过了解客户需求和消费习惯等,企业能够制定更加精准的营销策略,促进销售增长。客户维度分析可用于精准广告投放、营销策略调整等方面。

5. 地域维度

地域维度分析对于有全球性或全国性业务的企业而言至关重要,可帮助企业找到销售热点和盲区。可根据商品性质来定义不同地域,例如全球性区域分析、全国性区域分析、一二三线城市及城镇乡村区域分析、不同气候的区域分析等,帮助企业了解各地区的消费习惯、产品偏好等,以便进行更加精准的营销。地域维度分析可用于下一周期销售计划制定、供应链计划制定、库存计划制定、区域资源规划调整等。

6. 时间维度

时间维度分析是数据分析中不可或缺的一部分。通过营销数据的时间维度分析,我们可以了解销售额、销售量、利润等在时间上的变化情况。

从长期的角度来看,营销数据的时间维度分析能够反映出月度、季度、年度销售情况的变化趋势,可以帮助企业了解业务的整体走向,是制定战略和预算计划的重要基础。

从短期的角度来看，营销数据的时间维度分析能够反映出周内、节假日销售情况的变化趋势，可以帮助企业规划促销活动、库存管理等工作。例如，可以根据销售数据来调整各类产品的进货时间以及营销策略。

7. 品牌维度

品牌维度分析是同类产品不同品牌的分析，包括品牌喜好分析、品牌业绩趋势对比等。品牌维度分析可用于商品配置管理等方面。

任务3.2.2 营销数据报表

营销数据分析是收集和分析营销数据指标的过程，通过营销报表揭示有意义的、可操作的数据，为营销决策提供依据，帮助企业得出重要结论并实现整个业务的KPI(关键绩效指标)。不同营销数据分析的目的关注不同的数据指标和报表设计。请同学们以小组为单位讨论你见过的数据报表有哪些，该类报表反映的重点是什么，并将讨论结果记录下来。

◆ **必备知识**

如果数据指标选择准确、数据报表设计合理，营销数据分析将是一个非常有价值的过程。营销报表能够帮助企业清晰衡量线索数量与质量、不同渠道获客效果、不同客群获客效果，以及内容营销获客效果等关键营销指标。

1. 线索数据报表

获客是电商企业营销的重中之重，而线索数量是衡量获客效果的基本数据指标。线索数据报表可以显示在特定时期内产生的新线索数量，如图3-3所示，以周为时间单位对其进行监测，以确保获客目标如期完成。

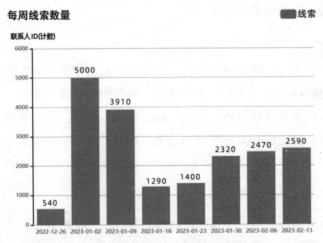

图3-3 某电商企业客服人员周工作量统计

2. 按来源划分的线索报表

按来源划分的线索报表显示了不同特定营销渠道中分别带来了多少线索，这对获客方式多样的企业来说，可以区分不同渠道的获客效果。某品牌商布局私域流量营销渠道情况如图3-4所示。随着市场环境的变化和企业自身情况的调整，各个渠道的获客效果也会不断发生变化，因此企业需要定期监控和调整各个渠道的营销策略，来保证获客效率的稳定和持续。

如果将来源渠道和线索生命周期结合分析，企业能一目了然地看到不同渠道的获客转化效果，清楚地知道哪个渠道可以获取更高质量线索，这也符合以营业收入为导向的营销分析。

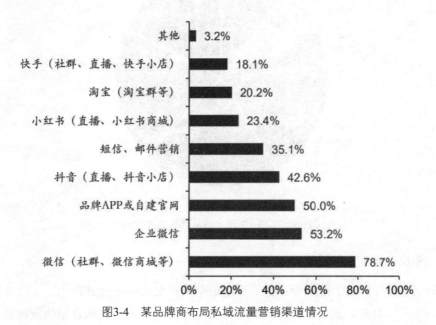

图3-4 某品牌商布局私域流量营销渠道情况

3. 目标客群线索报表

目标客群线索报表可以帮助企业更好地了解在不同细分市场中特定营销活动对某一客户群体产生的影响。在电商企业营销中，企业可以对客户群体进行不同标准的类型划分，如行业、公司规模、地理位置等。同一营销活动可能会对不同的客户群体产生不同的影响，因此了解这些影响对于制定有效的营销策略非常重要。

另外，在实际营销效果分析中，很多情况下需要将两个或多个维度的报表综合分析，进而得出更有价值的结论。例如，将目标客群线索报表与不同来源线索报表结合使用，了解不同来源的线索在不同客户群体中的分布情况，更好地判断各个渠道对不同客户群体的影响。

4. 不同客群线索生命周期分布报表

通过不同客群线索生命周期分布报表可以更直观地显示不同细分市场的获客效果，为后续针对不同目标客群采取不同的营销策略提供数据支撑。

5. 内容转化报表

电商企业内容营销的价值早已不再用涨粉量、阅读量、转发量这些与销售目标相距甚远的指标来衡量，而是要以获客转化、帮助成单为目标来科学量化。要想知道某一特定营销内容带来了多少线索，内容转化报表可以实现。内容转化报表能够帮助企业在白皮书、博客、在线直播等形式的内容中直观地展现哪些类型的内容是更有效的，以及受众对哪些主题更感兴趣等信息。例如，某App使用人群不同设备占比情况如图3-5所示。

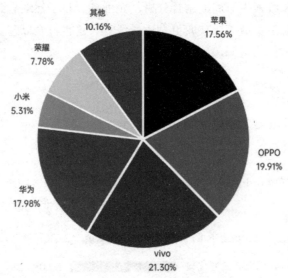

图3-5　某App使用人群不同设备占比情况

6. 线索生命周期漏斗报表

不断获取新线索对于电商企业很重要，但是确保这些线索能够在不同生命周期阶段顺利流转，也同样重要。线索生命周期漏斗报表能够展示线索如何从合格线索转化为市场线索，再到销售线索和商机，这对掌握线索的质量情况有很大帮助，如图3-6所示。这些信息可以用来判断市场活动、内容营销产生的线索能否让销售团队成功转化，达成实际成交。

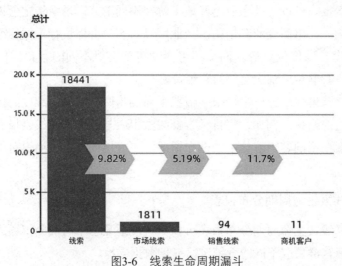

图3-6　线索生命周期漏斗

📄 **扩展阅读** 本来生活网如何卖褚橙

2012年11月5日，褚橙在电商本来生活网开卖，前5分钟销售量超800箱，24小时内销售1500箱，3天半的时间内首批3000多箱褚橙售罄，不得不临时调货。有一个人订购了1500箱，据说是要给员工们尝尝"人生"的味道，给客户们品品"励志"的滋味。

次年，褚橙销量继续增长，最惊人的一个成绩是50天左右时间卖出了近1500吨褚橙。

本来生活网为"褚橙"的引爆苦熬了很长时间。南方报系背景+门户网站经历+电商快递锤炼+上亿资金投入+实干团队+暴君式管理……其杀入淘宝、京东、我买网、沱沱工社、顺丰优选的食品垂直电商战场，声称要做中国网上的全食超市(Whole Foods，美国最大的天然食品零售商)，用电商实现"舌尖上的中国"。

《经济观察报》的官方微博发布了《褚橙进京》的文章，24小时内被转发了7000多次。本来生活网在"励志橙"核心不变的前提下，再出新招，将褚橙送给微博红人。例如送给韩寒的橙子包装上印着"在复杂的世界里，一个就够了"；送给网络小说《后宫甄嬛传》作者流潋紫的包装上是"微橙给小主请安"。微博名人得到礼物后再发布微博晒一晒，往往又引发其数量庞大的粉丝群转发，使更多微博用户知道了褚橙。未来生活网还跟推广新书的蒋方舟合作(见图3-7)。蒋方舟把书和褚橙送给朋友后，这些在文艺圈中有影响力的人在微博等渠道晒单，传播效应又进行了二次放大。

图3-7 褚橙推广

(资料来源：几何传播，有删改)

◆ **任务小结**

请同学们根据任务实施过程中的实际情况，进行任务小结。

◆ **任务评价**

自我评价：

小组评价：_____

教师评价：_____

任务3.3　电子商务营销数据的基本分析方法

任务3.3.1　不同商品营销情况统计与分析

在当下全球化互联网经济时代，对于电商企业来讲，竞争压力日益增大，数据分析及数据营销变得尤为重要。通过对商品销售数据进行统计与分析，有助于企业发现店铺销售中存在的问题，并能找到新的销售增长点，制定新的营销策略，提高店铺的商品销量。请同学们以小组为单位，调研某店铺不同商品的月销量和销售额，并将调研结果记录下来。

_____
_____

◆ **必备知识**

企业通过对不同商品的销售情况进行统计与分析，可以直观地判定哪些商品卖得好，哪些商品的销量不容乐观，从而相应地调整采购计划、经营策略和促销方式等，以提高店铺的销量。

图3-8为某店铺销售数据，主要包括订单编号、会员名称、支付宝账号、联系方式、宝贝标题、销售金额、联系地址等项目。下面结合图表分析如何进行不同商品营销情况的统计。

	A	B	C	D	E	F	G
1	订单编号	会员名称	支付宝账号	联系方式	宝贝标题	销售金额	联系地址
2	115433655875421267	love_wei	151****9856	151****9856	男装拍摄模特衬衫服装拍照常州摄影	2550	北京市西城区
3	154222459555755598	爱吃猫的鱼	171****4525	171****4525	男装拍摄模特衬衫服装拍照常州摄影	2550	北京市海淀区
4	124569841155223502	爱	187****4574	187****4574	超值推荐 精品高端酒店 中式欧美简约家装 淘宝商品拍摄服务包邮	1390	天津市河东区
5	254843548765123574	鸽子	181****9856	181****9856	常州小孩拍照外国小模特定制拍摄童装模特摄影	1280	上海市黄浦区
6	485752324546654224	来自太阳的我	134****7568	134****7568	男装拍摄模特衬衫服装拍照常州摄影	2550	深圳市宝安区
7	844235785135458654	乐天派	145****4584	145****4584	超值推荐 精品高端酒店 中式欧美简约家装 淘宝商品拍摄服务包邮	1390	厦门市同安区
8	547886544254785854	你若安好，便是晴天	177****7545	177****7545	常州小孩拍照外国小模特定制拍摄童装模特摄影	1280	北京市西城区
9	122553542254887635	你若安好，便是晴天	187****5475	187****5475	男装拍摄模特衬衫服装拍照常州摄影	2550	上海市嘉定区
10	584533545897512379	太阳花	180****4578	180****4578	超值推荐 精品高端酒店 中式欧美简约家装 淘宝商品拍摄服务包邮	1390	三亚市天涯区
11	125544355487553356	太阳花	152****7845	152****7845	超值推荐 精品高端酒店 中式欧美简约家装 淘宝商品拍摄服务包邮	1390	上海市静安区
12	155874541354553124	网名不重要	168****4545	168****4545	男装拍摄模特衬衫服装拍照常州摄影	2550	北京市丰台区
13	123658455786554532	我是一只蜡烛	186****5485	186****5485	男装拍摄模特衬衫服装拍照常州摄影	2550	上海市长宁区
14	165987544451579742	朕ముdonate上	185****5661	185****5661	常州小孩拍照外国小模特定制拍摄童装模特摄影	1280	深圳市福田区
15	541235458835512126	追风少年	183****7545	183****7545	常州小孩拍照外国小模特定制拍摄童装模特摄影	1280	北京市朝阳区
16	889056655458875056	追风少年	189****4551	189****4551	常州小孩拍照外国小模特定制拍摄童装模特摄影	1280	广州市白云区

图3-8　某店铺销售记录表

1. 不同商品销量分类统计

以图3-8的数据为基础，创建店铺销售数据表。选中E2单元格，单击【数据】菜单中【排序和筛选】选项卡中的【升序】按钮，如图3-9所示。在【分级显示】选项卡中单击【分类汇总】按钮，弹出"分类汇总"对话框，如图3-10所示，其中"分类字段"指的是排序的字段，这里选择"宝贝标题"项目，汇总方式设置为"计数"，"选定汇总项"同样设置为

"宝贝标题"字段,单击【确定】按钮即可完成对"宝贝标题"的分类汇总单击左上方的分级显示按钮,显示2级分类数据,可查看不同商品的销量统计结果,如图3-11所示。

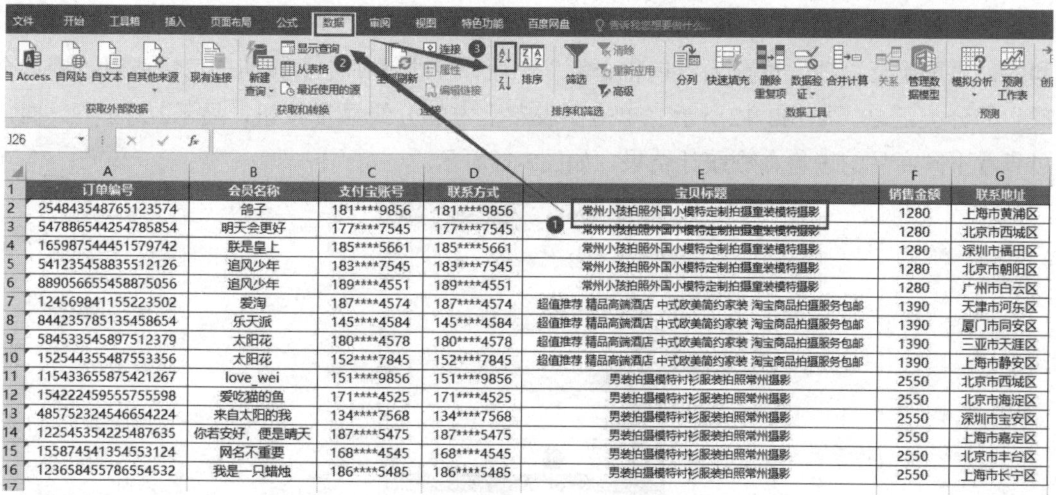

图3-9 不同商品销量分类排序操作

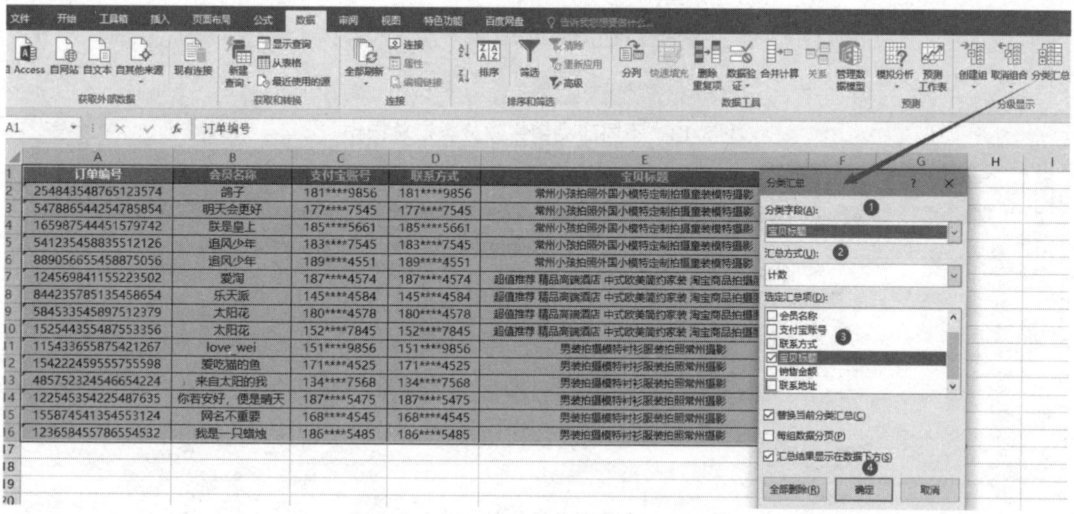

图3-10 不同商品销量分类汇总操作

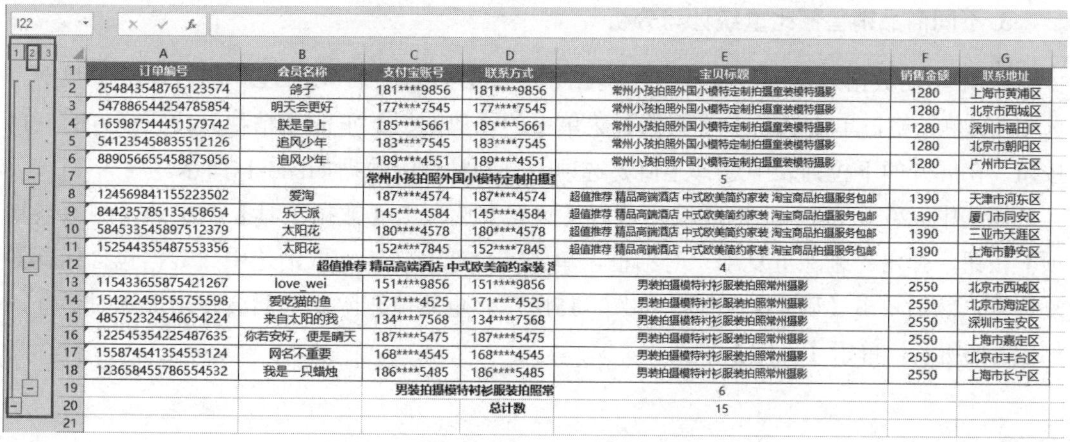

图3-11 不同商品销量分类统计结果

2. 不同商品销售额分类统计

以图3-9的数据为基础，在【分级显示】选项卡中单击【分类汇总】按钮，弹出"分类汇总"对话框，其中"分类字段"依然选择"宝贝标题"项目，汇总方式设置为"求和"，"选定汇总项"设置为"销售金额"字段，单击【确定】按钮即可完成对"销售金额"的分类汇总，如图3-12所示。单击图表左上方的分级显示按钮，显示2级分类数据，可查看不同商品的销售金额统计结果，如图3-13所示。

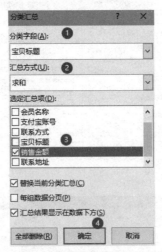

图3-12　不同商品销售额分类汇总操作

图3-13　不同商品销售额分类统计结果

3. 不同商品销售额比重统计与分析

以图3-9的数据为基础，框选中E2与E16单元格区域，按"Ctrl+C"组合键复制数据。选中A20单元格，单击选项卡【开始】菜单中的【剪贴板】下的【粘贴】按钮下方的三角按钮，在展开的下拉列表中选择【值】选项，复制粘贴的数据如图3-14所示。

框选中A20与A34单元格区域，单击【数据】选项卡【数据工具】组中的【删除重复项】按钮，弹出"删除重复项"对话框，单击【全选】按钮，取消选中【数据包含标题】复选框，然后单击【确定】按钮，如图3-15所示。重复值删除完成后会弹出提示对话框，如图3-16所示，单击【确定】按钮。

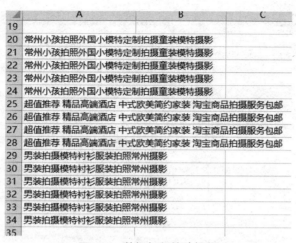

图3-14　数据复制粘贴操作

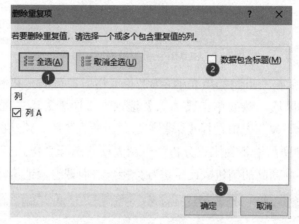

图3-15　删除重复项对话框操作

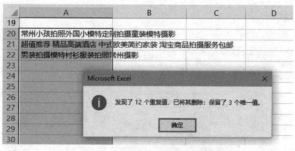

图3-16　弹出的提示对话框

选中B20单元格,在【公式】选项卡【函数库】组中单击【数学和三角函数】按钮,在展开的下拉列表中选择【SUMIF】选项,弹出"函数参数"对话框,在其中设置各项函数参数,内容如图3-17所示,然后单击【确定】按钮。

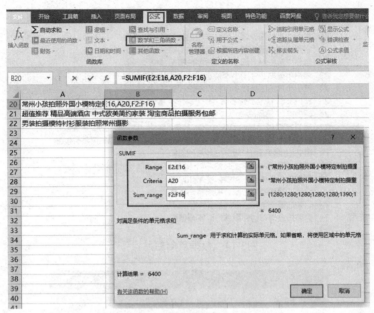

图3-17　SUMIF函数参数对话框操作

向下拖动B20单元格右下角的填充柄至B22单元格，即可填充其他销售额数据。框选中A20至B22单元格区域，然后单击【插入】选项卡【图表】组中的【插入饼图或圆环图】按钮，在展开的下拉列表中选择【饼图】选项，插入饼图。移动图表到合适位置，修改图表标题为"不同商品销售额比重分析"，图表样式选择"样式3"，如图3-18所示。此时，商家即可对不同商品的销售额比重进行分析，进而调整营销策略，提高销售额。

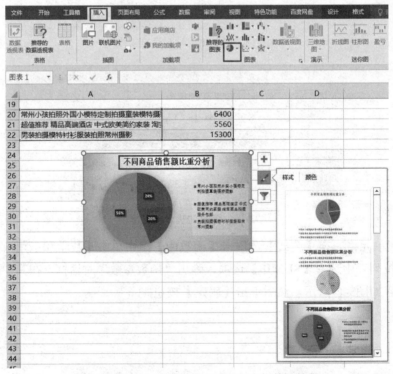

图3-18　不同商品销售额比重分析的饼状图效果

任务3.3.2　同类商品营销情况统计与分析

科学地对商品营销情况进行数据分析，可以合理地指导企业针对商品结构和服务项目进行促销活动调整、陈列调整等，从而进一步优化库存结构、加强所经营的商品和项目的市场竞争能力及合理配置，让商品更适应市场，更畅销，使商品组合更符合顾客的需求情况。请同学们以小组为单位，调研某店铺同类商品的不同属性的月销量和销售额，并将调研结果记录下来。

◆ **必备知识**

对于同类商品而言，不同颜色和尺寸的商品的销售情况会有所不同，甚至差距很大。此时，就需要企业对同类商品的不同属性的销售情况进行统计和分析，从而做出正确的采购计划和营销策略。

1. 不同颜色的同类商品销售情况统计与分析

图3-19为某款女装销售数据。要对不同颜色的该款女装进行分析，具体操作步骤：选中C2单元格，然后单击【数据】选项卡【排序和筛选】组中的【升序】按钮，对"颜色"列数据进行排序。

	A	B	C	D
1	订单编号	商品名称	颜色	成交数量
2	115433655875421267	2023夏季新款时尚短袖夏装休闲运动套装两件套夏天衣服韩版潮女装	藏青色	5
3	122545354225487635	2023夏季新款时尚短袖夏装休闲运动套装两件套夏天衣服韩版潮女装	藏青色	6
4	123658455786554532	2023夏季新款时尚短袖夏装休闲运动套装两件套夏天衣服韩版潮女装	牛仔蓝	11
5	124569841155223502	2023夏季新款时尚短袖夏装休闲运动套装两件套夏天衣服韩版潮女装	卡其色	5
6	152544355487553356	2023夏季新款时尚短袖夏装休闲运动套装两件套夏天衣服韩版潮女装	牛仔蓝	8
7	154222459555755598	2023夏季新款时尚短袖夏装休闲运动套装两件套夏天衣服韩版潮女装	玫红色	9
8	155874541354553124	2023夏季新款时尚短袖夏装休闲运动套装两件套夏天衣服韩版潮女装	玫红色	9
9	165987544451579742	2023夏季新款时尚短袖夏装休闲运动套装两件套夏天衣服韩版潮女装	米白色	16
10	166824970253256202	2023夏季新款时尚短袖夏装休闲运动套装两件套夏天衣服韩版潮女装	藏青色	15
11	223714005689331366	2023夏季新款时尚短袖夏装休闲运动套装两件套夏天衣服韩版潮女装	玫红色	8
12	235689155648921004	2023夏季新款时尚短袖夏装休闲运动套装两件套夏天衣服韩版潮女装	米白色	8
13	254843548765123574	2023夏季新款时尚短袖夏装休闲运动套装两件套夏天衣服韩版潮女装	玫红色	5
14	338971010023658895	2023夏季新款时尚短袖夏装休闲运动套装两件套夏天衣服韩版潮女装	卡其色	8
15	349761582348722005	2023夏季新款时尚短袖夏装休闲运动套装两件套夏天衣服韩版潮女装	藏青色	14
16	362565861668154686	2023夏季新款时尚短袖夏装休闲运动套装两件套夏天衣服韩版潮女装	牛仔蓝	12
17	485752324546654224	2023夏季新款时尚短袖夏装休闲运动套装两件套夏天衣服韩版潮女装	玫红色	8
18	541235458835512126	2023夏季新款时尚短袖夏装休闲运动套装两件套夏天衣服韩版潮女装	卡其色	15
19	541588352354512177	2023夏季新款时尚短袖夏装休闲运动套装两件套夏天衣服韩版潮女装	玫红色	2
20	547886544254785854	2023夏季新款时尚短袖夏装休闲运动套装两件套夏天衣服韩版潮女装	淡紫色	10
21	548654784254785855	2023夏季新款时尚短袖夏装休闲运动套装两件套夏天衣服韩版潮女装	淡紫色	12
22	565986256119862185	2023夏季新款时尚短袖夏装休闲运动套装两件套夏天衣服韩版潮女装	牛仔蓝	12
23	584533545897512379	2023夏季新款时尚短袖夏装休闲运动套装两件套夏天衣服韩版潮女装	米白色	20
24	586218565986256119	2023夏季新款时尚短袖夏装休闲运动套装两件套夏天衣服韩版潮女装	卡其色	15
25	647811484655981631	2023夏季新款时尚短袖夏装休闲运动套装两件套夏天衣服韩版潮女装	米白色	10
26	655458875066889056	2023夏季新款时尚短袖夏装休闲运动套装两件套夏天衣服韩版潮女装	淡紫色	10
27	844235785135458654	2023夏季新款时尚短袖夏装休闲运动套装两件套夏天衣服韩版潮女装	淡紫色	2
28	855458890566875056	2023夏季新款时尚短袖夏装休闲运动套装两件套夏天衣服韩版潮女装	淡紫色	2
29	889056655458875066	2023夏季新款时尚短袖夏装休闲运动套装两件套夏天衣服韩版潮女装	藏青色	8

图3-19　某款女装近期销售数据表

在【分级显示】组中单击【分类汇总】按钮，弹出"分类汇总"对话框，如图3-20所示，在"分类字段"下拉列表中选择"颜色"选项，在"汇总方式"下拉列表中选择"求和"选项，在"选定汇总项"列表框中选中"成交数量"复选框，然后单击【确定】按钮。

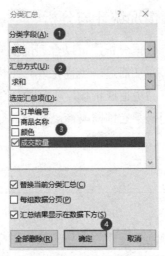

图3-20　不同颜色的某款女装分类汇总操作

此时，系统自动按照不同的颜色对商品成交数量进行求和汇总。单击图表左上方的分级按钮，显示2级分级数据，然后对"成交数量"列中的数据进行升序排序，结果如图3-21所示。此时，商家即可对该款女装不同颜色的销售情况进行分析，适当调整进货数量，避免库存积压。

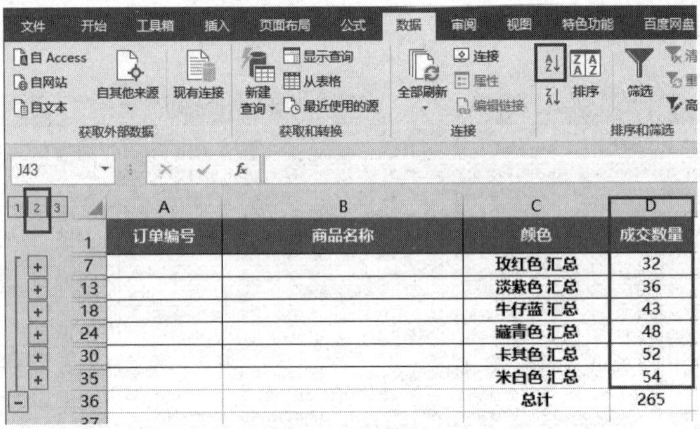

图3-21　不同颜色的某款女装销售情况统计

2. 不同尺寸的同类商品销售情况统计与分析

图3-22为某款男装销售数据。要对不同尺寸的该款男装进行分析，具体操作步骤如下所述：选择数据区域的任一单元格，单击【插入】选项卡【表格】组中的【数据透视表】按钮，弹出"创建数据透视表"对话框，在"表/区域"编辑框中自动选择工作表的整个数据区域(即Sheet1!$A$1:$D$29)，选中"现有工作表"单选钮，设置"位置"为F2单元格，然后单击【确定】按钮，如图3-23所示。

单击【确定】按钮后，将弹出"数据透视表字段"窗格，将"尺寸"字段拖拽至"行"区域，将"成交数量"字段拖拽至"值"区域，如图3-24所示。

	A	B	C	D
1	订单编号	商品名称	尺寸	成交数量
2	147811484655981631	2023夏季新款时尚短袖夏装休闲运动套装两件套夏天衣服韩版潮男装	XXL	10
3	148654784254785855	2023夏季新款时尚短袖夏装休闲运动套装两件套夏天衣服韩版潮男装	L	12
4	255458890566875056	2023夏季新款时尚短袖夏装休闲运动套装两件套夏天衣服韩版潮男装	XXL	20
5	265986256119862185	2023夏季新款时尚短袖夏装休闲运动套装两件套夏天衣服韩版潮男装	XXL	12
6	266824970253256202	2023夏季新款时尚短袖夏装休闲运动套装两件套夏天衣服韩版潮男装	XXXL	15
7	286218565986256119	2023夏季新款时尚短袖夏装休闲运动套装两件套夏天衣服韩版潮男装	L	15
8	289056655458875066	2023夏季新款时尚短袖夏装休闲运动套装两件套夏天衣服韩版潮男装	XXXXL	8
9	347886544254785854	2023夏季新款时尚短袖夏装休闲运动套装两件套夏天衣服韩版潮男装	XXXL	10
10	423658455786554532	2023夏季新款时尚短袖夏装休闲运动套装两件套夏天衣服韩版潮男装	XL	15
11	424569841155223502	2023夏季新款时尚短袖夏装休闲运动套装两件套夏天衣服韩版潮男装	XXXXL	5
12	484533545897512379	2023夏季新款时尚短袖夏装休闲运动套装两件套夏天衣服韩版潮男装	XXXL	20
13	523714005689331366	2023夏季新款时尚短袖夏装休闲运动套装两件套夏天衣服韩版潮男装	XL	8
14	549761582348722005	2023夏季新款时尚短袖夏装休闲运动套装两件套夏天衣服韩版潮男装	XXXXL	10
15	555874541354553124	2023夏季新款时尚短袖夏装休闲运动套装两件套夏天衣服韩版潮男装	XXXL	10
16	622545354225487635	2023夏季新款时尚短袖夏装休闲运动套装两件套夏天衣服韩版潮男装	XXL	6
17	635689155648921004	2023夏季新款时尚短袖夏装休闲运动套装两件套夏天衣服韩版潮男装	XXL	8
18	641235458835512126	2023夏季新款时尚短袖夏装休闲运动套装两件套夏天衣服韩版潮男装	XXXL	15
19	644235785135458654	2023夏季新款时尚短袖夏装休闲运动套装两件套夏天衣服韩版潮男装	XXL	12
20	741588352354512177	2023夏季新款时尚短袖夏装休闲运动套装两件套夏天衣服韩版潮男装	XXXL	20
21	755458875066889056	2023夏季新款时尚短袖夏装休闲运动套装两件套夏天衣服韩版潮男装	XXL	10
22	765987544451579742	2023夏季新款时尚短袖夏装休闲运动套装两件套夏天衣服韩版潮男装	XL	16
23	815433655875421267	2023夏季新款时尚短袖夏装休闲运动套装两件套夏天衣服韩版潮男装	XXL	8
24	852544355487553356	2023夏季新款时尚短袖夏装休闲运动套装两件套夏天衣服韩版潮男装	L	8
25	862565861668154686	2023夏季新款时尚短袖夏装休闲运动套装两件套夏天衣服韩版潮男装	XXXXL	10
26	885752324546654224	2023夏季新款时尚短袖夏装休闲运动套装两件套夏天衣服韩版潮男装	XL	8
27	938971010023658895	2023夏季新款时尚短袖夏装休闲运动套装两件套夏天衣服韩版潮男装	XXXL	8
28	954222459555755598	2023夏季新款时尚短袖夏装休闲运动套装两件套夏天衣服韩版潮男装	XXXXL	5
29	954843548765123574	2023夏季新款时尚短袖夏装休闲运动套装两件套夏天衣服韩版潮男装	L	5

图3-22 某款男装销售数据表

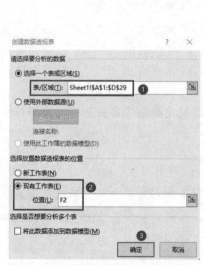

图3-23 创建数据透视表对话框操作

图3-24 数据透视表字段对话框操作

关闭"数据透视表字段"窗格后,选中F2单元格将"行标签"修改为"尺寸",选中G2单元格将"求和项:成交数量"修改为"销售数量";选中G3单元格,单击【数据】选项卡【排序和筛选】组中的【降序】按钮,对商品成交数量进行排序,对表格进行美化后结果如图3-25所示。此时,商家即可对该款男装不同尺寸的销售情况进行分析,调整库存。

F	G
尺寸	销售数量
XXXL	98
XXL	86
XL	47
L	40
XXXXL	38
总计	309

图3-25 不同尺寸的某款男装销售情况统计

> **扩展阅读** 超市应季商品最常见的10种陈列方式

商品进行陈列时要遵循不同的要求和规则。也就是说，不同属性、外观、功能的商品要采取不同的陈列方式。

1. 量大陈列

量大陈列，是指商品成堆成群陈列，形成气势大和丰盛的效果，让顾客感觉货多而便宜。此种陈列适合展示体积包装标准、易于摆放的产品。

2. 杂乱陈列

杂乱陈列，是指卖场专门规划出某一位置，有目的地来营造杂乱的气氛，就像路边的小摊档那样乱，给顾客以便宜的感觉。此种陈列适合展示中低端的散称类商品，多展示糖果、糕点等休闲食品。

3. 端架陈列

端架陈列，是指在货架两端的陈列方式。端架是现代渠道中商品陈列的重要位置。端架陈列用于展示季节性或主推商品的大量陈列。

4. 大陈列

大陈列，即在卖场腾出一个空间或将货架拆移，将单一商品或两三项商品大量陈列。此类陈列一般用于有价格优势的商品、季节性商品、节庆色彩商品、新上市商品或媒体大力宣传的商品。大陈列常见于油品、大米、牛奶等家庭必需消费品的陈列。

5. 系列陈列

系列陈列，是指在一个销售主题下，将平行的多种单品陈列在一起，供顾客个性化选择。系列陈列的商品之间一定具有同样属性的同类产品。系列陈列常见于糖果、烘焙、巧克力、饼干等成系列的商品。

6. 关联陈列

关联陈列，是把不同品类但有互补作用的商品陈列在一起，使顾客在购买A商品时也会购买B商品。关联陈列可以活化卖场，增加顾客购买的种类。

7. 槽沟陈列

槽沟陈列，是指在货架中把几块层板除去，挑选一两个品种做成半圆形或圆形的陈列。沟槽陈列适用于展示新上市商品或高利润商品。

8. 比较陈列

比较陈列，是指将相同商品依不同规格或不同数量予以分类，并陈列在一起，供顾客比较价格的陈列。例如，可口可乐单罐卖2.2元，而6罐捆绑在一起只卖9.8元，把单罐装与6罐装的可口可乐陈列在一起，就可以比较出6罐装的可口可乐便宜，从而刺激顾客购买。

9. 图案陈列

利用产品的形状、特征、色彩创造摆设，形成消费者喜爱的图案，使顾客既看到商品的全貌，又感受到艺术美，即为图案陈列。图案陈列适用于需要发挥新颖创意，打造氛围的商品。

10. 色彩陈列

色彩是很重要的营销选择因素，商品陈列可以通过色系的充分展示来刺激购买。色彩陈列适用于颜色鲜艳的商品。

商品不同，所适合的陈列方式和位置都会不一样，只有掌握了每一种商品适合的陈列技巧，才会让陈列更符合大众的需求，商品销售才会更加火爆。

(资料来源：IBMG商业智库，有删改)

◆ **任务小结**

请同学们根据任务实施过程中的实际情况，进行任务小结。

_____
_____

◆ **任务评价**

自我评价：_____
_____

小组评价：_____
_____

教师评价：_____
_____

任务3.4　电子商务营销推广分析

营销推广是指商家通过各种方式，将所经营的商品和提供的服务信息传递给目标市场，刺激消费者的购买欲望，使其产生购买行为的综合性策略活动。在任何时代，营销推广都是店铺经营活动中不可或缺的重要环节，其方式多种多样，这里重点介绍活动营销和销售促进。

任务3.4.1　店铺活动营销分析

大数据时代，店铺之间的竞争愈发激烈，即使自身的商品非常优质，如果不注重营销推广，也容易陷入"酒香也怕巷子深"的窘境。因此，企业在店铺经营过程中，要科学地分析活动营销的投入与其带来的效益之间的关系，制定科学的营销活动策略，以便有效提高企业知名度和店铺销量。请同学们以小组为单位，通过网络收集三家以上的店铺在"双十一"活动期间开展的营销活动情况并进行比对，将结果记录下来。

_____

_____

◆ **必备知识**

所谓的活动营销是指企业通过介入重大的社会活动或整合有效的资源策划大型活动而迅速提高企业及其品牌知名度、美誉度和影响力，促进产品销售的一种营销方式。比如，淘宝的双十一狂欢节、京东6·18年中大促、饿了么吃货节等都是知名且成功的大型营销活动，其本质都是通过各种活动来促进商品销售。

营销活动伴随着互联网的发展变得相对复杂，怎么设定目标、拆解目标、设定指标、实时监控以及活动结束后复盘都是需要用科学的方法来支撑的。

按照活动流程，营销活动分析可以在活动前、活动中和活动后进行。

1. 活动前——确定目标，搭建指标

营销活动目标通常可以分为三个方面：第一个是用户，比如拉来多少新用户、有多少用户参与了活动等；第二个是商品，比如有多少品类参与了活动、各品类的销售情况等；第三个是交易，比如当日成交额、订单数等。

制定目标需要根据历史活动投入的资源和转化效果，再结合本次活动的资源来预测。制定目标的数据最好是最接近的历史活动数据，以便排除干扰因素，保证对比的一致性。如果历史数据样本量大且质量高，可以考虑建立含参模型。

除了目标的制定，数据分析师有时还需要做目标的拆解。比如类目的拆解、地区的拆解，甚至是流程中某一局部指标的拆解等。比如对于不同的地域，消费者的消费习惯不同，活动所能影响的范围也是不一样的，所以拆解也便于更好地达成目标。

活动前还要针对特定人群的行为或事件做好埋点工作，用于获取用户的基本属性(如性别、年龄、地址等)和行为信息(如点击行为、浏览行为、消费行为等)。

在活动前，搭建好指标体系和监控面板，方便活动期间进行监控，还可以在活动结束后快速生成简报。

2. 活动中——数据监控，动态调整

活动中，最重要的是核心指标的监控和发现潜在的机会，助力活动目标的实现。

监控核心指标最好的办法是通过数据报表来实现，例如天猫双十一的大屏实时显示当前的商品交易总额。

在活动期间发现潜在的机会同样重要。只有发现机会，才能迅速做出改变，助力销售额的提升。比如监控支付人数、支付情况、独立访客数、转化率等重点指标，如果支付出现异常，可能是支付的链路过长，后台需要迅速做出调整。又比如某品类商品销售增长过快，后续的物流服务是否安排妥当。再比如活动中发出去的红包较多，但是使用的人数较少，也许是对用户的提醒不够，可以采取一些措施提醒用户使用红包，提高活动的参与度。

3. 活动后——复盘总结，输出报告

营销活动分析的目的有两个：一是对活动效果进行评估；二是对优化活动提出建议。分析报告不仅需要提供准确易懂的结论，还需要提供建议或解决方案，因此数据分析师不仅需要掌握数据分析方法，还要了解和熟悉业务。

数据分析师要根据活动的完成情况进行复盘，以便对下次活动进行指导。

首先，复盘目标达成情况。根据活动前制定的各个维度上的总目标、分目标的实际完成情况进行对比，例如商品交易总额、用户参与数量、某地区销售额等。

其次，财务分析。一场活动的好坏不仅仅只看最终达成的情况，更要考虑结果是否与投入的成本相匹配，即投入产出比如何。

再次，问题分析。客观、正确地分析活动中存在的问题，包括产品的设计和用户的反馈以及活动后续的服务是否到位等。

最后，提出优化建议。比如缺货供应及时性、物流响应速度、用户体验情况等方面的优化，让整体的复盘分析更加全面。

活动结束后尽快完成报告的撰写，保证输出报告的时效性。

任务3.4.2　店铺销售促进分析

互联网已经深层次地改变了消费者的生活和购物方式，电子商务减少了商品流通的中间环节，降低了商品流通和交易的成本。电商迅猛发展使得企业不得不在营销推广方面不断创新，比如说常见的节日营销，乃至更花心思的跨界营销、名人营销等。请同学们以小组为单位讨论给你留下深刻印象的营销活动有哪些并分析原因，将讨论结果记录下来。

_____

_____

◆ **必备知识**

销售促进就是营销者向消费者传递有关产品的各种信息，吸引或促进消费者购买其产品，以达到扩大销售量的目的。销售促进对提高客单量、客单价、复购率甚至注册量都有一定的好处。很多电商平台或店铺在起步阶段会通过大量的促销活动来吸引消费者，获取流量。

销售促进有利有弊。销售促进活动的计划与实施是需要投入一定资源的，而在实际的执行过程中，往往容易忽视对投入产出比的分析与把握。很多时候，一档促销活动看似实现了销量目标，但费用投入却严重偏高，甚至会出现投入费用大于实际销量的情况。更让企业头疼的是，为促销活动投入了大量成本和精力，但效果不理想。为促进销售，可以做如下分析。

1. 活动效果分析

通常初步判断一档促销活动效果如何，一般先观察页面的浏览量、点击量、二跳率这三个指标。表3-1为某店铺在电器节活动期间的数据统计。

表3-1 某店铺在电器节活动期间的数据统计

专题页面	浏览量	点击量	点击用户数	二跳率	转化量	转化用户数	平均转化时间	转化明细数	订单金额	有效金额
总计	54 325	51 369	35 125	63.28%	52	48	17：00	42	0	0
电器节活动页	54 325	51 369	35 125	63.28%	52	48	17：00	42	0	0

从表3-1的数据可以得出：该店铺在活动期间的浏览量、点击量、二跳率这三个指标都比较高；在活动期间某一个环节的转化用户数为48人，最终转化明细数是42人，说明转化率还是比较高的。据此可以初步判断该档活动的二跳率和转化率都较高，该档活动的整体效果还是比较喜人的。但要进一步分析该活动是否达到预期效果，还需要结合其他的数据指标再进行综合判断，比如参与会员数、新会员注册数、订单数、促销商品销量等。

2. 活动方案比较

在网店运营过程中，如果不清楚选择哪一种活动方案比较好，常常会采取小部分测试的方法。比如，某店铺在开展注册即送现金红包活动时，在"新手礼""推广页""充值礼""推荐礼""大促活动"几种具体活动中不清楚选择哪一种或哪几种活动方案比较好，下面以提升网站转化率这一指标，使用比较常见的转化结点来测试转化的效果为例进行分析。表3-2为该店铺在开展注册即送现金红包活动中各分活动的数据表现。

表3-2 某店铺注册即送现金红包活动中各分活动的数据表现

专题页面	浏览量	点击量	点击用户数	二跳率	转化量	转化用户数	平均转化时间	转化明细数	订单金额	有效金额
总计	69 653	8293	6019	35.12%	72	63	0：00	61	0	0
新手礼	53 622	5369	3579	8.84%	57	49	8：22	47	0	0
推广页	13 843	1986	1897	20.95%	1	1	0：06	1	0	0
充值礼	1420	750	388	59.46%	10	9	13：43	9	0	0
推荐礼	760	183	151	17.69%	4	4	4：42	4	0	0
大促活动	8	5	4	60.00%	0	0	0：00	0	0	0

从表3-2可以得出，该店铺在"注册即送现金红包"活动的转化项目中，"新手礼""充值礼""推荐礼"三档与礼品相关的活动中都实现了转化；"新手礼"活动的整

体浏览量很高，但是二跳率比较低；"充值礼"活动的整体浏览量比较低，但是二跳率很高；"大促活动"的二跳率不低，但是并未带来转化。

接下来，进一步分析该店铺在开展注册即送现金红包活动时各分活动的订单支付成功数据表现(见表3-3)。

表3-3　某店铺在开展注册即送现金红包活动中各分活动的订单支付成功的数据表现

专题页面	浏览量	点击量	点击用户数	二跳率	转化量	转化用户数	平均转化时间	转化明细数	订单金额	有效金额
总计	69 653	8293	6019	35.12%	475	285	0∶00	274	766	0
新手礼	53 622	5369	3579	8.84%	256	123	8∶22	99	342	0
推广页	13 843	1986	1897	20.95%	0	0	0∶06	0	0	0
充值礼	1420	750	388	59.46%	198	152	13∶43	168	356	0
推荐礼	760	183	151	17.69%	21	10	4∶42	7	22	0
大促活动	8	5	4	60.00%	0	0	0∶00	0	46	0

从表3-3可以得出，在订单支付环节中依然是"新手礼""充值礼""推荐礼"三档活动实现了转化："新手礼"活动的整体浏览量很高，但是二跳率比较低；"充值礼"活动的整体浏览量比较低，但是二跳率很高。"大促活动"的二跳率不低，但是并未带来转化。

综上所述，结合表3-2和表3-3以及二跳率的情况可以得出，"新手礼"这档活动中的转化是最多的，而且整体的浏览量也比较高，但二跳率不高，说明此活动事前做了大量的推广工作，虽然吸引了大量的用户浏览和点击，但是当用户发现不是个人喜欢的商品后就退出了；"充值礼"活动中的浏览量较低，但二跳率比较高，说明这档活动比较受市场欢迎，需要在活动的推广方面加大力度；"大促活动"这档活动中的浏览量不高，二跳率比较高，同样说明这档活动比较受欢迎，但是在推广方面存在一定局限性，可以加大该活动的营销推广工作。

这里通过数据的分析发现，"注册即送现金红包"开展的各档活动中的确存在一定的问题，影响着用户转化，同时也可以从这些数据中得出大致的优化方向：需要对"新手礼"活动里面的商品进行替换，换成更有吸引力的商品。在选择商品方面有两个基本要点：一是选择用户真正需要的商品；二是能给用户增添实际利益的商品。"充值礼"活动和"大促活动"需要加大活动前期的宣传造势，不断挖掘新用户，提高用户的转化率。

扩展阅读　小米公司的新媒体营销策略

小米，这个成立于2010年4月的公司，产品一经上市，便反响热烈。小米公司不仅在产品上有极大的特点及优势，其营销手段也的确高超。小米公司利用互联网思维创造新型的营销方式，增加用户体验，加强公司与用户的互动都是小米公司成功的必要条件。小米公司的新媒体营销策略可以总结为以下几点。

1. 粉丝营销

小米公司主要通过网络社交媒体实施推广的粉丝营销策略，首先在用户数量最多的新浪微博上进行产品的宣传工作，并将有希望成为小米粉丝的消费者邀请进入小米公司的官方论坛中。相对于微博，论坛是兴趣社区，可以保持粉丝的数量和活跃程度。小米论坛把粉丝聚集到一起，让粉丝分享使用小米产品的感受，使粉丝参与到小米公司产品的研发改进中来。小米论坛使粉丝的参与感猛然提升，并慢慢将其转化为核心的粉丝群体。

和普通的营销策略不一样的是，小米公司将产品销售出去后，营销并没有就此结束，而是利用售出产品和粉丝建立了更加密切的联系。小米公司的粉丝营销策略不仅仅是卖公司生产的产品，更是通过智能硬件和MIUI操作系统之间的关系，向消费者和粉丝出售小米公司的增值服务和周边产品，达到二次销售的目的。

2. 口碑营销

创建优良的口碑对于小米公司有着极其显著的作用。在粉丝营销策略的影响中，口碑营销成为一个投入低、回报高的推广形式。

创建优良的品牌口碑，需要给予用户优质的产品体验。小米手机配合MIUI操作系统，使用高配置硬件，给用户提供了高性价比的产品体验。这就是良好口碑创建的方法。同时维护好口碑也十分重要。小米公司的员工都被要求注意用户在社交媒体上的声音与意见，这样可以及时发现用户的反馈，了解负面消息，并及时消除对于可能给公司品牌带来不良影响的事件。小米公司经常只发布产品信息，并不对产品做出评价，而是通过在社交媒体上制造话题，引导用户参与，实现比直接销售更可观的商业价值，这才是小米公司口碑营销的高明之处。

3. 快营销

"天下武功，唯快不破"，小米公司的"快"通过其高速的发展体现得淋漓尽致。引用创始人雷军的话就是："有时候，快就是一种力量，你快了以后能掩盖很多问题，企业在快速发展的时候往往风险是最小的，当你速度一慢下来，所有的问题都暴露出来了。于是如何在保持企业稳定的情况下加快速度是大部分互联网企业所面对的关键问题。"

这个时代有的时候速度比产品质量更重要，消费者群体需求变化十分快，因此，一次性满足消费者需求是远远不够的，而是要通过不断的升级迭代，丰富和完善产品的质量及功能。MIUI操作系统从创立之初到现在坚持每周更新，就是迭代思维最好的体现。这不仅带给了用户新功能体验的满足感，也使公司能以最快的速度向前发展。

4. 销售渠道

小米采用的是完全自主的销售渠道。在上市初期，小米公司完全没有实体店，只在其官方网站发售。这种渠道控制极为方便，并且在定价方面体现了公司的绝对控制权。即便是在几年后的今天，小米手机也没有大范围在其他平台销售。这样既保证了其产品的品质，也防止了窜货等情况的发生。

(资料来源：财慧团队，有删改)

◆ 任务小结

请同学们根据任务实施过程中的实际情况,进行任务小结。
_____
_____

◆ 任务评价

自我评价:_____

小组评价:_____

教师评价:_____

◆ 知识拓展

1. 价格敏感度测试(price sensitivity meter,PSM)

在产品生命周期中,需要评估品牌或者品牌组合的定价策略及市场份额。价格敏感度测试,为衡量顾客对不同价格的满意及接受程度、了解顾客认为合适的产品价格所做的测试研究,为客户确定产品(服务)的合适价格提供重要的参考依据(找出最佳价格点或价格关键点)。

2. 巴斯扩散模型

针对创新产品、技术的采用和扩散,美国管理心理学家弗兰克·巴斯(Frank M. Bass)提出的巴斯扩散模型(Bass diffusion model)及其扩展理论,常被用作市场分析工具,对新产品、新技术需求进行预测。作为诸多市场工具中的一种,巴斯扩散模型的主要功能是对新开发的消费者和新产品的市场购买数量进行描述和预测。

3. 动线

动线是建筑与室内设计的用语之一,意指人在室内室外移动的点,连起来就成为动线。营销动线就是顾客在店铺里行进和完成交易的路线,合理的营销动线可以在相对复杂的购物环境中,为客流提供清晰可辨的行进路线,可以让顾客在商业体内部停留时间更久,从而进行最大限度的消费。

4. 二跳率

当网站页面展开后,用户在页面上产生的首次点击被称为二跳,二跳的次数即为二跳量。二跳量与到达量(进入网站的人)的比值称为页面的二跳率。二跳率是一个衡量外部流量质量的重要指标。

◆ **模块总结**

市场营销是企业的命脉，其中少不了营销数据分析和统计，然而，为数不少的市场部、销售部工作人员由于缺乏营销分析的概念和方法，企业累积的大量数据得不到有效的利用，营销分析只停留在数据及信息的简单汇总和流水账式的通报，缺乏对产品、客户、业务、销售、竞争方面的深入分析，结果决策者只能凭着本能的反应来运作，决策存在很大的失误风险。只有掌握营销数据分析的重要概念和高级技能，挖掘数据背后的规律和隐含的信息，才能提升科学管理和科学决策的水平。

我的收获：_____

_____

我的不足：_____

_____

模块 4 电子商务会员数据分析

> 建成世界最大的高速铁路网、高速公路网，机场港口、水利、能源、信息等基础设施建设取得重大成就。
>
> ——党的二十大报告

学习目标

知识目标
- 掌握电子商务会员数据分析的作用
- 熟悉电子商务会员数据分析获取途径
- 掌握电子商务会员数据的基本分析方法

能力目标
- 掌握常用的电子商务会员分析模型
- 具备基于RFM模型细分客户的能力

技能目标
- 掌握会员行为分析
- 具备绘制用户画像的能力
- 具备善于用数据思考和分析问题的能力

模块导入

会员制最早起源于20世纪80年代欧洲俱乐部制度。会员制作为传统商业领域中，一种成熟的营销手段，在吸引客户、增加重复购买、提升客户黏性、改善客户关系、增进付费意愿度等方面起到了积极的作用。随着人口流量红利消失、电商平台"下乡出海"等新增长极趋于平淡，电子商务企业从"跑马圈地"粗放型增长向"深耕细作"精准化转型升级，各大电子商务平台极力挖掘现有的用户存量与价值、提升用户复购率及用户留存度。一些沉淀用户多、生态系统强大的平台直接采用了付费会员制，如京东的PLUS会员、阿里巴巴的88VIP等，试图巩固已经打下的"江山"，进一步提升客单价、深度开发老客户、改善客户关系、提升客户黏性、增进付费意愿等。然而，各大电子商务平台纷纷试水付费会员制营销效果如何，如何让会员制这一传统的营销手段在电子商务环境下焕发生机与活力，如何让电子商务平台的免费会员转化成为付费会员、维护付费会员黏性并持续续费使用，成为当前业界的热议。

本模块将引领读者理解电子商务会员数据的基本分析方法，掌握常用的分析模型，具备基于RFM模型细分客户的能力，并通过对大量会员数据的分析，制定精准的会员营销解决方案，为提升电子商务企业业务及服务水平提供一定的依据。

任务4.1　电子商务会员数据的作用与获取

任务4.1.1　电子商务会员数据分析的作用

会员不仅是店铺利润的长期贡献者，也是店铺口碑的有效传播者，对店铺的重要性不言自明。维系老消费者，比找新消费者更直接、有效，毕竟开发新消费者的成本远高于留住老消费者的成本。那么，店铺怎样才能留住老消费者使其成为会员呢？请同学们以小组为单位进行讨论，并将讨论结果记录下来。

◆ **必备知识**

在这个大数据时代，商家都知道获得会员数据的重要性，但部分新手商家并不知道如何有效获取数据，对会员数据的作用理解得也不够透彻，会员营销的形式比较单一，不能有效地影响消费者，营销活动收效甚微。因此，为了更好地利用店铺的会员资源，真正提升店铺销量，商家需要深入了解会员数据。通过分析会员数据，不仅可以实现提高店铺交易金额，还可以有的放矢地实行精准推广。

1. 提升店铺交易金额

影响店铺交易金额的要素中，流量、转化率、客单价都与会员数据紧密相关，所以会员数据对店铺交易金额有很大影响。如果懂得善于维护不同等级的会员关系，把新消费者大概率转化成会员，那么由会员带来的流量成本会低很多。同时，原有消费者流量带来的转化率远远大于新消费者的转化率，且原有消费者流量的质量会非常高。另外，原有消费者会经常在本店铺购物，说明其认可该店铺的商品和服务，自然购买多件商品的概率要明显高于新消费者，从而能够提高客单价。

由此可见，合理地进行会员管理，重视分析会员数据，通过将新消费者变为会员，可以减少店铺销售的成本，从而提高交易金额。

与此同时，电子商务会员的维护不仅依赖于商品的质量和完善的客服，还需要贴心的物流来配合，比如配送速度快、商品的完整性、快递员工态度好等，这些物流方面的因素直接影响到商家对会员的维护，因此店铺还应该与物流方多进行沟通，加强物流管理和服务。

2. 精准推广

商品的精准推广是商家对会员数据进行分析的作用之一。商家利用收集到的会员数据，向其发送商品优惠、促销活动、新品介绍等推广信息，其中有些商家推广很有效果，然而有些商家的推广则达不到预期，甚至石沉大海。究其原因，两者区别在于是否经过有效的会员数据分析。如果发送的推广信息没有经过会员数据分析，不仅不能起到商品推广的作用，还会弄巧成拙。例如，商家想将商品降价的信息发送给会员，但没有进行过滤，将降价信息发送给购买过此商品的消费者(包括没有对该商品进行评价的消费者)。又如，将包装精美但并不实用的新品信息推送给注重实用性的消费者，不仅得不到任何反馈，还会降低该消费者对店铺的印象，影响消费者来店铺回购。因此，分析会员数据能够做到精准推广，使会员营销起到事半功倍的效果。精准推广主要从以下三方面进行。

(1) 会员关联营销。不同的会员选择的商品是不一样的，这就要求对会员的购物单进行分析，寻找那些关联关系比较强的品类或者关联关系比较紧密的单品，有意识地调整陈列，必要时采取复合陈列，并在做促销时有意识地做关联促销，以强化消费者的组合消费行为。

(2) 会员个人消费行为画像。当然不同性别、年龄、爱好的会员，其消费习惯也是不一样的，这就要求进行会员个人消费行为画像。个人消费行为画像就是根据会员消费信息和会员登记的信息进行再加工，然后根据其社会属性、消费属性、个人偏好属性、时尚属性等为消费者构建一个多维视图。根据这些客户的多维视图和相关模型，可以比较准确地进行促销活动，大幅度地降低营销成本，提高营销的命中率和成效。

(3) 会员针对性营销。会员针对性营销，即找到店铺贡献率较高的会员，制定相应的促销方案。通过数据挖掘建立客户消费行为画像以后，就可以寻找那些各个品类的忠诚消费者和富有影响力的"带头"消费者，这些忠诚消费者和"带头"消费者会对周围的消费群体产生强大的示范作用和引导作用。

任务4.1.2 电子商务会员数据的价值挖掘与获取途径

以前，餐厅和顾客基本上是一次性交易的关系，顾客上门就接待，吃完就失去了联系。现在，会员管理系统的运用率越来越高，营销渠道和工具越来越多，顾客和餐厅之间的联系也日益密切。有的餐厅善用各种网络营销工具来"引流"，对收集的会员资料进行分析处理，有针对性地提供各种会员服务，其生意越来越红火。请同学们以小组为单位讨论日常生活中你是哪些店铺的会员，是否经常光顾该店铺，并将讨论结果记录下来。

_____

_____

◆ **必备知识**

1. 电子商务会员数据的价值挖掘

每一位会员的忠诚度、购买力和价格接受度都是不同的，将这三个方面划分为以下6

个指标，就可以挖掘每一位会员的潜力价值。其中，可以用最近一次消费时间和消费频率来衡量忠诚度；可以用消费金额和最大单笔消费金额来衡量购买力；可以用特价商品消费占比和最高单价商品消费占比来衡量价格接受度。

(1) 最近一次消费时间。根据会员最近一次消费时间与现在时间的间隔长短不同，转化为对应的指数。例如，最近1个月有消费，对应指数为"5"；最近3个月有消费，对应指数为"4"，以此类推。间隔时间越长，指数越低，从高到低依次为5、4、3、2、1。

(2) 消费频率。要想提高店铺销售额，提高会员的消费频率是一个非常有效的策略，根据会员重复购买的频率不同，将其转化为对应的指数，如最近三个月消费10次以上，对应指数为"5"，最近三个月消费8次以上，对应指数为"4"，以此类推。相同时段内消费频率越低，指数越低，从高到低依次为5、4、3、2、1。

(3) 消费金额。根据"二八定律"，80%的利润由20%的消费者产生，这20%的消费者就是核心价值消费者，需要得到更多的营销资源。根据消费金额的不同，将其转换为对应的指数，金额越高，指数越高。

(4) 最大单笔消费金额。最大单笔消费金额体现的是会员的购买力，隐藏的则是会员的购买潜力。同样将其转换为对应的指数，单笔消费金额越高，指数越高。

(5) 特价商品消费占比。特价商品消费占比从侧面反映会员对商品价格的在意程度。该占比越高，转换为对应的指数越低，两者为负相关。

(6) 最高单价商品消费占比。这是最大单笔消费金额的拓展指标，可以体现会员的价格接受度，具体值和价格接受度为正相关。最高单价商品消费占比越高，指数越高。

将每位会员的指标和对应的指数整理到Excel中，建立雷达图，即可展现每位会员的价值。图4-1为三位不同会员的价值展现情况。

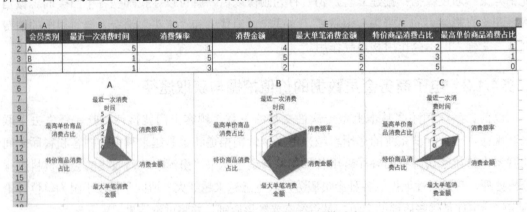

图4-1　三位会员的价值展现情况

从图4-1中可以发现，A会员对店铺的忠诚度很高，但购买力很低。虽然该类会员消费金额不高，但该类会员持续消费是店铺持续利润的来源和基础保证，可以通过在一些流量稀疏的时段开展促销的方式，让其产生更持续更集中的消费。

B会员消费能力较强，同时对价格接受程度也较高，但是会员忠诚度不足。针对这一类会员，可以分析该类会员的消费记录，做到商品精准推荐，提高复购率。

C会员的忠诚度和消费力都比较差，价格接受度较高。这类会员多以学生等低消费群体为代表，针对该类会员的特点可以推荐一些价格低廉但彰显个性的商品。

2. 电子商务会员数据的获取途径

数据已经渗透到每一个行业，成为店铺运营不可缺少的重要组成部分。消费者在店铺购买了商品后，自然会留下一定的数据，如姓名、地址、电话、商品信息等。这些数据可通过商城的客户运营平台或专业的CRM软件来获取。

(1) 商城客户运营平台。客户运营平台用来存储消费者的购物信息，商城都拥有各自的客户运营平台。下面以淘宝网为例，在淘宝商家中心左侧导航栏的"营销中心"功能中即可找到"客户运营平台"工具，单击该工具，就可进入客户运营平台，如图4-2所示。其中显示了所有成交客户、未成交客户和询单客户的信息，商家可以对消费者进行分群和分析。

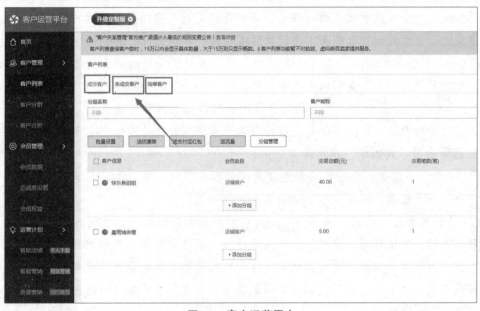

图4-2 客户运营平台

(2) 专业的CRM软件。CRM(customer relationship management，即客户关系管理)软件，与商城的客户运营平台相比，这类软件的功能更加完善和强大，但需要付费订购才能使用。市场上的CRM软件有很多，不同的CRM软件侧重的功能不一样，商家应该根据实际情况选择适合的CRM软件。

扩展阅读　被浪费了的药店会员数据价值

在大数据下，药店零售面临巨大的挑战，也迎来提升的机遇，如何挖掘和运用海量的数据，提升营业额，是当下药店所关心的。

1. 重视药店会员"大数据"的原因

当今时代，大数据就是生产力，是发展的资本，如果药店对会员的重要性认识不足，不愿意投入资金和精力,将有可能被挤出市场。

(1) 药店的密度大,单店服务的人次越来越少。药店数量越来越多且集中分布在人流量较大的商业街,密度偏大。没有会员"约束",顾客买药将"就近"选择,对固定药店的依赖性越来越低。反过来,药店则越发依赖会员,因为会员本身创造的客单价、毛利额贡献要高于普通顾客,是药店销售量的保证。

(2) 药店间竞争同质化严重。大部分药店都没有独家代理品种,经营药品的类型和价格类似,顾客的需求在众多药店都可以满足。药店把顾客吸引进来的难度越来越大,只有把顾客变成忠诚会员,才能保证企业的长久竞争力。

(3) 线上对线下药店的侵蚀风险。年轻顾客去实体店购物的频率大大下降,药店必须花费更多财力和精力完善会员制,才能吸引他们。

2. 当前会员运营的不足

(1) 依赖传统的会员营销模式。传统的会员营销模式主要是通过实体店扩大会员的规模,销售人员把会员数量当成唯一任务,努力在规定时间完成任务。这种模式下,用户规模迅速提升,但无效会员比例高,不能及时准确地获取到有价值的会员信息。

(2) 会员营销模式简单。传统的会员营销模式多是积分返利、会员日打折、积分送大礼等,直接异化为简单、变相的价格战。

(3) 没有挖掘会员数据。有的药店获得的会员信息在后台"睡大觉",没有软件进行管理,没有分析数据,也没有研究会员需求进而采取有效途径进行精准营销。

3. 运营会员"大数据"的建议

(1) 选择一个适合自己企业或者连锁药店管理应用的工具,之后汇集、分析和运算巨量、复杂的会员数据,提高各环节运营效率。

(2) 持续完善会员信息。一般而言,药店会员基本包括年龄、性别、职业、住址、病史、联系电话、体重等基本资料。接下来要持续完善会员信息,如通过消费系统记录日常消费习惯、用药的依从性;通过体检等人文关怀收集和完善会员身体状况信息;通过讲座进行获取会员关注重心;通过促销活动领取优惠、有奖问卷调查及扫码优惠等方式完善数据与信息。

(3) 为会员贴标签,形成会员画像。对会员的消费数据进行深加工,按照病种、消费习惯、贡献度、年龄及身份等多个维度进行细分,对会员进行分类分级。通过关注会员第一次下单时间、金额,下单频率、金额,最近下单时间、金额等基本信息,从而形成新客户、老客户、休眠客户、粉丝客户、黑名单客户等清晰的会员画像,让企业直观地感受会员数据。更重要的是,针对不同的客户进行分层级、分级别、分属性的多维度管理,便于日后的二次营销。

(4) 运用会员数据,提升药店销售量。开展精准服务活动,不断产生互动,让会员真正被激活、被吸引,从而提升销售额。

① 通过系统筛选休眠会员,发短信通知会员送5元或10元的购物券,努力激活睡眠会员,对于系统中剩下没激活的会员,根据会员的后继反应进行电话沟通。

② 精确推送信息。根据不同类别、级别的会员,有针对性地推送健康知识及药品信

息,触达目标客户。通过大数据对营销效果进行分析,让投入产出更清晰,有利于企业进行营销方式拓展。

③ 对于大型连锁药店,总部可设立客户随访岗位,针对慢性病药物需求者做好随访工作,了解客户的最新状况,建立良好的互动关系,为长期的购销关系打下坚实的基础。

④ 加强智能化建设,让服务自动化执行,弥补店员专业能力不足,减少连锁人力成本,通过专业的内容服务,提升药店服务价值,获得会员的信任。

(资料来源:中国药店,有删改)

◆ 任务小结

请同学们根据任务实施过程中的实际情况,进行任务小结。

◆ 任务评价

自我评价:

小组评价:

教师评价:

任务4.2　电子商务会员数据的基本分析方法

商家获取会员数据后,可以充分利用这些数据对会员的情况进行分析,包括会员的分布情况(如性别分布、年龄分布、地区分布)、各地区会员的增长与流失情况,以挖掘每一位会员的潜在价值。

任务4.2.1　电子商务会员的分布情况

当商家在进行会员营销的时候,对会员现状进行分析是很重要的。只有了解会员的现状,商家才能够根据现状去做适当的调整,才能让会员营销进展得更加顺利,后续带来的营销效果也会更好。请同学们以小组为单位进行讨论如何对会员现状进行分析,掌握会员的哪些基本信息才能更好地挖掘每一位会员的潜在价值,并将讨论结果记录下来。

◆ 必备知识

会员分布情况主要是指会员级别构成、性别比例、年龄层次、位置分布等,也就是对会员进行人群画像分析。这步操作可借助客户运营平台或其他CRM软件,将会员数据复制到Excel中进行整理。

图4-3为整理好的某店铺会员数据，主要包含客户信息(即名称，一般为昵称)、会员级别、性别、年龄、地区/城市、交易总额、交易笔数、客单价(平均交易金额)、最后交易时间等项目。通过这些数据，能直观地看出任何一位会员的基本情况和交易情况。

	A	B	C	D	E	F	G	H	I
1	客户信息	会员级别	性别	年龄	地区	交易总额（元）	交易笔数（笔）	客单价（元）	最后交易时间
2	客户71882	普通会员	女	31	天津	¥ 3,236.59	3	¥ 1,078.86	2021/5/22
3	客户10076	普通会员	男	39	北京	¥ 4,220.63	5	¥ 844.13	2021/8/11
4	客户44768	二级会员	女	36	北京	¥ 5,475.31	6	¥ 912.55	2021/12/31
5	客户40459	一级会员	女	30	北京	¥ 6,759.56	4	¥ 1,689.89	2021/3/7
6	客户77020	一级会员	女	33	北京	¥ 6,871.58	5	¥ 1,374.32	2021/10/15
7	客户68027	普通会员	女	27	杭州	¥ 7,464.14	6	¥ 1,244.02	2021/1/14
8	客户36231	二级会员	女	33	杭州	¥ 7,772.22	6	¥ 1,295.37	2021/4/14
9	客户48060	一级会员	男	41	深圳	¥ 8,178.43	7	¥ 1,168.35	2021/12/10
10	客户11377	一级会员	女	36	深圳	¥ 8,742.34	4	¥ 2,185.59	2021/3/26
11	客户12367	普通会员	女	25	深圳	¥ 8,879.70	4	¥ 2,219.93	2021/10/17
12	客户74642	普通会员	女	36	深圳	¥ 9,212.10	5	¥ 1,842.42	2021/10/1
13	客户33083	二级会员	男	43	广州	¥ 9,258.60	3	¥ 3,086.20	2021/7/27
14	客户88594	一级会员	女	25	广州	¥ 10,998.32	3	¥ 3,666.11	2021/6/18
15	客户48555	普通会员	女	29	广州	¥ 11,228.92	4	¥ 2,807.23	2021/6/18
16	客户88300	二级会员	女	31	广州	¥ 12,564.35	3	¥ 4,188.12	2021/12/7
17	客户43549	一级会员	女	38	上海	¥ 14,711.32	6	¥ 2,451.89	2021/10/8
18	客户32849	一级会员	女	33	上海	¥ 17,753.04	5	¥ 3,550.61	2021/1/26

图4-3　会员信息数据1

1. 会员性别分布分析

例如，想查看某个项目的整体分布情况，如性别构成，可首先按"性别"项目进行排序(查看哪个字段就先对哪个字段进行排序)。

"性别"项目分类汇总具体操作步骤：选择Excel菜单选项卡中的【数据】菜单中【分类汇总】图标，其中"分类字段"指的是排序的字段，这里选择"性别"项目，汇总方式设置为"计数"，"选定汇总项"同样设置为"性别"字段，单击【确定】按钮即可完成对"性别"的分类汇总，如图4-4所示。

图4-4　"性别"项目分类汇总的步骤

接着,将分类汇总结果以图形化的方式进行呈现。具体操作步骤:先选中B5与C5单元格,也就是选中内容为"男 计数"与"3"的单元格;再按住【Ctrl】键,同时选中B20与C20单元格,也就是再选中内容为"女 计数"与"14"的单元格;单击Excel菜单选项卡【插入】菜单中的【饼图】,选择【二维饼图】图标,即可生成饼图图表,如图4-5所示。

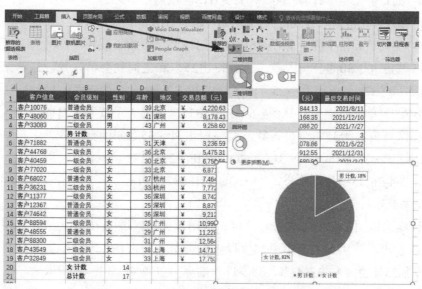

图4-5 通过会员数据生成男女比例的二维饼图

鼠标右键单击饼图的任意数据图区,选择菜单【添加数据标签】中的【添加数据标注】,此时即可看出该店铺的会员性别构成以女性为主,达到82%的占比。

2. 会员年龄分布分析

通过利用客户运营平台采集某店铺的会员数据,如图4-6所示。如果采集到的数据中没有年龄字段,就需要通过出生日期计算得出:用当前的日期(使用TODAY()函数获取当前的日期)减去出生日期得出两个日期之前的天数差,用这个天数差除以365,最后取整,即B2单元格输入公式:=INT((TODAY()-A2)/365)。

	A	B	C	D	E	F	G
1	出生日期	年龄	地区	交易总额(元)	交易笔数(笔)	平均交易金额(元)	上次交易时间
2	1993/10/19	28	北京	¥ 6,213.4	3	¥ 2,071.13	2021/11/1
3	1990/7/22	32	成都	¥ 8,311.2	5	¥ 1,662.24	2021/11/1
4	1983/1/25	39	北京	¥ 7,981.1	4	¥ 1,995.28	2021/10/28
5	1994/12/20	27	上海	¥ 6,144.7	3	¥ 2,048.23	2021/10/27
6	1998/6/13	24	天津	¥ 2,534.9	5	¥ 506.98	2021/11/5
7	1991/1/27	31	上海	¥ 15,119.0	8	¥ 1,889.88	2021/5/3
8	2000/10/2	21	北京	¥ 2,745.8	4	¥ 686.45	2021/7/7
9	1994/5/15	28	广州	¥ 2,388.1	3	¥ 796.03	2021/11/11
10	1997/1/14	25	北京	¥ 2,670.5	3	¥ 890.17	2021/11/11
11	1989/8/9	33	广州	¥ 8,422.1	4	¥ 2,105.53	2021/11/11
12	1983/7/26	39	杭州	¥ 4,111.6	5	¥ 822.32	2021/11/11
13	1990/9/28	31	上海	¥ 10,670.4	5	¥ 2,134.08	2021/11/11
14	2000/6/27	22	深圳	¥ 9,011.3	4	¥ 2,252.83	2021/11/11
15	1989/1/10	33	广州	¥ 3,440.3	4	¥ 860.08	2021/11/14
16	1995/7/11	27	深圳	¥ 9,110.5	3	¥ 3,036.83	2021/11/11
17	1987/11/29	34	北京	¥ 4,141.7	3	¥ 1,380.57	2021/11/11
18	1986/11/29	35	天津	¥ 2,106.9	3	¥ 702.30	2021/7/7

图4-6 会员信息数据2

计算不同年龄段的会员数量，首先要对年龄段进行划分，如图4-7所示，将年龄段分为"<25""25-30""31-35"">35"几个区间，使用COUNTIF()计算各年龄段的会员数量，具体操作步骤如下所述。

年龄段	人数
<25	3
25-30	5
31-35	7
>35	2

图4-7　会员年龄段统计表

在图4-7的J2单元格中计算图4-6中B2到B18区域内小于25的会员人数，则J2单元格输入公式：=COUNTIF(B2：B18，"<25")。

在图4-7的J3单元格中先计算图4-6中B2到B18区域内大于或等于25的会员数，再减去B2到B18区域内大于30的会员人数，就能得出25～30之间的会员人数。J3单元格输入公式：=COUNTIF(B2：B18，">=25")-COUNTIF(B2：B18，">30")。

在图4-7的J4单元格中先计算图4-6中B2到B18区域内大于或等于31的会员人数，再减去B2到B18区域内大于35的会员人数，就能得出31～35之间的会员人数。J4单元格的公式：=COUNTIF(B2：B18，">=31")-COUNTIF(B2：B18，">35")。

同理，图4-7的J5单元格的公式：=COUNTIF(B2：B18，">35")，计算图4-6中B2到B18区域内大于35的会员人数。

将统计结果以图形化的方式进行呈现，使用单元格区域(I1至J5)生成年龄段饼图。从饼图中可以看出，该店铺的会员中25岁以下的会员人数占18%，25岁到30岁会员人数占29%，31岁到35岁会员人数占41%，35岁以上的会员占12%，如图4-8所示。

图4-8　通过会员年龄段统计生成的饼状图

3. 会员地区分布分析

通过利用客户运营平台采集某店铺的会员数据已包括地区信息。要查看会员的地区分布情况，首先对数据以地区字段进行排序，然后使用分类汇总功能(以地区为分类字段、汇总方式为"计数"、选定汇总项"地区")，实现对不同地区的分类统计，具体操作步骤如图4-9所示。

	A	B	C	D	E	F	G	H	I
1	客户信息	会员级别	性别	年龄	地区	交易总额（元）	交易笔数（笔）	客单价（元）	最后交易时间
2	客户10076	普通会员	男	39	北京	¥ 4,220.63	5	¥ 844.13	2021/8/11
3	客户44768	二级会员	女	36	北京	¥ 5,475.31	6	¥ 912.55	2021/12/31
4	客户77020	一级会员	女	33	北京	¥ 6,871.58	5	¥ 1,374.32	2021/10/15
5				北京 计数	3				
6	客户33083	二级会员	男	43	广州	¥ 9,258.60			
7	客户88594	一级会员	女	25	广州	¥ 10,998.32			
8	客户48555	普通会员	女	29	广州	¥ 11,228.92			
9				广州 计数	3				
10	客户68027	普通会员	女	27	杭州	¥ 7,464.14			
11	客户36231	二级会员	女	33	杭州	¥ 7,772.22			
12				杭州 计数	2				
13	客户40459	一级会员	女	30	上海	¥ 6,759.56			
14	客户88300	二级会员	女	31	上海	¥ 12,564.35			
15	客户43549	一级会员	女	38	上海	¥ 14,711.32			
16	客户32849	一级会员	女	33	上海	¥ 17,753.04			
17	客户32853	一级会员	女	33	上海	¥ 19,217.04			
18				上海 计数	5				
19	客户48060	一级会员	男	41	深圳	¥ 8,178.43			
20	客户11377	一级会员	女	36	深圳	¥ 8,742.34			
21	客户12367	普通会员	女	25	深圳	¥ 8,879.70			
22	客户74642	普通会员	女	36	深圳	¥ 9,212.10			
23				深圳 计数	4				
24	客户71882	普通会员	女	31	天津	¥ 3,236.59			
25				天津 计数	1				

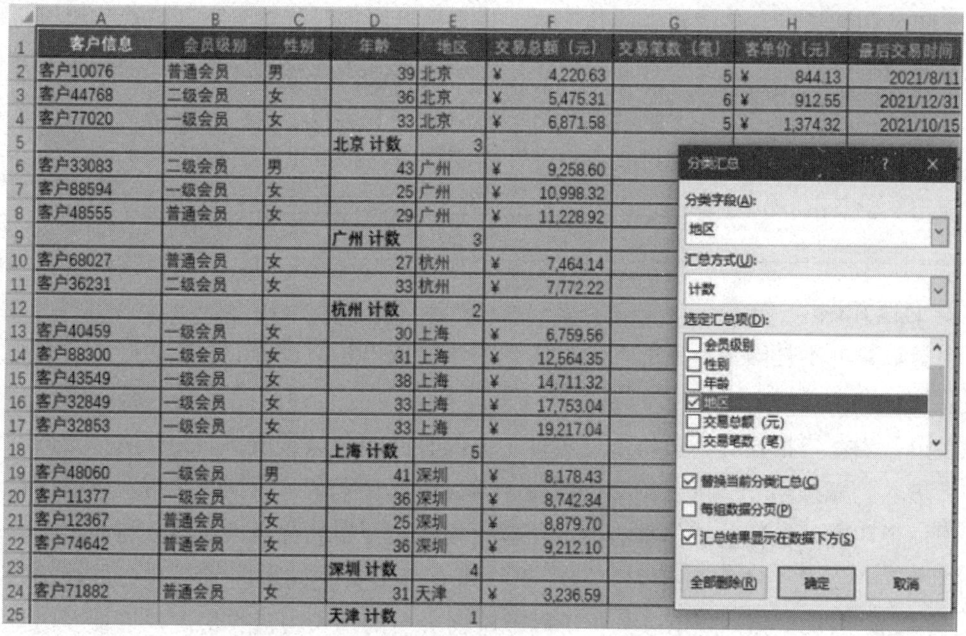

图4-9 对会员信息数据进行地区的分类汇总

将地区分类汇总的结果生成饼图，如图4-10所示。从图4-10中可以直观地看出各地区的会员分布情况，北京的会员占比17%、广州的会员占比17%、杭州的会员占比11%、上海的会员占比28%、深圳的会员占比22%、天津的会员占比5%。

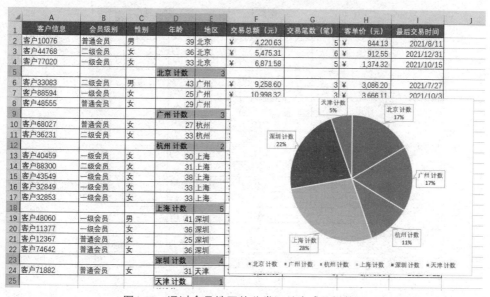

图4-10 通过会员地区的分类汇总生成的饼状图

任务4.2.2 电子商务会员增长与流失情况

电商付费会员制是电商平台实施用户管理的一种手段，可以增加用户黏性，深度挖掘高黏性用户的商业价值，有利于给电商平台提供长期稳定的现金流，也为电商平台创造新的收入和盈利增长点。从消费者的角度看，在消费升级的时代背景下，消费分级符合电商行业发展的趋势，对于电商平台而言，单一的服务模式不能满足现代社会消费者差异化的消费需求，部分高端消费者愿意为更优质的商品和服务支付一定的溢价成本。请同学们以小组为单位讨论是否愿意成为付费会员，并阐述理由，将讨论结果记录下来。

◆ **必备知识**

会员数量并不是固定不变的，根据店铺的营销效果和消费者的购物喜好，会员数量经常发生变化。对于店铺而言，正常情况下每个时期都会有会员的流失，但同时也会新增一些会员。当商户搭建好会员体系、进行了一段时间的会员营销活动并获取一定的会员数后，便进入到瓶颈期——新会员增长缓慢、老会员流失率高、店铺经营状况下滑。出现这种情况，说明会员营销的工作重心需要从拉新拓客转至提高会员忠诚度，这时就需要将收集到的会员个人信息充分利用起来。如果将所有会员按不同地区或不同会员等级来划分(也可按其他属性划分)，就可以分析不同范围内会员的增长与流失情况，以便及时地发现经营问题，从而更有针对性地做出营销策划。

如图4-11所示，按城市分布来划分并收集会员数据，包含了9月份不同城市的会员数量，以及10月份新进的会员数量和流失数量。

	A	B	C	D
1	会员所在城市	9月会员数	10月增长会员数	10月流失会员数
2	北京	1521	148	182
3	成都	856	61	78
4	大连	907	308	155
5	广州	1249	266	231
6	杭州	1762	103	100
7	南京	923	96	84
8	上海	1871	71	153
9	深圳	1388	60	98
10	沈阳	1601	82	66
11	苏州	897	89	132
12	天津	1044	117	275
13	武汉	1567	91	281
14	西安	1132	82	120
15	长沙	1389	192	188
16	郑州	1020	273	59
17	重庆	987	284	78

图4-11 会员情况统计表

有了这些基础数据，就可以计算10月份各城市的会员增长率和流失率。其中，会员增长率=10月份增长会员数÷9月份会员数；会员流失率=10月份流失会员数÷9月份会员数。

为了让数据更加直观，可以将其制作成数据条样式，具体操作步骤：选择Excel菜单选项卡【开始】菜单中的【条件格式】下的【数据条】，结果如图4-12所示。

	A	B	C	D	E	F
1	会员所在城市	9月会员数	10月增长会员数	10月流失会员数	会员增长率	会员流失率
2	北京	1521	148	182	9.73%	11.97%
3	成都	856	61	78	7.13%	9.11%
4	大连	907	308	155	33.96%	17.09%
5	广州	1249	266	231	21.30%	18.49%
6	杭州	1762	103	100	5.85%	5.68%
7	南京	923	96	84	10.40%	9.10%
8	上海	1871	71	153	3.79%	8.18%
9	深圳	1388	60	98	4.32%	7.06%
10	沈阳	1601	82	66	5.12%	4.12%
11	苏州	897	89	132	9.92%	14.72%
12	天津	1044	117	275	11.21%	26.34%
13	武汉	1567	91	281	5.81%	17.93%
14	西安	1132	82	120	7.24%	10.60%
15	长沙	1389	192	188	13.82%	13.53%
16	郑州	1020	273	59	26.76%	5.78%
17	重庆	987	284	78	28.77%	7.90%

图4-12　会员的增长率与流失率

还可将其结果以图形化的方式呈现，以会员所在城市、会员增长率和会员流失率为数据源(A1至A17和E1至F12所有区域的单元格)，创建柱形图并适当美化，最终效果如图4-13所示。通过图4-13，可以很明显地看到郑州、重庆这两座城市的会员增长率高且流失率低；反之，北京、成都、苏州、天津、武汉、西安等城市的会员增长率低且流失率高，说明这几座城市的会员数量在大量减少，应重点针对这几座城市的人群特征和店铺具体运营情况采取相应措施进行推广，及时改善流失率过高的情况。

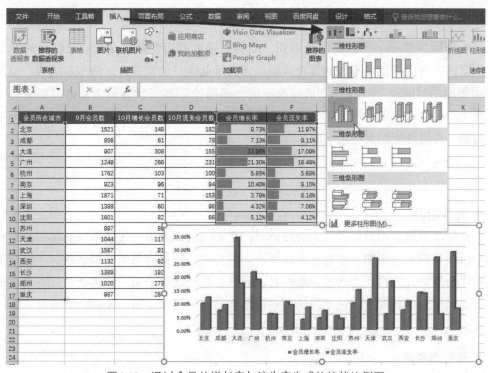

图4-13　通过会员的增长率与流失率生成的柱状比例图

会员是会员体系与会员营销活动的根本，是改善店铺经营状况的突破口。培养、提高会员忠诚度，需要从会员营销入手，改进店铺运营模式。会员营销可从以下几方面入手。

(1) 提升会员用户体验感。店铺可在不同节日将祝福语与店铺活动信息发送给每位会员；组建会员群，在群内分享店铺上新情况、营销活动信息，定期组织会员内购等会员活动；定期开展会员日、朋友圈集赞换礼品等线上与线下结合的活动。对于会员，多一点关注、多一点互动，让会员有一种归属感，店铺与会员间的联系也会变得紧密起来，会员忠诚度也随之提升了。

(2) 有针对地进行会员营销。店铺在做会员营销活动前，可对会员进行意向调查：什么样的活动形式是会员所喜闻乐见的、什么产品是会无限回购的，之后参考调查情况策划会员营销活动，让营销活动更有效。

(3) 制定会员任务。通过制定会员任务，给会员有价值的奖励，刺激会员消费，增强其忠诚度，提升店铺与会员间的黏性，驱使会员持续到店消费，实现会员价值最大化。

(4) 建立会员等级制度并制定奖励机制，刺激会员消费。例如，针对不同等级的会员每月发放不同额度、不同张数的低门槛或零门槛抵用券，会员的购物欲就被激发起来，会员为了达到优惠券的使用门槛必然会超预期消费，店铺经营也就得到改善。接着，针对月优惠券都使用完的会员，奖励额外抵用券，鼓励会员不断消费。

想要培养、提升会员忠诚度，店铺就必须与会员保持长期的互动与联系，不断地优化服务，跟进会员营销活动，让会员在店铺里找到如朋友般的亲切感与归属感，养成消费习惯并保持长久而持续的消费。

任务4.2.3　电子商务会员生命周期

每一个顾客都有一个会员生命周期，品牌对顾客的运营便是基于会员生命周期进行的，不同的生命周期需要不同的运营策略。因为行业类目的特殊性，每个品牌或产品的会员生命周期的时间也不一样，评价标准不能一概而论。那么，会员全生命周期分几个阶段？每个阶段到底应该如何经营？如何才能让会员保持活跃状态？请同学们以小组为单位进行讨论，并将讨论结果记录下来。

_____

_____

◆ 必备知识

会员生命周期是指消费者成为会员前后，在不同时期表现出来的不同的特征。只有正确地分析会员的生命周期，才能针对这些不同的特征采取最合适的营销策略。一般来说，会员按生命周期分为普通消费者、新会员、活跃会员、睡眠会员、流失会员。会员管理的目的就是利用营销活动、沟通手段等促进沉默会员转为活跃会员，唤醒睡眠会员，激活流失会员。

1. 普通消费者

普通消费者是指店铺所有的潜在消费者。这个阶段的顾客还没有到店消费，甚至不了解品牌，这类顾客偶尔访问店铺页面或商品页面，但是并没有在店铺产生过交易行为。对于这一部分潜在消费者，会员营销在此阶段的发挥空间十分有限，店铺要多靠市场营销手段来拉新引流，如针对首次消费开展折扣优惠活动，引导其在平台产生第一次交易，进而迈出转化为平台会员的第一步。

2. 新会员

新会员是指已经在店铺产生过至少一次交易行为，且已经注册成为店铺平台会员的消费者。对于这类消费者，为使其进一步成为活跃会员，提高其复购率，可以有针对性地向其推荐商品和优惠活动，推荐尽量符合其购物习惯和偏好。除此之外，还可以通过"二次消费"活动来进行推广，如给新注册会员赠送一些优惠券或折扣时效，这样能增加新会员下次到店的概率，并缩短到店的时间间隔。

3. 活跃会员

活跃会员是指已经成为店铺会员且最近一段时期(如3个月)在店铺有过交易行为的消费者。对于店铺的活跃会员，可通过"二八定律"，找出为店铺带来80%价值的核心会员，给予其更好的服务和资源倾斜。可通过向上营销，即根据消费者过去的消费喜好，提供更高价值或其他用以加强其原有功能和用途的商品和服务；也可通过交叉营销，从消费者的购买行为中发现消费者的多种需求，向其推销相关的商品和服务，有针对性地进行定向精准营销。

"二八定律"指出了在原因和结果、投入和产出、努力和报酬之间存在一种典型的不平衡现象，即80%的成绩归功于20%的努力；20%的消费者可能给商家带来80%的利润。遵循"二八定律"，商家在经营和管理店铺的过程中往往可以抓住关键的少数消费者，精确定位，加强服务，达到事半功倍的效果。

4. 睡眠会员

睡眠会员是指最后一次在店铺产生交易行为的时间距离现在已经很久的会员，如最近半年或一个季度都没有任何交易行为的会员。店铺可采取定向睡眠会员唤醒的运营策略，通过微信、店铺平台App、短信等渠道推送最新优惠活动，尝试唤醒部分睡眠会员。

5. 流失会员

流失会员是指近一年以上没有在店铺产生交易行为的会员。对于这类会员，除了执行唤醒策略外，还需要采取更加有吸引力的营销手段才能将其成功召回，但该类会员的召回成本较高，效果通常并不明显，店铺应根据实际情况制订相应的营销策略。

下面以某店铺的会员情况进行分析，利用会员在店铺的最近一次交易时间，分析出该会员属于哪个生命周期，进而查看店铺会员生命周期结构，如图4-14所示。从图4-14可以看出，该店铺的新会员占3.5%，流失会员占6.5%，会员数量情况总体呈下降趋势。对于流失会员，首先要找到影响流失的原因，分析是商品问题还是客服问题，或是物流问题，然后进一步细化存在问题。另外，该店铺的睡眠会员占比也很高，需要着手开展睡眠会员唤醒策略，以改善目前店铺会员结构。

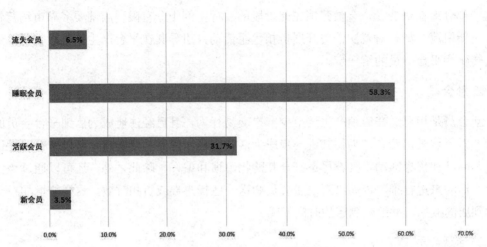

图4-14 某店铺会员生命周期结构

注重精细化的会员运营有利于促进会员留存,提高内容生成效率,提高内容输出的效率和质量,降低成本;对不同渠道的会员价值进行细分,挖掘客户价值,获取重要的数据资产;精准匹配客户,把合适的内容推送给合适的人,实现内容产品相互转化、自然连接,达到转化效果提升,这样才能持续为店铺创造销售业绩。

扩展阅读 电商为什么"扎堆"付费会员

8月23日,京东集团发布了2022年第二季度及中期业绩。根据财报,京东零售营收2415.57亿元,占京东总营收的90.3%。

在公布财报的前一天,京东宣布了PLUS会员数量突破3000万(截至2022年7月)的消息。京东集团CEO徐雷在业绩会上表示,付费会员体系已逐步凸显价值,未来会在会员方面做更多创新。

早在2005年,在线零售业的先驱亚马逊就在美国率先发布Prime会员服务,随后Prime会员服务陆续在全球17个国家落地。

2015年10月,京东推出PLUS会员,成为中国电商平台付费会员制本土化的首个尝试者。随后,网易严选会员、考拉海购黑卡会员、苏宁SUPER会员、阿里88VIP会员先后出现,会员制成为电商激烈竞争下半场的主战场。

艾瑞咨询发布的《中国零售业付费会员消费洞察报告》指出,零售业将迎来付费会员时代。面对市场的激烈竞争,企业需要稳定亿级数量的用户人群,留住高价值客户,开展付费会员制,增加用户黏性。而在"得会员者得天下"的当下,一个成熟的会员体系就像是一个巨大的地下金矿。

第一,付费会员体系最明显的收益就是会员费用,会员费用可以给企业带来现金流。以山姆会员店为例,2021年底,山姆宣布中国付费会员数量超过400万,按普通会员260元/年的会费计算,单是会员费一项收入,山姆2021年便入账超10亿元人民币。

2022年7月，电商巨头亚马逊宣布，将针对欧洲地区Prime会员服务上调年费，上涨幅度在两成或以上。此次上调价格被解读为向消费者转嫁一部分运营成本。

第二，付费能增强用户黏性，帮助筛选高价值用户。从前，电商平台为吸引用户，默认新用户注册即会员，但这样的"会员"黏性太低，忠诚度不够。随着互联网流量红利逐渐消失，增量已遭遇天花板，所有的创新都是围绕存量市场的，面对庞大的电商会员，平台自然想到了消费者分级，瞄准高净值用户，让会员变成付费会员。

京东财报显示，2022年"6·18"期间，京东PLUS会员几乎占全部新品成交用户的50%。过去一年新加入的会员，一年内消费金额和消费频次分别同比提升150%和120%。

在电商更加重视消费者体验、需求的趋势下，会员经济未来将释放更大的红利，付费用户也将是今后电商争夺的关键群体。

在获客成本日益高昂的今天，用户意味着一切。当用户成为数据，电商平台之间的竞争还有一个最重要的点——信任。

随着平台竞争的加剧和时间的增长，付费会员将产生更高的期待，需求层次逐渐增长，不仅包含售后服务和各类商品保险这类物质性服务，还包括精神层次的产品服务。此外，刺激消费者成为付费会员的因素也会由折扣让利等价格因素变更为质量和服务因素，最终转型升级为品牌因素，而由品牌效应构建起的粉丝文化，将是电商付费会员制能否持续的重要因素。

电商争霸的下半场，付费会员制正承载着平台突围的期望。

(资料来源：新浪网，有删改)

◆ **任务小结**

请同学们根据任务实施过程中的实际情况，进行任务小结。
_____
_____

◆ **任务评价**

自我评价：_____
_____

小组评价：_____
_____

教师评价：_____
_____

任务4.3　电子商务会员分析常用的模型

任务4.3.1　常用用户行为分析模型简述

对店铺来说，一个会员是否有价值，主要还是体现为该会员能否持续不断地为店铺带来稳定的利润。店铺为了保证所有会员的价值被最大化利用，就必须尽可能提高会员对店铺的忠诚度，既让会员经常在店铺消费，还愿意向朋友推荐，帮助店铺进行口碑宣传。那么，忠诚度高的会员就是有价值的会员吗？如何才能提高会员对店铺的忠诚度呢？请同学们以小组为单位进行讨论，并将讨论结果记录下来。

◆ **必备知识**

忠诚度高的会员不一定就是有价值的会员，会员的主要价值还是体现在消费能力上。所以总体来看，有消费能力且忠诚度高的会员，才是对店铺最有价值的会员。店铺要想提高会员的忠诚度，就要了解会员的需求，对会员消费习惯、上网习惯、品牌喜好等行为进行分析，针对不同的会员制定不同的营销策略。

在数据分析的大框架下，通过对用户行为监测获得的数据进行研究的行为便是用户行为分析。用户行为分析可以更加详细、清楚地了解用户的行为习惯，从而找出网站、App、推广渠道等产品存在的问题，有助于挖掘产品高转化率页面，让产品的营销更加精准、有效，提高业务转化率。

理解用户，将用户的目标、需求与商业宗旨相匹配，可以帮助店铺定义产品的目标用户群。在用户行为分析领域，数据分析方法结合理论推导，能够相对完整地揭示用户行为的内在规律，帮助产品实现多维交叉分析。用户行为分析通常有以下几个方法。

1. 行为事件分析

1）作用

行为事件分析法主要用于研究某行为事件的发生对产品的影响及影响程度。一般来说，事件通过埋点[①]来获取。

2）应用场景

行为事件分析一般经过三大环节：事件定义、多维度下钻分析、解释与结论。例如，针对某一具体行为，进行深度下钻分析，全面细致分析每个维度，确认导致该行为的原因；又如，针对某一结果现象，回溯可能造成此现象的行为是什么。

3）涉及的数据指标

根据产品特性，每个产品会有不同的行为事件和筛选维度，但基本涵盖了该业务所需要的所有数据指标维度，进行前期数据规划时需要对可分析事件进行全量数据埋点，后期

---

① 所谓"埋点"，是数据采集领域（尤其是用户行为数据采集领域）的术语，指的是针对特定用户行为或事件进行捕获、处理和发送的相关技术及其实施过程。

平台运营过程中将依赖于前期的数据采集进行规划。

2. 页面点击分析

1) 作用

页面点击分析主要显示页面区域中不同元素点击密度的图示。页面点击分析可以精准评估用户与产品交互背后的深层关系；可以实现产品的跳转路径分析，完成产品页面之间的深层次的关系需求挖掘；可以与其他分析模型配合，全面探索数据价值，深度感知用户体验，实现科学决策；可以直观地对比和分析用户在页面的聚焦度、页面浏览次数和人数以及页面内各个可点击元素的百分比。

2) 应用场景

页面点击分析主要用于对官网首页、活动页面、产品首页或详情页等存在交互逻辑的页面分析。页面点击分析包括可视化热力图和固定埋点两种通用的分析形式。

3) 涉及的数据指标

(1) 浏览次数(page view，PV)，该页面被浏览的次数。

(2) 浏览人数(unique visitor，UV)，该页面被浏览的人数。

(3) 页面内点击次数，该页面内所有可点击元素的总次数。

(4) 页面内点击人数，该页面内所有可点击元素的总人数。

(5) 点击人数占比，即页面内点击人数与浏览人数之比。

3. 用户行为路径分析

1) 作用

用户行为路径分析能够明确用户现存路径有哪些，发现路径问题，或优化用户行为沿着最优访问路径前进，并结合业务场景需求进行前端布局调整。例如，对于一个指定的页面(uniform resource locator，URL)，可明确用户是从哪些场景来到这个页面(来源)，进入这个页面后又去往哪些场景(去向)，用户浏览路径是按照运营设计的路径前进还是发生偏移。

2) 应用场景

用户行为路径分析可确定产品用户从访问到转化或流失都经过了哪些流程，转化用户与流失用户是否有行为区别，以及用户行为路径是否符合预期。通过对用户的行为路径进行分析，可以发现路径中存在的问题，如转化率问题，然后在发现具体问题的基础上，结合业务场景进行相应的优化提高。

3) 涉及的数据指标

全链路页面级PV、UV，以及路径流转关系。

4. 漏斗模型分析

1) 作用

漏斗模型是一套流程式数据分析模型，能够科学反映用户行为状态以及从起点到终点各阶段用户转化率情况。漏斗模型可对周期较长、环节较多、相对规范的流程进行分析，能够直观地发现和说明问题所在，可以更快地找出某个环节的转化率问题。

2) 应用场景

漏斗模型可衡量每一个转化步骤的转化率，通过异常数据指标找出有问题的环节并解决问题，最终提升整体购买转化率。例如，在网站分析中，漏斗模型用于转化率比较时，不仅能展示访客从进入网站到实现购买的最终转化率，还可以展示每个步骤的转化率。漏斗模型分析不仅能够提供客户在业务中的转化率和流失率等数据，还展示出各种业务在网站中受欢迎的程度。虽然单一漏斗图无法评价网站某个关键流程中各步骤转化率的高低，但是通过前后对比或通过不同业务、不同客户群的漏斗图对比，还是能够发现网站中存在的问题并寻找到最佳优化空间的，被普遍用于产品各个关键流程的分析中。

3) 涉及的数据指标

转化周期(每层漏斗时间的集合)、转化率、流失率。

5. 用户健康度分析

1) 作用

用户健康度是用来衡量用户是否健康、是否有流失风险的指标，是基于用户行为数据综合考虑的核心指标，体现产品的运营情况，为产品的发展进行预警。

2) 应用场景

用户健康度分析可用于更大范围的业务综合指标考量，能够体现完整产品运营情况，预测未来发展。

3) 涉及的数据指标

(1) 产品基础指标，主要评价产品本身的运行状态，包括DAU(daily active user，日活跃用户数量)、PV、UV、新用户数。

(2) 流量质量指标，主要评价用户流量的质量高低，包括跳出率、人均浏览次数、人均停留时间、用户留存率、用户回访率。

(3) 产品营收指标，主要评价产品的盈利能力与可持续性，包括用户支付金额、客单价、订单转化率。

6. 用户画像分析

1) 作用

用户画像是根据用户的属性、用户偏好、生活习惯、用户行为等信息而抽象出来的标签化用户模型。通过高度精练的用户特征来描述用户，可以让人更容易理解用户，并且方便计算机处理。

2) 应用场景

通过定义用户画像，可以帮助产品运营人员理解用户，更精细地运营产品，也使产品设计人员从为所有人做产品变成为带有某些标签的人群做产品，且设计复杂度降低。

3) 涉及的数据指标

(1) 人口属性，包括性别、年龄等人的基本信息。
(2) 兴趣特征，包括浏览内容、收藏内容、阅读咨询、购买物品偏好等。
(3) 位置特征，包括用户所处城市、所处居住区域、用户移动轨迹等。
(4) 设备属性，包括使用的终端特征等。
(5) 行为数据，包括访问时间、浏览路径等用户在网站的行为日志数据。
(6) 社交数据，包括用户社交相关数据。

通过用户画像分析，企业能够更好地了解用户的行为习惯，发现产品在推广、拉新、用户留存、转化等方面存在的问题，从而发掘高质量的推广拉新渠道，发现高转化率的方法，使产品的营销更加精准、有效。

任务4.3.2　RFM分析模型

对电商行业来说，顾客是利润的来源，而会员是顾客群体中的核心部分，因此但凡要做营销数据分析，会员数据分析都是必不可少的一部分，特别是在消费方式多元、市场竞争越来越激烈的当下，精细化的会员数据分析越来越重要。那么，电商行业会员数据分析都有哪些关键点呢？请同学们以小组为单位进行讨论，并将讨论结果记录下来。

◆ **必备知识**

1. 会员数据分析的关键点

会员数据分析主要可划分为基础数据分析、价值分析、生命周期分析三大类。

1) 会员基础数据分析

会员基础数据主要包含性别、年龄、居住城市、生日、兴趣爱好、职业等一系列维度，通常是在客户注册会员时直接获得的，理论上都是一些长时间不会变动的指标维度。这些会员基础数据可以帮助管理层快速掌握会员群体的基础情况，比如每日的新开卡、会员单价、会员连带率、会员年龄性别等，有助于企业更加精细化地刻画用户画像，为新会员的扩展提供十分重要的参考作用。

2) 会员价值分析

会员价值分析主要是从忠诚度、购买力、价格容忍度三个方面展开。比如，分析会员最近一次消费时间、消费频率，可评估会员忠诚度；分析会员消费金额、最大单笔消费占比，可评估会员购买力。通过这些数据分析，企业可以更加直观地评估会员价值。

3) 会员生命周期分析

会员活跃情况将直接影响到企业利润，是企业制订营销计划时不得不关注的重要内容。因此在营销数据分析中，需要根据会员的活跃度进行分析，掌握不同类型会员的占比、消费变化等信息。比如，近3个月有过消费的会员属于活跃会员；上一次消费发生在近4～6个月内，已有3个月不曾有过消费记录的属于沉默会员；而6个月不曾消费过的则属于睡眠会员。

2. 认识RFM模型

RFM模型是由美国数据库营销研究所Arthur Hughes提出来的。RFM模型根据客户的价值进行客户分群，被广泛应用于客户关系管理(customer relationship management，CRM)系统中，是衡量客户价值和客户创造利益能力的重要工具和手段。

RFM模型通过对距离最近一次消费时间、消费频率和消费金额三个维度的分析来描述会员价值状况，是根据会员活跃程度和交易金额的贡献进行会员价值细分的一种方法。RFM模型可以识别优质会员，可以制定个性化的沟通和营销服务，为更多的营销决策提供有力支持。另外，该模型还能衡量会员价值和会员利润创收能力。

3. RFM的三个层面

(1) R代表recency，指最近一次消费时间，具体可理解为以现在或者统计时间往前的上一次消费时间。影响R的因素有商店或者网站的可记忆点、用户本身的复购周期和对于用户的曝光记录等。

(2) F代表frequency，指消费频率。影响F的因素有用户对于商品的购买习惯、品牌忠诚度等，但决定用户复购行为的本质在于商品本身。有的商品属于易耗品，而有的商品属于耐耗品，所以在进行F值的比较时，需要针对不同品类规定时间窗口，切勿跨品类比较。

(3) M代表monetary，指消费金额。影响M的因素包括用户消费能力、对产品的认可程度等。

4. 用RFM模型划分用户

明确R、F、M的定义后，对每个用户的R、F、M值做高低档位划分，通过不同的R、F、M高低档位的组合，可划分出八大用户类别，如表4-1所示。

表4-1　RFM模型用户类别划分

用户价值分类	Recency(R值)	Frequency(F值)	Monetary(M值)
重要价值用户	高	高	高
重要挽留用户	低	高	高
重要深耕用户	高	低	高
重要召回用户	低	低	高
潜力用户	高	高	低
新用户	高	低	低
一般维护用户	低	高	低
流失用户	低	低	低

5. RFM模型实例应用

1) 案例分析

以直播行业为例，该行业主要收入来源是直播App营收，在业务收入中，用户进行充值是一切消费行为(送礼、抽奖、贵族)的基础，和快消品一样，直播用户充值行为具有频次高、间隔时间短、单笔消费金额不高等特征。

用RFM模型做用户分类，通过近期充值行为、充值的总体频率以及充值金额三个维度来描述该用户的价值，这三个维度分别表示为：①最近一次充值距离现在的时间R，这个值越小对行业价值越大；②某段时间内充值频次F，这个值越大越好；③某段时间内充值金额M，这个值越大越好。

2) 搭建模型

首先选取某段时间内具有充值行为的用户群体。因为直播行业具有用户快速流入、快速体验、快速充值、快速流失等特点，所以选取的时间段不宜过长，这里选取近一个月有充值行为的用户消费数据进行用户价值分类(不同的业务选取的时间段不同)。

(1) 确定每个用户的R值。选取这一个月内有充值行为的用户充值记录，将R值划分为5档，分别表示5分、4分、3分、2分、1分，最后一次充值时间用户占比及R值分布如图4-15所示。

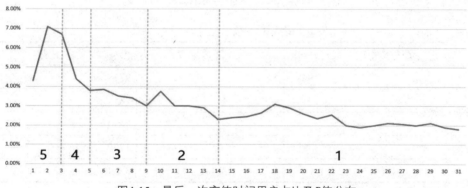

图4-15　最后一次充值时间用户占比及R值分布

考虑到分布不平均的问题，这里以每一个下降趋势拐点作为每个区间的临界值，也就是以每一个断档为一个区间进行划分(这个划分方法是根据实际业务特点来确定的，折线拐点处就表示用户群突变，所以可以划分)。本例将用户划分为5档，如表4-2所示。

表4-2　R值的档位表

最后一次充值距离现在N天	R值	用户数
[1,3]	5	366
[4,5]	4	1838
[6,9]	3	1126
[10,14]	2	1311
[15,31]	1	3702

这样，每一个用户都有了R值，但是最终的R值只有两档(高或低)，所以还需要继续划分，这里以用户数加权求得R值的平均值为2.3，则R值大于2.3的用户属于高价值用户，R值小于2.3的用户属于低价值用户。

(2) 确定每个用户的F值。选取这一个月内充值频次记录，同样将F值划分为5档，分别表示5分、4分、3分、2分、1分，近一个月充值频次用户占比分布及F值分布如图4-16所示。

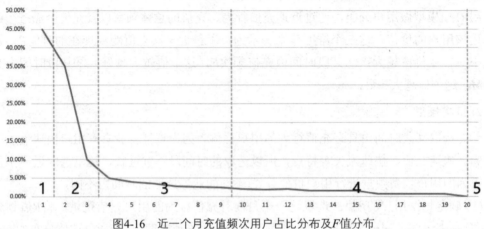

图4-16 近一个月充值频次用户占比分布及F值分布

考虑到分布不平均的问题，这里以每一个下降趋势拐点作为分区点，也就是以每一个断档为一个区间进行划分，还是划分为5档，如表4-3所示。

表4-3 F值的档位表

充值频次	F值	用户数
[20,+∞]	5	977
[10,20]	4	785
[4,9]	3	1430
[2,3]	2	1790
1	1	3354

这样，每一个用户都有了F值，但是最终的F值只有两档(高或低)，所以还需要继续划分，这里以用户数加权求得F值的平均值为2.3，F值大于2.3的用户属于高价值用户，F值小于2.3的用户属于低价值用户。

(3) 确定每个用户的M值。同样将M值划分为5档，分别表示5分、4分、3分、2分、1分，因为充值金额差值比较大，这里根据"二八定律"进行划分，即80%的充值是由头部用户创造的，划分依据可以以帕累托图作为参考，以表4-4档次进行划分。

表4-4 M值的档位划分

用户群体	充值金额	M值	用户数
帕累托图前40%的用户	>15000	5	102
帕累托图40%~60%的用户	6500~15000	4	144
帕累托图60%~80%的用户	2500~6500	3	386
帕累托图80%~90%的用户	200~2500	2	2134
帕累托图90%以上的用户	<200	1	5518

这样，每一个用户都有了M值，但是最终的M值只有两档(高或低)，所以还需要继续划分，这里以用户数加权求M值的平均值为1.5，M值大于1.5的用户属于高价值用户，M值小于1.5的用户属于低价值用户。

(4) 以R值、F值、M值组合对用户进行分类，并制定运营策略。将近一个月充值用户的R值、F值、M值放入分类器中，对用户进行分类，并针对不同的用户制定策略，结果如表4-5所示。

表4-5 用户分类与策略分析

用户价值分类	R-F-M	用户特征	策略
重要价值用户	高-高-高	优质用户	应重点关注，日常关心，建议配备专属人工客服
重要挽留用户	低-高-高	充值金额大，频次高，但最近无充值，有流失的征兆	可通过推送、私信等方式挽留
重要深耕用户	高-低-高	充值金额大且发生在近期，但是频次低，此类用户具备大额消费能力	应根据其消费记录，推荐类似的商品
重要召回用户	低-低-高	充值金额大，但频次低且近期无充值记录，濒临流失	可通过人工电话联系，尝试针对性召回
潜力用户	高-高-低	充值次数多且近期有充值，但是额度不大	通过一些提档的引导策略，提升该用户消费额度
新用户	高-低-低	最近有充值，但金额小，频次低，属于新注册的用户	通过多种策略进行转化
一般维护用户	低-高-低	充值次数多，但是近期无充值且频率低	通过日常关注即可
流失用户	低-低-低	基本上属于一次性消费用户	可尝试挽回策略，但成功率不高

扩展阅读 企业该如何开展会员营销

会员营销在各类实体店和网络应用中可谓是司空见惯。通过发展会员，提供差异化的服务和特权，吸引新客户，并将其消费者转化为长期稳定的客源，其本质上是向消费者让渡一部分利益，迎合会员心理，薄利多销，建立、扩大和稳定市场。

1. 会员营销的特点和优势

会员营销具有会员制、资格限制、自愿性、合约性和结构性关系的特点。

会员制是指企业向消费者提供的利益让渡形式和内容，形成一个固定合理的特权服务体系；资格限制则是设置门槛，要求消费者达到一定的限制条件才能成为会员；自愿性是指消费者符合条件成为会员出于个人意愿，并非他人逼迫；合约性是指消费者与企业的会员关系建立在合约的基础上；结构性关系是指企业和会员之间会形成一种相互支持的结构关系，除了消费交易关系外，还包括伙伴、心理、情感上的联系。

作为一种常见的营销方式，会员营销适用于传统实体店和网络应用，其营销目的侧重于培养更多的忠实客户，维持长期稳定的客源，其主要优势有以下几个：培养忠实客户，建立稳定的消费市场，提升市场竞争力；用优惠和特权可以吸引更多新客户的加入；会员制度可以促进企业与客户之间的交互，建立更加巩固的联系。

会员营销的具体形式多种多样，其泛用性也非常强，可以在多领域中使用。

2. 会员营销的经典案例

从一些经典案例中，可以看到会员营销的具体形式。

案例1：星巴克星享卡

星巴克的会员卡叫做星享卡，星享卡有银星级、玉星级、金星级三个等级。消费者买一张98元的星享卡后成为银星级会员，根据消费的价格不断累积星星来提升会员等级，消费满250元可以升级为玉星，消费满1250元升级为金星，而升级可以享受更多的优惠和额外服务。比如，银星级会员可以享受3张买一赠一券、1张免费早餐券和1张升杯券，而玉星级会员可以享受3张买一赠一券和1张生日当月免费券，金星级会员则在前一级基础上添加了周年庆优惠免费券、消费10次获赠一杯和一张金卡。根据不同星级提供的差异化服务，可以看到设置不同等级的主要目的：银星级主要是培养消费者的消费习惯，让客户对星巴克产生习惯和依赖；玉星级提供的优惠主要是促进消费者的消费者总额；金星级更侧重于提升消费者的消费次数。

星享卡还配合星巴克的手机App一起使用，从App上可以清楚看到个人账户的余额、等级、积分和卡券使用情况，利用这些具体可视的数据，顾客会不断地去星巴克消费，以享受优惠券和积累积分；而在使用优惠券的同时，顾客通常还会顺带进行更多的其他消费，比如在使用免费早餐券时总是会再点一杯咖啡。另外，各种免费券可以不断增加顾客消费频率，而买一赠一券更是为星巴克带来了很多新客人，吸引更多人办卡。

总体来说，星巴克的星享卡体系从分级、优惠内容、服务上来说都是可圈可点的，很好地洞察了消费者心理和习惯养成。

案例2：孩子王重度会员制度

孩子王是国内的一个母婴童销售品牌，其重会员制度在同行业品牌中当属典型。孩子王根据其品牌和产品定位，将目标市场锁定在中产阶级家庭，采取线上线下的运营模式来进行全渠道运营，而其会员制度也同样能够在线上线下实行。

孩子王不仅拥有实体产品销售，还提供育儿顾问服务。会员享受线上线下产品优惠，免费送货上门、免费上门育儿服务以及线上24小时育儿问答等。为了吸引客户成为会员，孩子王培养专门的育儿团队，和会员形成一对一的教学问答，借助这样的"师徒关系"建立起友好平等的感情联系。此外，孩子王还综合情感营销、场景营销等多种营销手段，频繁创办活动，推广品牌和会员，提升会员体验，吸引更多消费者加入。

孩子王不仅推出线上线下的多项优惠和特权，还建立社交平台，创建内容和交流社区，举办线上活动推出原创内容，加强品牌与客户、客户与客户之间的交流和互动，为年轻妈妈们打造交流心得、分享经验的自主平台。

孩子王的重会员制度为其品牌带来良好的收益和品牌口碑，其销售收入有95%都来自会员。孩子王利用大数据和网络技术对客户群进行深入和差异化分析，了解目标群体的特点和需求，并对此做出精准的、针对性的会员营销策略。而线上线下的交互和服务，令其会员制度更加全面与完善，从而获得了巨大成功。

案例3：万达电商O2O会员体系

万达电子商务的模式也是建立会员体系，并且是通过免费注册的形式来获得大量的会员，其针对大众市场主要采用大数据进行统计和分析，掌握会员的消费喜好和习惯，并借此进行精准的推荐和服务。为了使万达的会员制更加吸引人，万达做出了和以往会员制不同的改变：一是和传统积分体系不同，会员获得的万达积分可以直接作为货币进行使用，无须兑换；二是建立CRM体系，并借助大数据技术掌握用户心理和行为，进行自动化、人性化的推荐服务，培养消费习惯；三是不仅优化线上消费体验，在线下也有精准定位和智能化推荐服务。

万达的O2O会员体系借助现代科学技术，对会员进行更加智能化和个性化的服务。相对于一般的优惠券、积分制体系，这种O2O模式更具有针对性，其精细化营销能够为更多消费者带来更优体验。万达的这套会员模式基于线下的消费场景，利用线上的交互，搭建一个更为立体的平台，从而顺应和引导客户的消费喜好和习惯，刺激用户进行重复和多次消费。

3.企业应该如何做好会员营销

从以上几个案例来看，成功的会员营销在本质上大同小异，有着较为突出的几个特点。

(1) 根据品牌定位和产品性质，设计合适的会员体系。品牌首先要确定会员营销对于品牌传播和产品促销的价值，再根据自身的性质和定位设计出符合企业发展战略和经营模式的会员体系。一般来说，当下企业的销售模式主要有线上和线下两种，适用这两种经营模式的会员体系之间存在着一定的不同；而企业阶段性发展战略中的营销目的也各不相同，是更倾向于传播品牌开拓新市场，还是侧重于留住老顾客，在其会员体系中都应该考虑到，对其目的做出相应的服务和利益分配。

(2) 调查目标市场和人群，借助先进技术进行分析，推出智能化服务。当下的营销模式普遍存在更加精细化的趋势，精准营销、超级客户等相关的概念更加深入人心，要进行精细化的营销，必须对目标市场进行调研、细分和全面的分析，了解不同圈层的消费者具有哪些普遍的特点和需求。可以借助大数据、云服务等多种互联网技术对市场和消费者进行数据的整合和分析，并在此基础上推出更多具有针对性的个性智能服务，在提供更加方便贴心的服务的同时，满足和培养客户更多的消费需求。

(3) 结合线上与线下渠道，借助多种方式进行推广和传播，吸引更多消费者。线上和线下渠道多样，企业可以综合起来建立会员体系，提供立体全面的服务。在借助会员特权和优惠服务吸引、留住客户的同时，还需要考虑会员制的推广和宣传，只有让大众了解会员制的存在和利益点，才会有更多需要服务的客户对其产生兴趣。无论是会员制还是品牌本身的推广，企业都需要运用宣传手段来达成。在这过程中，往往可以借助其他的营销方式与会员营销进行整合传播。

(4) 重视品牌与客户之间的交流互动，建立更多的情感联系，巩固已有的市场。会员制不仅要用特权和优惠满足客户更多的物质心理需求，还需要注重客户的社交需要和情感需求，做到个性化和人性化服务的同时，还应该加强品牌与客户、客户与客户之间的沟通交流，打造友好的社交和内容社区，适时推出交互活动，建立更多的情感联系，令会员对品牌和平台产生更多信任和依赖，从而巩固已有的客源，维持稳定的市场。

会员营销的形式多种多样，不同的会员体系也是各具特色的。客户成为会员获得更多服务和更好的体验，而企业因此获得了更多的客户和稳定的市场，实际上是达成企业和消费者共同追求和共赢的方式。

(资料来源：搜狐网，有删改)

◆ 任务小结
请同学们根据任务实施过程中的实际情况，进行任务小结。
_____
_____

◆ 任务评价
自我评价：_____
_____

小组评价：_____
_____

教师评价：_____
_____

知识拓展

1. 客单价

客单价(per customer transaction)是指商场(超市)每一个顾客平均购买商品的金额，即平均交易金额。客单价等于销售额除以成交顾客数。可见，门店的销售额是由客单价和顾客数所决定的。因此，要提升门店的销售额，除了尽可能多地吸引进店客流，增加顾客交易次数以外，提高客单价也是非常重要的途径。

2. 帕累托法则

帕累托法则(Pareto principle，也被称为 20/80 法则、关键少数法则、二八法则)，是罗马尼亚管理学家约瑟夫·朱兰提出的一条管理学原理。该法则以意大利经济学家维尔弗雷多·帕累托的名字命名。1897年，帕累托偶然注意到19世纪英国人的财富和收益模式。在调查取样中发现大部分的财富流向了少数人手里。同时，他还从早期的资料中发现，在其他的国家，这种微妙关系一再出现，而且在数学上呈现一种稳定的关系。于是，帕累托从大量具体的事实中发现：社会上20%的人占有80%的社会财富，即财富在人口中的分配是不平衡的。

模块总结

会员数据分析旨在深挖消费者的消费喜好、习惯、价位等关键信息，以便更直观地了解市场消费需求，为零售商品的生产采购、上架铺货、销售营销等提供更加详尽的数据支持。会员数据分析最好采用可视化的数据分析图表展示客单价、折扣率、会员RFM分布、会员客单价分布等内容，方便整体浏览。

我的收获：_____

_____

我的不足：_____

_____

模块 5 电子商务运营数据分析

> 中华优秀传统文化源远流长、博大精深，是中华文明的智慧结晶，其中蕴含的天下为公、民为邦本、为政以德、革故鼎新、任人唯贤、天人合一、自强不息、厚德载物、讲信修睦、亲仁善邻等，是中国人民在长期生产生活中积累的宇宙观、天下观、社会观、道德观的重要体现，同科学社会主义价值观主张具有高度契合性。
>
> ——党的二十大报告

 学习目标

知识目标
- 了解交易诊断的内容
- 掌握电商运营分析内容
- 理解电商运营数据维度的内容
- 掌握电商运营分析体系的内容

能力目标
- 能够对店铺进行诊断评价
- 能够应用图形图表分析常见的运营数据
- 能够应用波士顿矩阵分析产品类别

技能目标
- 熟练掌握电商店铺诊断的方法
- 熟练运用运营分析维度分析网站情况
- 熟练掌握并运用指标体系中的指标计算数据

 模块导入

不同类目产品，运营工作重点也不同。类目产品可分为标品和非标品，以服装为例，它属于非标品类目。非标品类目运营涵盖内容较多，运作的内容可以分为以下几个部分。

(1) 数据分析。数据分析由三部分组成。一是分析自己网站的数据，包括查看前一天、最近一周，近一个月整体数据变化情况，重点查看访客数、成交金额、支付转化率、收藏加购率、退款率、店铺层级；关注流量结构情况，关注重点产品的流量、销售订单、排名和转化率。根据这些数据的变化情况分析原因，做出一些对应的策略后进行调整，如排名不变的情况下营业额下降就需要运营人员增加订单，关键词点击率低需要安排美工作图后再测试。二是竞争对手分析，收集竞争对手数据变化情况，分析流量变化、推广投入等。三是行业数据及行业热销产品分析。如果行业整体流量、销售额没下降，企业的流量下降了，那么要分析出营业额、流量流失给哪个竞争对手了。

(2) 推广效果分析。对于推广工具，分析的内容包括以下几类：是否在推广工具中有投入，是否有点击率，投入的效果怎样及优化调整方法。对于推广产品，主要查看投放平台、时间、地域的设置。

(3) 查看活动报名情况。例如，查看哪些活动可以报名、活动规则、活动流程，考虑参加活动的产品价格、页面制作及活动策划。

(4) 网站售后跟客服情况，主要分析网站交易管理、纠纷管理、客户管理和客户评价等方面，还要抽查客服服务情况，分析沟通语言及转化率。

(5) 仓库检查。需查看仓库发货情况，与发货人员沟通询问发货及产品的库存、转运、补货等问题。

(6) 工作分配以及检查。提前安排了第二天或下一周的工作内容，如美工、拍摄、上架等。

(7) 思考运营策略。例如，选品及上新计划、爆款打造方案、运作公司产品库存方案、提高部门工作效率策略、提高转化率或流量策略。

运营岗位是分等级的，想要做到专和精，就要先熟悉电商的基本规则和所经营的产品，然后根据规则调整网站运营方式。运营人员需要持续学习，把各个应用整合起来，培养运营思维。本模块依照运营岗位各等级所做的工作内容，引领学生认识交易数据诊断店铺的方法、运营数据分析常见的指标、运营分析维度和运营分析体系。

任务5.1　通过交易数据诊断店铺

任务5.1.1　交易整体情况分析

经营网店，经常会遇到各种各样的问题，如支付订单减少、店铺流量逐渐减少、店铺排名降低等问题，这就需要运营人员具有透过现象看本质的本领，找到问题的根本原因，有针对地解决问题。透过现象看本质就是以网店经营结果为导向，即以网店获得收益为根本，分析出现问题的原因。那么请小组讨论想要获得高收益网店分析应从哪些方面着手，并将讨论内容记录下来。

_____

_____

◆ **必备知识**

交易数据，也称业务数据，是描述和反映组织业务或交易记录的数据，如客户订单、销售记录、售后事件等。交易数据具有实时性，描述的是某一个时间点所发生的交易行为。在电商平台，采集的交易数据内容一般包括订单编号、客户、产品名称(编号)、数量、产品单价、客户支付金额、下单时间、下单设备、地区、购买渠道和支付时间等信息，这些数据也被称为交易明细数据。平台在上述交易明细数据基础上会对交易整体情况和构成有所呈现，交易整体情况是销售额的集中体现，主要由支付金额、访客数、支付买家数、浏览量、支付子订单数组成，如图5-1所示。

(1) 支付金额是指成交卖出商品的实际入账金额，在交易数据中是最重要的数据。

(2) 访客数是指访问网站页面或宝贝详情页的去重人数。

(3) 支付买家数是指通过各种渠道进入店铺且店内商品被买家拍下并付款的去重人数。

(4) 浏览量是指页面访问量或点击量，用户每次对网站中的每个网页访问均被记录一次。

(5) 支付子订单数是指统计时间内购买者支付的子订单数，即交易笔数。

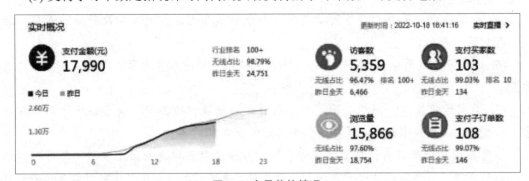

图5-1 交易整体情况

每一个指标都可以通过对比，前一日数据反映交易数据的变化情况，也可以通过周期内指标变动趋势、变动趋势与同行对比，反映店铺经营在周期内和市场的变化情况。除此之外，在店铺整体诊断时，下单买家数、下单金额、单价这三个指标也是经常被用到的。

从访客数、下单买家数到支付买家数可看出消费行为递进关系，这种递进关系可以用"转化率"量化表示。转化率是指某一指标转化的百分率。例如，下单买家数占访客数比率称为下单转化率；支付买家数占下单买家数的比率称为下单—支付转化率；而支付买家数占访客数的比率称为成交转化率。转化率是店铺最终能否盈利的核心，影响转化率的因素有产品评价、视觉呈现、SKU(库存进出计量的单位)设置、营销活动及流量是否精准等。通过各环节的转化率数值变化可以反映消费环节的情况，可以帮助店铺找出数值变化原因，提升店铺转化率是其综合运营实力的结果。店铺整体诊断可依据以下公式

$$支付金额=访客数 \times 转化率 \times 客单价$$

由公式可知，访客数、转化率和客单价三个因素是影响支付金额变化的因素，在分析时需要对比行业中这三个因素。

在表5-1中，访客数、支付转化率、客单价都低于行业平均值。

表5-1　店铺诊断数据

诊断项目	具体数据	行业平均值	对比结果
访客数/人	108	231	123
支付转化率	0%	2.1%	2.1%
客单价/元	0	12680	12680

店铺诊断需要根据数据对比结果分析原因。影响访客数的因素主要有自然搜索、平台活动、站外搜索、直播、自主访问等。影响支付转化率的因素有访客质量、商品因素、支付渠道、信任渠道、网站体验、促销活动等。影响客单价的因素有营销工具、关联营销、客服能力、产品上新等。整体诊断完成后，店铺可在对应数据内将问题细化出来，从面到点，逐步分析。

任务5.1.2　与交易有关的内容分析

店铺诊断是一个循序渐进、逐步细化的过程，产品的销售离不开客户的认可，客户认可的是产品和服务的价值。对店铺进一步的分析要围绕客户的浏览、加购、下单、支付等行为，要更深层次地挖掘客户的喜好、关注点、行为习惯等。在对客户购买心理和行为进行分析时，通常以客户群的特征作为研究对象。请以小组为单位讨论，客户群的哪些特征是值得研究的，并将讨论内容记录下来。

◆ 必备知识

交易情况分析可以通过构造漏斗模型，从平台中获得数据，计算各个环节的转化率，将转化率的相关数据与同行或竞争对手对比，诊断出影响转化率的因素。漏斗模型指的是在营销过程中，将潜在客户逐步变为客户，达到用户购买或消费目的的转化量化模型。漏斗模型以AARRR模型[①]为基础，其价值在于量化了营销过程各个环节的效率，分析找到店铺经营的薄弱环节。不同商业形态构造漏斗模型的行为有所不同。在电商行业中，产品的购买行为是从搜索关键词开始，经过产品选择、选择产品类型和数量、加入购物车和购买成交等环节。每增加一个环节，转化率都会下降，这将导致最终的成交转化率降低。所以，在交易分析中，要根据平台数据列举出用户从进入店铺到成交转化的每一个行为步骤，计算每个环节的转化率，分析薄弱环节的影响因素，优化关键因素和行为流程，最终达到提升成交转化率的目的。

图5-2是某店铺从一款产品浏览到最后下单购买的一系列数据：浏览量是300次、点击量是150次、订单量是60次、支付量是20次。可以得出浏览-点击的转化率为50%，最终的

---

① AARRR模型是基于生命周期的用户增长模型，是一个五级漏斗模型。AARRR首字母分别对应acquisition(获客)、activation(激活)、retention(留存)、revenue(收益)和referral(传播)各个环节。

转化率为6.7%。该店铺的支付转化率为6.7%，如果大于同品类产品平均水平，说明产品受欢迎，访客价值高。此时的运营策略是，在参加活动或者营销中采取一定手段给予该产品更多的流量，以便产生更大的销售额，同时分析高转化率的原因，通过尝试做出判断，将提高转化率的方法应用到其他产品上。

业务流程	用户数	流失数量	转化率
浏览	300	——	
点击	150	150	50%
下单	60	90	20%
支付	20	40	6.7%

图5-2　转化率模型分析

一般地，影响店铺转化率的因素有流量来源、浏览的产品、搜索的关键词和客户地域分析。这些数据更加细化了店铺经营的特征，能够有效地从不同侧面诊断店铺。

(1) 流量来源。从流量来源可以分析诊断的内容有店铺流量渠道构成和趋势、搜索流量占比和趋势、付费流量占比和趋势、产品流量结构、关键词流量占比和趋势。店铺流量渠道构成和趋势变化反映了产品和关键词搜索的情况，是分析流量、转化率的主要渠道；搜索流量占比和付费流量占比分别反映了两个渠道引入流量的健康情况；产品流量结构和关键词流量占比反映了图片、关键词设置的合理程度。

(2) 浏览的产品。从浏览的产品可以分析诊断的内容有浏览人数和下单人数、新老顾客占比等产品转化数据。从产品转化数据中可以分析判断产品关键词、主图详情页、价格及生命周期与产品的匹配程度。

(3) 搜索的关键词。从搜索的关键词可以分析诊断目标客户的特征和需求以及关键词与客户需求的匹配程度。

(4) 客户地域分析。从客户地域分析可以诊断分析目标客户特征和所在地情况，再根据客户特征和所在地情况优化产品卖点。

任务5.1.3　店铺服务评分分析

有人曾说："系统信息的反馈如果出现时滞，很容易让系统中的其他部分产生'没问题'的假象，进而让系统产生错误的扭曲。"这句话说明任何系统都需要适时反馈。缺少反馈看似没有问题，但往往隐藏着更大的问题。网店运营作为电子商务的一种形式，其本身自成系统，因此也需要实时得到反馈才可以了解客户需求，查找店铺的问题。请以小组为单位讨论网店经营需要得到客户的哪些反馈，并将讨论结果记录下来。

◆ 必备知识

店铺运营反馈在平台上直观地表现为店铺的服务评分,如图5-3所示。网店所在的平台不同,店铺评分规则也不同。有些店铺服务从产品描述、店铺服务和物流服务三个方面诊断。有些平台则以商品质量满意度、卖家服务态度满意度、物流速度满意度、商品描述满意度以及退货处理满意度五个维度对店铺服务评分。产品描述反映的是产品与实物符合性和性价比;店铺服务反映的是客服响应时间、服务质量、售后纠纷处理情况;物流服务反映的是产品物流情况,包括发货时间、发货速度、快递方服务态度、商品包装情况等。通过店铺服务评分,可查找产品质量、产品描述、退款、询单回复、售后、物流响应等方面的问题。

图5-3　店铺的服务评分

扩展阅读 AISAS模型

AISAS模型(见图5-4)是一种用户决策分析模型,由电通公司提出。这个模型是基于AIDMA模型提出的,AIDMA模型是消费者行为学领域成熟的理论模型之一。AIDMA模型指出,消费者从接触信息到最后达成购买会经历attention(引起注意)、interest(引起兴趣)、desire(唤起欲望)、memory(留下记忆)、action(购买行动)5个阶段。这个模型可以充分解释实体经济中的购买行为。而AISAS模型有两个"S",即搜索(search)与分享(share),是现代互联网对营销模式的一个突破,凸显现代互联网中搜索和分享对用户决策的重要性,也标志着互联网对用户购买决策行为的改变。

图5-4　AISAS模型

1. attention——注意

AISAS的前两个阶段和AIDMA模型相同,都是引起消费者注意和兴趣。但是相较于传统的实体经济通过花哨的名片、提包上绣着广告词等引起注意的方法,互联网上吸引消费者注意的渠道要多得多,也精准得多,各种公众号、自媒体、短视频等内容媒体可精准触达消费者,吸引消费者注意。

2. interest——兴趣

这一个阶段依旧与AIDMA模型相同。在传统营销中,一般以精制的彩色目录、有关商品的新闻简报来吸引消费者。但是在互联网时代,软植入型广告的转化效果要好得多。

电商企业要拥有一个成熟的内容运营团队，通过强有力的内容去输出企业的价值和产品，这是激发消费者兴趣的关键。

3. search——搜索

经过前两个阶段，目标人群对产品有了一定的兴趣，就会产生搜索行为。他们会通过线上或者线下渠道收集产品的相关信息，去搜索产品的口碑和评价。所以在这个阶段，企业应当做好搜索引擎优化，保证自己的品牌词和产品词没有什么负面舆论，同时引导消费者进一步了解产品的特性，影响消费者的购买决策。

4. action——行动

这个阶段也是AIDMA模型的最后一个环节——行动，换成消费者的行为就是购买。消费者在收集了足够多的信息之后，如果对产品比较满意，就开始付诸行动了。在传统的实体店购买行为中，促成订单成交的环节对销售员个人有较高的要求，而新零售的出现在一定程度上削弱了销售员的作用，因为客户在此前已经收集了足够多的信息，很多时候更倾向于自助购物。当然，也有一些还在犹豫的客户仍需要销售员帮他们下决心。

5. share——分享

在传统的购物当中，购买是消费的最后一个环节。但是在AISAS模型中，购买结束后还有一个分享的环节。互联网使得用户分享的欲望得到释放，这就是口碑传播。分享这个步骤是现代营销区别于传统营销的重要环节。

当然，AISAS模型也有局限性，这个模型一般适用于价格高、需要小心决策的商品，对于价格低的商品，一般不需要这么复杂的决策过程。而商家也应该尽可能缩短用户的决策路径，因为每增加一个路径，用户可能会流失得更多。

(资料来源：知乎，有删改)

◆ 任务小结

请同学们根据任务实施过程中的实际情况，进行任务小结。

_____
_____

◆ 任务评价

自我评价：_____
_____

小组评价：_____
_____

教师评价：_____
_____

任务5.2 电子商务网站运营数据分析

任务5.2.1 认识电商运营分析

随着电子商务的推广，网上购物逐渐成为人们的上网行为之一。网络宣传、推广以其低价、便捷的交易方式得到许多创业者的青睐。经营是一门学问，在电商网站推广产品似乎成为一种潮流。但网络经营不只是在网站注册会员、上传产品、进行销售那么简单。想要获得可观的收益，持续的探索和尝试是必要的。请各小组查找资料，讨论网站运营有什么可以借鉴的经验，并将讨论内容记录下来。

_____

_____

◆ **必备知识**

运营就是对经营活动的计划、组织、实施和控制，是与产品生产和客户服务密切相关的各项管理工作的总称。运营伴随着互联网而存在，围绕产品和客户这两个核心对象来开展工作。运营的含义有微观和宏观两个维度。微观维度下，运营是指一切围绕着网站产品进行的人工干预，即具体的活动。宏观维度下，运营是指经营的现状、客户服务策略、产品规划以及资源分配的总称。互联网中运营的类型有很多种，如内容运营、游戏运营、社交运营等。

电商运营是根据企业需要优化推广产品、维护电子商务网站、扩展网络产品研发，以及从后台优化服务市场的工作。可见，电商运营既有具体的拉新、引流、转化和用户维系活动，也包含网站经营规划等内容。电商运营分析是从后台获取数据，利用对销售有影响的信息，理解当前趋势和消费者行为的转变，做出数据驱动的决策来提升销售额。通过对电商运营数据分析，发现时间地域上的分布和趋势，有助于商家认识店铺经营状况，为后续营销战略决策的制定和具体运营活动的实施提供依据。因此，电商运营分析多是从网站运营过程及最终的成效上来进行的，分析的内容包括两方面：一方面是如何围绕销售额提升提供及时有效的服务；另一方面是如何针对不同类型客户的服务需求呈现差异化表现。

日常的电商运营数据分析(包括日常性的数据分析和每周数据分析)是电商运营分析的重要一环。通过所得信息，运营人员能够及时发现问题，及时沟通反馈，以便有效地促进部门联动配合，提供解决方案。日常分析的数据指标有以下几项。

(1) 店铺销售相关数据，包括销售额、销售量、客单价、转化率、退货率。

(2) 订单相关数据，包括总订单、发货量、有效订单(消费者确认收货并支付订单金额)、订单有效率(有效订单量与订单量比率)。

(3) 流量相关数据，包括UV、PV、访问深度(浏览量与网站访问量比率)、停留时间(访问时间在一段时间以上的用户数/总用户数)。

(4) 活动类相关数据，包括活动花费、活动销售额、活动投资回报率ROI(return on investment)、活动展现量、点击量、加购量。

日常电商运营数据分析的目的除了监控销售有没有按照规划目标完成，还要分析数据是否异常。因此通常累计一个周期的数据来分析目标情况，如用环比或趋势图分析异常情况。从图5-5某网站运营日报分析图看出，7日至10日网站的转化率和买家数呈现下降趋势，但客单价一直保持很平稳，同时访客数也在下降，那么店铺此时重点应放在吸引流量、提高转化的工作上。

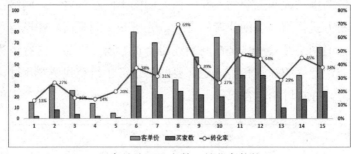

(a) 客单价、买家数、转化率趋势

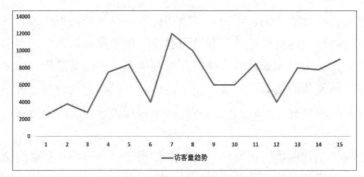

(b) 访客量趋势

图5-5　运营日报分析

每周运营数据分析与每日运营分析有一定差别。每周运营分析的目的是通过邻近数据间的差别，分析运营工作和其他岗位工作成效，并对发现的异常数据做调整优化。每周运营数据在上述指标基础上增加了一些指标，如跳出率(访问一个页面后离开网站的次数/总访问次数)、回访者比率(回访人数/独立访问人数)、老客户比例、新客户比例等指标反映网站客户黏度；用毛利润、毛利率、成本等指标反映网站的盈利能力。通过对这些指标的对比分析、细化分析、趋势分析，能够找到数据变化的原因，找到解决方法。

任务5.2.2　电商网站运营要点数据分析

电商网站所处的生命周期不同，运营的目标也不同。如一家刚进入市场的B2B公司看重流量，以赚取人气为目的，而已经占领大部分市场的B2B公司看重交易转化率及回头率。尽管在运营过程中我们采集、监测、处理的都是数据，但想要看到数据背后的意义，市场营销的知识是不可缺少的。请各小组查找市场营销中有关4P理论的内容，讨论电商运营是怎样应用4P理论来监测网站运营情况的，并将讨论结果记录下来。

◆ **必备知识**

运营数据分析主要用于衡量实际销售情况与计划销售目标之间的关系，反映一个企业的经营状况，为运营提供有力的决策依据。电商网站运营与其他商业活动运营表现一致的是，立足于客户需求，运用长尾理论，将数据分析重点集中在客户需要的重点产品上，从销售数据、产品线、价格、区域和渠道等方面进行分析。

1. 产品销售数据分析

大部分产品的销售情况都会随时间变化有所波动。进行销售数据分析时，首先要找到产品的自然周期，一般会比较每一季度、每一月、每一周或每一天各时段的变化趋势，或进行同比、环比分析。整体销售数据分析的内容有以下几项：日销售量、日销售额；周销售量、周销售额、周均销售额；退款率，退款金额。从销售量和销售额数据中可以分析得出产品热销时段信息，也可通过销售量与销售额比较，分析产品平均价格、产品结构和市场容量的变化。

2. 产品线分析

分析每个产品的销售和获利情况，掌握产品结构整体分布和重点产品表现的信息，从而做好市场定位，优化产品组合和产品销售区域布局，即为产品线分析。一般来说，产品线分析的内容有以下几项：从产品销售量、销售额分布，分析得出销售最好(差)的产品；销售量(额)好的产品重点分布区域；每个订单的下单时间、订单支付时长；所有订单的优惠价格占比，优惠订单数占比(不同商品的投入产出比)。

3. 产品价格分析

电商的产品价格分析是产品运营非常重要的一个环节。网站内产品价格的高低与网站的定位是相关的，直接影响着网站的利润和客户的购买决策。价格分析的内容有以下几项：订单量多的价格区间；订单量多的价格区间产品构成；各区域的主导价格以及价格层次的产品线分布。

4. 区域和渠道分析

销售区域和渠道分析以不同区域、渠道为基准分析产品销售情况，即通过分析关注优势区域和渠道，挖掘潜在市场，发现变化趋势，及时调整生产、物流、运营等布局。区域和渠道分析的内容有以下几项：产品销售区域布局；销售量(额)好的区域产品结构分析；销售量(额)好的区域销量自然周期对比；订单量多的渠道。如在电商运营分析中，常把流量渠道分为PC端和移动端，又分别从自主访问、免费流量、付费流量细化这两个渠道，进而对免费和付费的具体端口进行统计分析。在区域分析时，通常会对比分析访客分布区域和交易客户分布区域。

> 📖 **扩展阅读** 波士顿矩阵 ▶

波士顿矩阵，又称市场增长率-相对市场份额矩阵，由美国布鲁斯·亨德森首创。波士顿矩阵指出，决定产品结构的基本因素有两个：市场引力与企业实力。市场引力包括整个市场的销售量(额)增长率、竞争对手强弱及利润高低等，其中销售量(额)增长率是反映市场引力综合指标的主要因素，也是决定企业产品结构是否合理的外在因素。企业实力包括市场占有率，技术、设备、资金利用能力等，其中市场占有率是决定企业产品结构的内在要素，它直接显示出企业竞争实力。市场占有率等于该产品企业销售量除以该产品市场销售总量。

波士顿矩阵可以分析各行业产品的情况，以利于企业有针对性地采取相应的措施。因为销售增长率与市场占有率之间存在相互影响的关系。通过这两个因素相互作用，会出现4种不同性质的产品类型，形成不同的产品发展前景以及相应的战略对策，如图5-6所示。

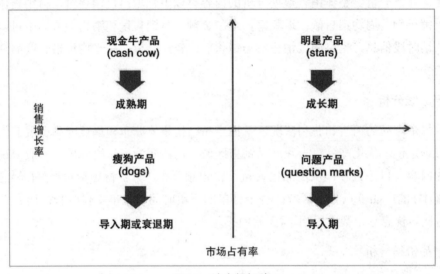

图5-6 波士顿矩阵

(1) 明星产品(stars)，指处于高销售增长率、高市场占有率象限内的产品群。这类产品可能成为企业的现金牛产品，需要加大投资以支持其迅速发展。对此类产品采用的发展战略是积极扩大经济规模和准确把握市场机会，以长远利益为目标，提高市场占有率，强化竞争地位。

(2) 现金牛产品(cash cow)，又称厚利商品，指处于低销售增长率、高市场占有率象限内的产品群。此类产品销量大、利润率高、负债率低，可以为企业提供资金，而且由于增长率低，也无须增大投资，它成为企业回收资金、支持其他产品投资的后盾。

(3) 问题产品(question marks)，是处于高销售增长率、低市场占有率象限内的产品群。此类产品市场机会大，前景好，但在市场营销上存在问题。同时，此类产品利润率较低、所需资金不足、负债率高。对问题商品的改进与扶持方案应列入企业长期计划中。

(4) 瘦狗产品(dogs)，也称衰退类商品，是处在低销售增长率、低市场占有率象限内的产品群。此类产品利润率低，处于保本或亏损状态，负债率高，无法为企业带来收益。对这类商品应采用撤退战略，减少生产或采购批量。

(资料来源：百度百科-波士顿矩阵，有删改)

◆ 任务小结

请同学们根据任务实施过程中的实际情况，进行任务小结。
_____
_____

◆ 任务评价

自我评价：_____

小组评价：_____

教师评价：_____

任务5.3　电子商务运营分析维度

任务5.3.1　电子商务运营"人、货、场"分析

电子商务是以信息网络技术为手段，以商品交换为中心的商务活动。周宏骐教授用"人鸟论"对营销进行了生动描述：人是一个细分市场中的客群，鸟是一种商品或服务，掌握人与鸟联动的规律，就是一种业务优化定位。请各小组讨论"人鸟论"中涉及的元素有什么？其在电商运营中分别代表什么？并将讨论结果记录下来。
_____
_____

◆ 必备知识

无论是B2B还是B2C、C2C、O2O，作为商业模式的一种形态，这些新电商模式都离不开供给、需求，以及链接供给与需求的平台这三要素，即涉及人、货、场三个层面。"人、货、场"三因素是考量商业模式成败、效率和投入产出比的要素，如图5-7所示。电商数据分析也会使用与"人、货、场"相关的指标来理解当前趋势和消费者行为的转变，最终做出数据驱动的决策来提升销售额。

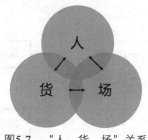

图5-7　"人、货、场"关系

1. 人的维度

电商运营分析首先关注的是人，包括客户、内部员工和竞争商家(见图5-8)，而客户是整个运营的核心。

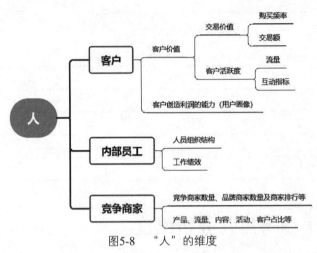

图5-8 "人"的维度

客户分析主要通过分析流量、活跃用户数、转化率等基础指标，进而分析衡量客户价值和客户创造利润的能力。客户价值是由交易价值和活跃度组成的。客户的交易价值通过购买频率和交易额判断，体现为客户给企业带来的收益；客户活跃度指标由流量、互动指标组成，反映网站(店铺)的人气。客户创造利润能力的分析是指对用户画像进行分析，通过关注用户的行为习惯和特征等数据挖掘客户创造利润的潜在价值，确定明确、清晰的目标用户人群，通过活动、内容匹配产品、服务精准转化，促进客户的价值提升。

内部员工分析是指分析人员组织结构和绩效，细化销售指标、管理指标和服务指标，平衡客户服务和网站成本效率的关系，以提高组织效率。

竞争商家是指提供同种或者替代产品的网站(店铺)。竞争商家分析是对竞争商家数量、品牌商家数量及商家排行等数据的收集，分析竞争商家的产品、流量、内容、活动、客户占比等情况，寻求差异化运营的策略。

2. 货的维度

货是指产品及产品流转过程的供应链，包括产品的采购、销售、流通、售后环节，如图5-9所示。

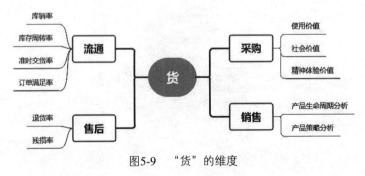

图5-9 "货"的维度

(1) 采购方面，因为产品的销售以客户需求为核心，所以对于产品价值的判定，不再仅仅是考虑产品的使用价值，而是从人的需求出发，更多体现了产品社会价值、精神体验价值等。

(2) 销售方面，通过分析浏览量、点击量、加购量等信息数据变化判断产品类型，如应用波士顿矩阵得出明星类产品、瘦狗类产品等，为产品生命周期分析(上架时间、推广时间、推广力度)、产品策略分析(选品、组货、数量、定价、内容编辑、营销活动)提供依据。

(3) 流通方面，主要研究如何提升流通效率、降低库存成本。通过库销率、库存周转率、准时交货率等指标，提升用户购买体验，提高仓储配送等环节的效率，优化供应链决策由供应方转向需求方，提升商品流通效率。

(4) 售后方面，主要是对产品质量、运输服务、销售服务的分析，分析指标有退货率、残损率等。

3. 场的维度

场是指消费者消费的场景，是客户和产品构成的桥梁，接触的终端。在"场"中流动的是资金、信息和商业服务。如图5-10所示，"场"内流动的资金指销售额（或利润）的变化；"场"内流动的信息主要指站内外渠道拓展分析、同行竞争状况、交易行为追踪；商业服务主要指推广手段的变化。根据不同平台中信息、资金和商业服务的内容，搭建适合不同渠道不同客户需求的场景，如广告推荐方案、场景投放优化、店铺和详情页优化等，发挥线上线下的优势，促进销售转化和转化效率的提升。

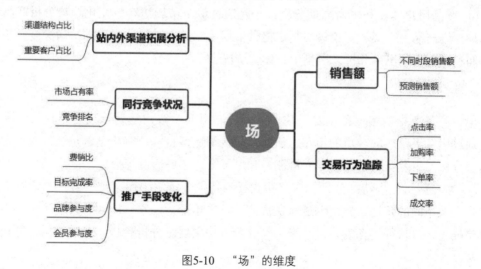

图5-10 "场"的维度

任务5.3.2 电商运营职能维度分析

电商运营分为不同的岗位，每个岗位都以追求网站目标为结果，而执行和分析过程各有侧重。请各小组查找资料，说明电商运营岗的职能分工，并把结果记录下来。

◆ **必备知识**

不同规模的网站运营组织结构也有所不同。一般地，从电商运营工作职能维度分析，电商运营可分为产品运营、客户运营、内容运营、活动运营、流量运营。

1. 产品运营

通过对产品在流通过程中各项指标(如销售额、周转率、动销率等)的统计和分析来指导产品的结构调整、价格升降，决定各类商品的库存系数以及商品的引进和淘汰，即为产品运营分析。产品运营分析直接影响到网站的经营效益，关系到选品、物流和运营等多个部门的有效运作。产品运营分析的内容有产品情况分析、产品价格分析、产品关联分析、产品用户体验和生命周期分析几方面。

(1) 产品情况分析，以网站所经营的产品在进销存过程中涉及的品类数、产品的SKU数、产品库存数量、存销比、周转率、销售额、销售数量、平均销售额等指标为依据，通过计算网站整体销售额、重点产品销售额同比和环比增长率，分析销售目标完成情况和竞争对手情况，并为产品分类和产品结构布局、成本价格调整提供依据。

(2) 产品价格分析，对产品的价格带、价格点和价格区间以及价格弹性进行分析，分析目的是通过结果决策产品选品、定价、布局等内容影响客户的交易行为。

(3) 产品关联分析，对产品组合的品类及品项数、定价、毛利进行分析，分析结果为产品组合调整及优化提供依据，从而挖掘客户的需求，提高产品的活力，更好地促进产品销售。

(4) 产品用户体验和生命周期分析：一是通过整个市场访客数变化趋势分析产品的生命周期，为产品上下架、营销策略制定提供依据；二是通过对访客平均访问深度、平均停留时间和详情页跳出率分析，衡量用户体验情况。

2. 客户运营

电子商务所指的客户范围是已注册的用户，电商中客户运营以满足客户的需求为目的，通过运营手段达成客户的留存、活跃、付费等运营目标。客户运营是运营的根本，客户运营分析的内容有客户购买行为特征、客户层级、客户价值等指标。

(1) 客户购买行为特征分析。客户购买行为特征分析主要用来细分客户，针对不同特征客户采取不同的营销策略，创造潜在价值。客户年龄、性别、职业、兴趣爱好、人生阶段等是描述客户特征、行为习惯的指标，分析方法主要是分析趋势、对比数据，寻找潜在客户群。

(2) 客户层级分析。老客户和新客户的购买行为是不同的，网站要采取不同方式对不同层级客户进行营销，提高网站经济效益。客户层级分析方法通常是用RFM模型区分客户的不同层级，应用转化率分析考虑不同层级客户的行为指标和焦点。

(3) 客户价值分析。根据对网站的贡献程度，客户分为潜在客户、忠诚客户和流失客户。衡量客户价值的指标有活跃客户数、客户回购率、客户留存率、平均购买次数、消费金额、最大单笔销售额、特价和高单价商品占比等。图5-11是用雷达图分析客户价值的案例。

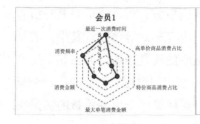  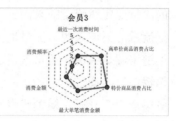

图5-11　客户价值分析

3. 内容运营

内容运营是应用文字、图片、文案、音视频等形式组成的信息，根据产品的属性和用户反馈有针对性地规划、生产、维护、发布内容以及对内容效果评估再优化反馈的过程。内容运营以提高产品价值，让客户对产品产生黏性为目的。内容运营既包括站内店铺优化、产品详情页的编辑，也包括站外各渠道文案、音视频内容的生产和发布。在对内容运营分析时，要明确内容转化的目的和受众的客户群，对内容执行中的素材和执行人进行评价，围绕内容数量、内容浏览量、内容互动数、内容传播数、停留时间、引流人数、成交转化等对内容进行复盘分析，也要优化内容组织和展示形式，精准对应客户需求，扩展内容传播影响力。

4. 活动运营

活动运营是围绕着一个或一系列活动策划、资源确认、宣传推广、效果评估等内容做好全流程项目推进、进度管理和执行落地的过程。活动运营是企业有目的地进行用户增长或转化的手段。在执行运营过程中，要跟踪活动过程中的相关数据，做好活动效果的评估。电商活动运营除了提高销售额，还有清理库存、扩大知名度、增加流量和客户数等目的。活动的形式包括节日促销、价格折扣、跨境活动、增值促销等。活动效果分析分为整体活动效果分析、客户和重点商品活动效果分析，以及折扣率活动分析。

(1) 整体活动效果分析，主要是将销售额、客单价、点击量等分析指标与以往同类活动对比，分析此类活动的优缺点，找到活动的关键影响因素。

(2) 客户和重点产品活动效果分析。客户效果分析主要是分析活动的客流情况、销售情况。重点产品活动效果分析主要是通过选择重点商品，收集活动的转化率、售卖比、销售占比和客单价等数据，分析重点产品对活动的贡献度，比较不同的重点产品间上述指标的差异，根据活动效果及时调整产品流量布局和卖点信息。

(3) 折扣率活动分析，主要是选择合适的折扣率，分析在其影响下转化率、售卖比、销售占比和客单价等数据，重新定位重点产品和产品流量布局。

5. 流量运营

流量是电商运营的关键。流量运营是指选定渠道，并在渠道中传递文字、视频、音频、图片、数字、代码等信息的工作。流量运营是一个动态变化的过程，通常要结合转化率和ROI(return on investment，投资回报率)一起分析。流量分析主要是为了监视整个网站的流量变化和流量的来源。网站流量的变化通常用转化漏斗模型来分析。流量来源分析包括流量的渠道来源、流量地区分布、客户端、流量时间段、内容形式等角度。其中，流量渠道来源是关键。流量渠道运营是从目标人群出发，选定优质的流量渠道，并在其中生产传播内容，通过一定的策略，将看到信息的目标人群转化为客户的过程。图5-12是一个流量渠道运营分析，横轴代表网站的流量，纵轴代表转化率，这样就区分出高质量的流量渠道和低质量的流量渠道。纵轴可以根据分析目的替换为收藏率、RIO等指标。

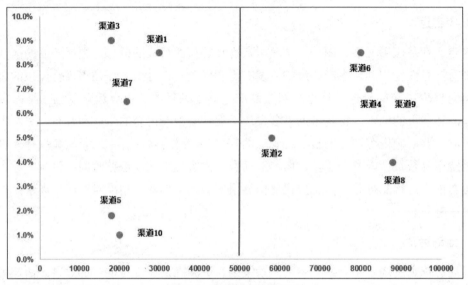

图5-12　流量渠道运营分析

扩展阅读　周宏骐：营与销的本质与方法

1. 生意的本质

生意的本质是经营。作为一个核心经营者，在"经营"的过程中要保证生意到你手上之后每一年都在健康地成长并形成利润。所以，核心经营者要掌握经营的底层逻辑，并跟上新时代的经营法则，简单的概念背后是对整个业务体系的梳理与构建。

一切生意起源于营销。周宏骐用"人鸟论"描述营销的核心意义："只有分清人鸟，才能更好地'看清'自己的业务定位，而在企业的不断发展过程中，业务定位也要随着环境不断进化。"

2. 营销实战论

(1) 选择最科学的销售方法。不同类型的企业售卖的"东西"不同，业务的本质属性也不一样。售卖的产品按其特性可分为标准产品、系统、解决方案三大类。在真正的实操中，"销售的战略就是要有覆盖效率，能在不同细分市场上找到最有效率的覆盖方式并覆盖这个市场"。

(2) 营跟销，两手抓，两手都得硬。营与销都是企业不可忽视的重要手段，在"营"方面，各公司把相近的产品线归为事业部，下设"市场策划"与"商品策划"。在"销"方面，由于售卖不同商品所对应的销售技能不同，要针对产品、系统以及解决方案的特性分别建立不同的销售团队，每个团队掌握对应的销售技能。

(3) 完整商品的销售——减少内耗。"完整商品"也就是使商品完整，包括商品组合设计、渠道筛选与准备、商务运营准备、销售资源准备、售后运营准备等环节。大部分创业公司做出的商品并非完整商品，即使是大公司，员工与客户打交道的时间多半低于40%，而与公司组织内部打交道的时间却高达60%。商品越完整，越能降低销售与公司组织内部的协调时间，进而他们能把更多的时间聚焦在客户开发与维护上。

在商业2.0线下销售时代，营(事业部)与销(销售组织)的组织多半分立，事业部设计出商品，交由销售组织去执行销售任务；然而，在商业3.0线上与线下全渠道时代，营与销的融合是大势所趋，如何设计新的融合组织，找到最佳协同效率，是所有公司在实践中的探索。

(资料来源：中国日报，有删改)

◆ 任务小结
请同学们根据任务实施过程中的实际情况，进行任务小结。
_____
_____

◆ 任务评价
自我评价：_____
_____
小组评价：_____
_____
教师评价：_____
_____

任务5.4　电子商务运营分析体系

数据化分析体系运用一系列运营分析指标对客观真实的数据进行分析，为网站运营提供综合信息支持，以便对电商运营各环节的关键点有效量化监测，利用得出的分析结果指导实际行动为生产、营运、销售等各个环节产生效益，从而更好地组织各部门运作规则及协调规则下的各种资源，高效实现运营目标。电子商务运营分析体系可分为基础型指标、业务型指标和战略型指标三个由低到高的层次。

任务5.4.1　分析体系中的基础型指标

事物内部各要素之间以及事物与事物之间存在相互作用、相互影响的关系。如宇宙是一个整体，宇宙中各个星系间存在相互作用关系；而各个星系也是一个整体，星系中的恒星间也在相互影响。再如，社会是一个整体，社会中行业和行业、企业和企业之间存在相互影响；而每个企业也是一个整体，企业的部门之间、人与人之间也存在着互动关系。请各小组讨论个体、小组、班级、专业和学院之间的关系，体会它们相互之间存在什么样的联系，并将讨论结果记录下来。

◆ **必备知识**

电子商务运营分析体系的基础型指标是电商后台交易数据采集的内容初步整理后的信息，包括浏览量、访客数、销售量、订单量、转化率、客单价等。对于基础型指标的处理有两个步骤：第一，在表格中收集整理上述指标；第二，制作表格统计。统计方法有以下几种：查找异常数据；对数据按照一定周期求和并计算平均值；对数据及周期数据对比、分类或者排序；对数据占比或变化趋势以图表显示。

任务5.4.2　分析体系中的业务型指标

观察各专业和学院的关系，请各小组讨论每个专业间存在什么样的关系，为什么这些专业所属一个学院，每个专业间有什么不同，将讨论结果记录下来。

◆ **必备知识**

业务型指标是在整理好的基础型数据的基础上，按业务需要拆分的指标。由业务型指标分析得出的结论可以定向监控业务，精细化分析管理。比如电商客户运营中，对已有的销售用户行为、收入数据等进行各种分析，输出日报、周报、月报及各种专题分析报告。在电商运营职能维度中，各维度的分析指标对运营职能提供方向性的信息，如图5-13所示。

1. 产品维度

1) 产品总数情况指标

产品总数情况指标有SKU数、SPU数(标准化产品单元)、品牌数等。产品总数量指标描述电商产品的总体情况。

2) 产品经营类指标

产品经营类指标指的是分析选品、价格制定、销售及预定目标完成情况时，为产品分类、产品结构、库存调整提供依据的指标。

(1) 产品成交订单数，指对特定产品产生购买行为并支付的订单数量。

(2) 产品成交金额，指对特定产品产生购买行为并支付的金额。

(3) 产品销量，反映产品的销售情况。

(4) 产品复购率，指客户对某一产品的重复购买次数。产品复购率的计算公式为

$$产品复购率=重复购买的人数/购买总人数 \times 100\%$$

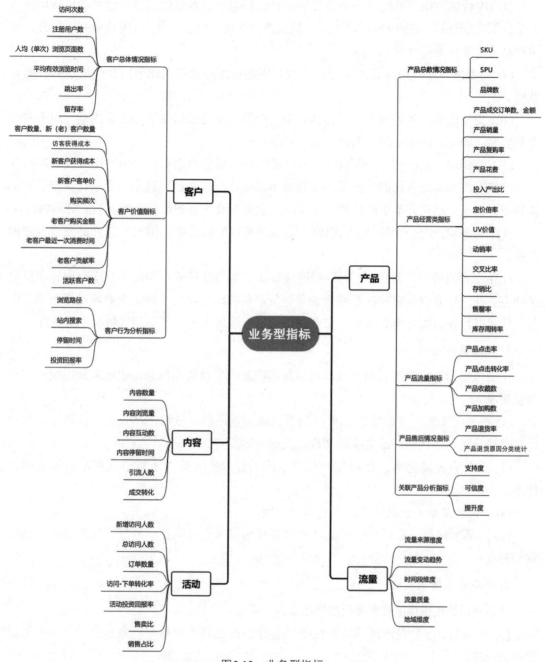

图5-13 业务型指标

(5) 产品花费，主要指产品推广所产生的费用。如果存在成交订单，产品花费还包括产品成本和平台佣金。产品花费反映出产品运营成本。

(6) 投入产出比，即产品成交金额与产品花费的比率。投入产出比直观地反映出推广的效果。

(7) 定价倍率，即产品定价的销售额与产品成本的比率。定价倍率反映产品成本与销售间的关系，对定价策略有指导意义。

(8) UV价值，指产品的平均访客价值，是销售额和访客数的比值，也可利用转化率与客单价的乘积计算。UV价值可以用来分析判断产品能否涨价。如果UV价值有所提升，说明产品适度涨价是可行的。

(9) 动销率，指周期内有成交的商品数与店铺总商品数量的比值，反映进货品种的有效性。

(10) 交叉比率，是毛利率与周转率乘积。交叉比率通常以每季为计算周期，用来判断产品类别，如交叉比率低的，为优先淘汰商品。

(11) 存销比，是(一个周期内)库存与周期内日均销量的比率。存销比用来反映产品即时库存状况的相对销售比例。产品的周转效率越快，产品存销比越小。存销比决定了订单供货能否真正实现向订单生产延伸，又反映企业能否真正做到适应市场、响应订单情况。

(12) 售罄率，是(一个周期内)销售件数与进货件数的比率，用来确定产品是否为滞销产品。

(13) 库存周转率，是(一个周期内)销售货品成本与存货成本的比率。库存周转率反映企业存货在一年之内周转的次数或者企业存货销售的速度，用于判定企业流动资金的运用及流转状况。存货周转次数越高，企业的流动资产管理水平及产品销售情况也就越好。

3) 产品流量指标

产品流量指标反映产品的活跃程度以显示产品的生命周期信息，也能间接地反映用户体验情况。

(1) 产品点击率，指特定产品页面浏览量或者点击量。依据产品点击率，通过排序对比和趋势分析，可优化产品文字或图片、关键词等卖点。

(2) 产品点击转化率，是特定产品产生购买行为的人数与所有进入产品页面人数的比率。

(3) 产品收藏数，反映特定产品受欢迎程度。

(4) 产品加购数，是对特定产品产生购买行为但未支付的订单数量，反映特定产品受欢迎程度。

4) 产品售后情况指标

产品售后情况指标能够侧面反映产品服务、质量、价格。

(1) 产品退货率，是产品售出后由于各种原因被退回的数量与同期售出的产品总数量之间的比率。

(2) 产品退货原因分类统计，即分析得出影响产品销售的因素。

5) 关联产品分析指标

关联产品分析，指用数据指标表示产品间的关联关系。关联产品分析包括支持度、可信度和提升度这三个指标。

(1) 支持度，指在交易中同时出现关联产品的概率，即同时包含产品A和B的交易占总交易的百分比，表示关联产品的份额。

(2) 可信度，指同时包含产品A和B的交易占A产品交易的百分比，表示A的交易中包含B产品的概率,用来显示关联产品的强弱。可信度包括强关联、弱关联和排斥关联三种关系。

(3) 提升度,指可信度在交易产品B中出现的占比,表示销售A对销售B产品的影响程度,反映关联产品价值大小。

2. 流量维度

流量维度常用的指标包括浏览用户量、展现量、浏览页面数、访问深度、访问者参与指数、回访者比率、转化率等。流量运营分析的功能在于关注各渠道内容的传播效用,挖掘有效媒体,提高转化率。流量维度分析主要从以下几方面展开。

(1) 流量来源维度分析。根据流量来源渠道,可分为站内流量和站外流量,站内流量是平台已经维护好的,成交的概率大,为高质量流量;而站外流量成交的概率相对小,质量不可控。根据设备不同,可分为PC端流量和移动端流量;根据是否收费,可分为免费流量和付费流量。

(2) 流量变动趋势分析。当流量发生变动时,对比本行业的流量变化趋势,结合流量来源渠道,可分析流量变化的原因。如与免费流量相关的是新客户,与自主访问流量相关的是老客户。针对不同渠道来源,流量发生变化可由市场、产品关键词、店铺评分、网站风格或产品图片等引起。

(3) 时间段维度分析。通过时间段维度,可以分为按照小时流量的变化趋势和按照不同日期流量的变化趋势。如商品上下架时间影响产品搜索排名,越临近下架时间,产品搜索排名就越可能靠前。所以,根据时间维度分析得出流量变化趋势,提前设置店铺宝贝的上下架时间,以争取更多的自然流量。

(4) 流量质量评估。网站运营最终的目的是产生经济效益,而流量的有效性是评估流量质量的关键。流量质量有高低之分,高质量流量是指与网店存在互动行为的,如下单、支付、加购、收藏、咨询以及浏览较多网页的访客流量。流量质量的评估指标有支付转化率、活跃客户率和参与指数,其中支付转化率指标较为关键。支付转化率是指流量带来的访客中成交客户的比例,用来衡量流量的效果。活跃客户率是指流量带来的访客存在互动行为的比例,衡量流量的潜在价值。参与指数是指一段时间内流量带来的访客平均访问网店的次数,衡量访客的黏性。

(5) 地域维度分析。地域维度分析按省、城市划分客户来源的具体地理位置,分析客户的分布情况,以便更新和调整渠道及渠道内容,以较低的成本获得更多的有效客户。

3. 客户维度

1) 客户总体情况指标

客户总体情况指标反映客户对内容的认可和吸引程度,包括如下几个指标。

(1) 访问次数,指访客完整打开了网站页面进行访问的次数。

(2) 注册用户数,指一定统计周期内的注册用户数量。

(3) 人均浏览页面数,指统计周期内,平均每位用户浏览页面的数量,由页面浏览的总数除以浏览页面的总人数可得。

(4) 人均单次浏览页面数,指客户访问网站的平均浏览页数,由浏览量/(访问次数×人数)可得。人均单次浏览页面数很少,说明访客进入网站后访问少数几个页面就离开了。

(5) 平均有效浏览时间,指统计周期内,浏览网站的一个页面或整个网站时,客户所逗留的总时间与该页面或整个网站的访问次数的比值,反映网页的吸引力。

(6) 跳出率,指只访问页面就离开的访问量与总访问量的比例,反映客户对内容的认可和吸引力。

(7) 留存率,指在统计周期内,新增用户在经过一段时间后仍进入网页的用户比例,是浏览人数与新增用户数的比率,反映新增户转化为活跃客户、忠诚客户的过程。

2) 客户价值指标

客户价值指标反映客户对网站的贡献程度。

(1) 客户数量、新客户数量、老客户数量。客户数量指周期内浏览过网页的客户人数。其中,仅有一次支付记录的,为新客户;存在两次及以上支付记录的,为老客户。

(2) 访客获得成本,指在周期内所有营销和销售费用(包括工资和间接费用)的总和除以同一时期客户数量。访客获得成本能够衡量网站销售的平均成本。

(3) 新客户获得成本,指在周期内所有营销和销售费用(包括工资和间接费用)的总和除以同一时期新增客户的数量。新客户获得成本能够衡量网站获得新客户的成本。

(4) 新客户客单价,指第一次在店铺中产生消费行为的客户所产生交易额与新客户数量的比值。分析新客户客单价的因素有多种,如推广渠道的质量、电商店铺活动以及关联销售等。

(5) 购买频次,指客户在一定时期内购买某种或某类商品的次数,是企业选择目标市场、确定经营方式、制定营销策略的重要依据,反映客户对网站的忠诚度。

(6) 老客户购买金额,指老客户在周期内的购买金额,用于分析客户价值。老客户购买金额越高,说明客户越有价值。

(7) 老客户最近一次消费时间,表示老客户最近一次购买的时间与现在时间的间隔。

(8) 老客户贡献率,指老客户贡献的毛利润与毛利润总额占比。

(9) 活跃客户数,指周期内有购物消费或登录行为的客户总数。

3) 客户行为分析指标

通过分析客户行为数据,能够统计分析用户浏览习惯,便于为用户提供更好的服务,进而优化网站流程和转化率。客户行为分析的相关指标有浏览路径、站内搜索、停留时间、投资回报率等。

4. 内容维度

内容运营既包括站内内容展示,也包括站外内容的发布。站内内容的评估指标与产品的流量指标类似,以点击率、转化率、收藏数、加购数来反映内容吸引程度。站外内容效果评价指标有以下几个。

(1) 内容数量,指站外发布的网页或产品相关的内容数量。

(2) 内容浏览量，指站外发布的与网页或产品相关内容的点击量，反映内容周期内的热度。

(3) 内容互动数，指内容点击、浏览、收藏、转发等行为的数量，反映客户对内容的吸引程度。

(4) 内容停留时间，指客户在网站内容页面停留花费的时间，反映客户对内容影响的深度。

(5) 引流人数，指客户通过内容分享的产品链接进入产品页面的人数，反映内容的流量转化效果。

(6) 成交转化，指客户通过内容分享的产品链接进入产品页面且支付的人数，反映内容的支付转化效果。

内容运营指标反映内容的质量和转化效果，在转化过程中有很重要的作用。

5. 活动维度

活动运营分析指标一般针对网站活动效果来展开，通常从网站整体活动效果、重点商品活动效果和折扣效果等方面分析，力求以用最小的代价获取最优质的用户，相关指标有以下几个。

(1) 新增访问人数，指通过活动第一次访问网站的人数。

(2) 总访问次数，指访客通过活动进入网站访问的次数。

(3) 订单数量，指通过活动下单支付的订单数量。

(4) 访问-下单的转化率，指通过活动下单支付的人数与访问人数的百分比。

(5) 活动投资回报率，指某产品售出价与产品花费的差值与产品花费的比率。

(6) 售卖比，指产品卖出去的数量占前期准备用于销售的数量之比。

(7) 销售占比，指通过活动销售的所有产品的销售额占所有产品销售额的百分比。

任务5.4.3　分析体系中的战略型指标

战略型管理是指一个企业或组织在一定时期做出的全局的、长远的针对发展方向、目标、任务以及资源调配等方面做出的决策。战略型决策在于系统、全面地思考问题，能够把握事物的全面发展，对事物有全局的思想。同理，企业运营战略型指标的制定要具有全局性、适应性、指导性、竞争性。请小组内的每个人反思你的前3~5年所取得的成就，并与其他成员分享你在对未来3~5年的规划。

_____

_____

◆ **必备知识**

电商运营体系的战略型指标是为电商企业高层战略决策服务的，是将数据信息与经营目标联系在一起，为电商企业经营方向和重大决策改变提供数据支持，如图5-14所示。

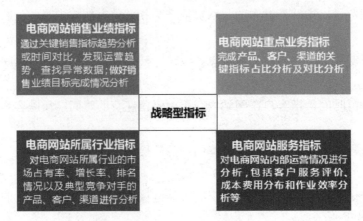

图5-14 战略型指标

1. 电商网站销售业绩指标

销售业绩指标包括销售额、成交额(GMV)、营运总成本、毛利润、毛利率、客单价、用户数、订单数等。通过对这些指标的趋势分析或时间对比，可发现运营趋势，查找异常数据；同时可根据之前所制定的销售目标，做好销售业绩目标完成情况分析。

2. 电商网站重点业务指标

电商网站重点业务指标包括以下几个。

(1) 产品或品类指标，包括产品或品类销售占比、环比分析、产品结构、转化率、退货率。

(2) 客户指标，包括客户数和增速、客单价、复购率、客户行为特征转化时间对比分析。

(3) 渠道指标，包括各个渠道和各个地区销售额、客户数、客单价和价格区间对比分析。

3. 电商网站所属行业指标

电商网站所属行业指标主要与电商网站行业的市场规模、市场规模增速和各渠道品类分布占比、客户特征等有关。除此之外，还包括以下几个指标。

(1) 市场占有率，指企业产品或品类的销售量(额)在市场同类产品或品类中所占比重。

(2) 市场增长率，指企业产品或品类的销售量(额)在比较期内的增长比率。

(3) 按订单金额(访问人数)的市场排名。

(4) 典型竞争对手分析，包括销售额、客户数、渠道等对比分析。

4. 电商网站服务指标

电商网站所属行业指标主要包括以下几个。

(1) 客户服务评价指标，包括客户评价率(指某段时间参与评价的买家与该时间段买家数量的比值)、好(差)评率(某段时间内好/差评的买家数量与该时间段买家数量的比值)、投诉率(买家投诉人数占买家数量的比例)。

(2) 成本费用分布，包括采购、库存、供应链、推广以及各渠道、各类成本费用的占比。

(3) 作业效率指标,包括连带率(销售的件数/交易的次数)、动销率(有销量的商品数/在售商品数)、订单满足率、订单响应周期。

> **扩展阅读** **电商的成本**

大到电商网站,小到个人店铺,都要做好成本预算,了解电商网站或店铺的收支内容。无论是网站还是网店,其主要收入来源都是产品销售;而电商网站的收入来源还包括佣金和广告费。网站(网店)毛利润为营业收入与营业成本以及各项费用的差值,毛利润率是毛利润占销售收入的百分比,是一个衡量盈利能力的指标。因此,核算清楚电商网站和店铺的成本是其盈利的关键。

1. 电商网站各项成本

电商网站的成本如图5-15所示。

	项目	阿里巴巴	拼多多
营业成本	支付手续费	淘宝→支付宝→银行	拼多多→微信→支付宝
	服务器、电脑等硬件的折旧与维护费用	服务器、电脑等硬件的供应商;云厂商	
	带宽成本	运营商	
	客服、运营等员工薪酬福利	员工等	
	呼叫中心和商家支持中心成本	房租、电话费等	
	物流成本	直营电商业务(盒马)的物流、饿了么的骑手	早年"拼好货"有直营,现在无
	购买存货、存货减值成本	直营电商业务(盒马)的供应商	早年"拼好货"有直营,现在无
	流量获取成本	给其他媒体的广告分成	无
	内容获取成本	优酷等业务的内容采购成本等	无

图5-15 电商网站的成本

(1) 支付手续费。用户在电商平台付款时,支付服务提供商向电商平台收取的费用,即为支付手续费。支付服务提供商现在主要有微信支付、支付宝、京东支付等第三方支付机构以及银行。例如,你在拼多多上买了手机花了10 000元,并采用了微信支付作为付款方式,那么拼多多需要付给腾讯一笔支付手续费,这个费率多数情况是0.6%,也就是60元。

(2) 服务器、电脑等硬件的折旧与维护费用,以及带宽成本。运行一个电商App背后需要有大量的机器和带宽支撑,这一部分费用也都计入营业成本。第一,开发并迭代一个App,背后的产品、研发等工作所用的电脑、显示器等设备,按一定年限折旧计入营业成本。第二,让这个App运行起来,背后需要很多服务器支持,比如存储商品详情信息、用户行为数据等等,采购的服务器也按一定年限折旧。另外,现在随着云计算的发展,可以采购阿里云、腾讯云的服务来替代自己采购服务器,付给阿里云、腾讯云等云服务商的费用也计入这一部分。第三,类似于普通用户要交网费给移动联通,电商平台也需要交网费给移动联通等运营商,这笔钱叫做带宽成本,也计入成本。

(3) 客服、运营等员工薪酬福利,以及呼叫中心和商家支持中心成本。营业成本包括对于支持买卖双方日常活动的员工,支付给他们的薪酬、五险一金,以及其他福利。公司还会专门建立呼叫中心,呼叫中心,涉及的房租、电话费等也计入成本。

(4) 物流成本，以及购买存货、存货减值成本。如果电商网站中物流成本和存货成本是由网店卖家承担的，就不会纳入电商网站的成本中。而对于直营电商来说，电商平台要自己承担物流成本和存货成本。比如直营电商业务，如盒马就会有一些物流成本和存货成本；京东的自营电商营业成本高达80%，大部分都是用来购买存货的。

(5) 流量获取成本(traffic acquisition costs，TAC)。例如，商家在阿里投广告，除了能投在淘宝App，还可以通过"淘宝联盟"出现在其他网站上。阿里与这些联盟网站的结算的广告分成，就称为流量获取成本。对其他的媒体平台来说，广告主是阿里，而不是商家。因此，流量获取成本与卖家推广费用不是一个概念。

2. 网店的各项成本

网店运营成本包括产品成本、营销成本、平台费用、退换货损失、人力成本和管理成本。店铺经营方式不同，核算成本内容也不同。与利润相关的成本关系如图5-16所示。产品成本是产品本身成本、包装所花费用和物流成本的集合；营销成本是参加各种推广的费用及在推广活动下耗材赠品等花费；平台费用是指达成交易给平台的佣金或是平台手续费；退换货损失是指如果产生退换货时店铺的物流费用或弥补客户的费用；人力成本是指网店雇佣人员的工资福利待遇等；管理成本是指网店经营中所消耗的办公用品、水电房租等。除上述成本外，如果产品出现低于成本价的尾货销售，还要计算这部分损失。

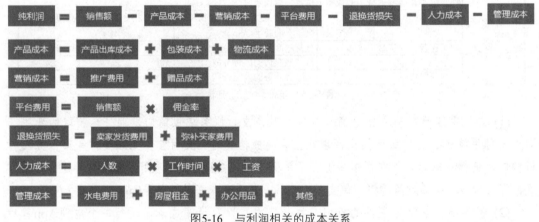

图5-16　与利润相关的成本关系

(资料来源：雪球，有删改)

◆ **任务小结**

请同学们根据任务实施过程中的实际情况，进行任务小结。

◆ **任务评价**

自我评价：_____

小组评价：_____

教师评价：_____
_____

知识拓展

1. 标品

标品就是有明确的规格、型号的产品。标品具有规格化的特点，可工业化大批量生产，如家用电器、手机、电脑等。

2. 非标品

非标品是指不按照国家颁布的统一的行业标准和规格制造，而是根据自己的用途需要，自行设计制造的产品或设备。非标品存在很多的款式或者功能差异化，如衣服、包包等产品。

3. 4P营销理论

4P是市场营销4个基本策略的组合，即产品(product)、价格(price)、推广(promotion)、渠道(place)，由于这4个词的英文字头都是P，所以简称为"4P"。4P理论有丰富的内涵，适用于大部分商业经济活动。

4. 长尾理论

长尾理论指出，只要产品的存储和流通的渠道足够大，需求不旺或销量不佳的产品所共同占据的市场份额可以和那些少数热销产品所占据的市场份额相匹敌甚至更大，即电商企业的销售量不在于传统需求曲线上那个代表"畅销商品"的头部，而是那条代表"冷门商品"经常被人遗忘的长尾。这意味着消费者在面对无限的选择时，真正想要的东西、想要取得的渠道都出现了重大的变化，一套崭新的商业模式也跟着崛起。长尾所涉及的冷门产品涵盖了几乎更多人的需求，当有了需求后，会有更多的人意识到这种需求，从而使冷门产品不再冷门。

模块总结

在市场经济的背景下，零售业市场的竞争越来越激烈。电商作为零售业态的一种，凭借满足消费者需求追求更高的销售额的本质，同样符合持续经营的特征。数据是商业经营过程量化的结果。所不同的是，电商在互联网的背景下，数据的规模大、数据的来源多、数据间的业务逻辑关系更复杂。从另一角度看，电商企业在利用大数据经营店铺(网站)存在巨大的潜力和发展前景。运营数据分析是电商运营的关键因素，运营人员依靠数据监控和管理日常经营情况，为经营决策提供数据参考。

我的收获：_____
_____

我的不足：_____
_____

模块 6 电子商务行业数据分析

> 我国成为140多个国家和地区的主要贸易伙伴，货物贸易总额居世界第一，吸引外资和对外投资居世界前列，形成更大范围、更宽领域、更深层次对外开放格局。
>
> ——党的二十大报告

 学习目标

知识目标
- 掌握市场研究模型的分析方法
- 理解市场行情分析的内容
- 理解企业市场分析的内容

能力目标
- 能够运用市场研究模型分析行业发展趋势
- 能够运用行业数据挖掘的方法分析行业现状

技能目标
- 熟练掌握市场研究分析模型的应用
- 熟练掌握市场行情分析中需求分析的方法
- 熟练运用公式计算行业集中度、蛋糕指数、波动系数挖掘信息

 模块导入

近年来，中国彩电行业承受着消费需求不足的压力。2022年上半年，中国彩电市场全渠道零售量规模为1672万台，同比下滑6.2%；零售额规模为531亿元，同比下滑10.5%。但彩电大屏化的进程在加速推进，上半年75英寸及以上产品全面增长，结构升级红利持续释放。

相比之下，家用智能投影在需求加促销的双向刺激下，上半年行业规模逆势增长。随着居家场景的增多，居家办公、游戏、影音、健身等大屏场景需求的增加，有效刺激了家用智能投影市场的发展。2022年上半年，国内宏观经济下行压力仍在，居民消费支出谨

慎，但家用智能投影仍然实现逆势上涨，新兴品牌的涌入及品质品牌的产品体验升级，不断激发市场活力；以抖音为首的直播电商的快速崛起，促进渠道多元化发展，从而带动行业规模不断攀升。奥维云网线上监测数据显示，2022年H1家用智能投影销量达240万台，同比增长13.4%。

行业数据分析可以帮助企业充分认识行业发展情况，为企业采取阶段性行动提供参考。本模块将引领读者认识常用的市场分析模型、理解市场行情分析、掌握行业数据挖掘等内容。

任务6.1 常用的市场研究分析模型

任务6.1.1 PEST分析模型

随着我国社会经济的发展以及信息技术的更新迭代，人们的生活方式一直在发生变化，行业变革的速度也因此加快，企业的经营需要适应各方面发展变化的需求。可以看到的普遍现象是，如果企业所处行业不景气，大部分同行企业在正常情况下也会不景气；相反，如果企业所处行业发展势头良好，那么大部分同行企业只需要维持正常经营就可以获得可观的增长率。可见，环境对行业和企业的影响是显著的。请通过查找资料，讨论环境中的哪些因素会影响企业的生存和发展，并将讨论结果记录下来。

◆ **必备知识**

PEST分析模型是对宏观环境的分析，宏观环境是指影响一切行业和企业的各种宏观力量。不同行业和企业根据自身特点和经营需要，分析的具体内容会有差异，一般从政治(political)、经济(economic)、社会(social)和技术(technological)这四大类影响企业的主要外部环境因素进行分析，PEST分析模型如图6-1所示。

图6-1 PEST分析模型

1. 政治环境

政治环境包括一个国家的社会制度，执政党的性质，政府的方针、政策、法令等。不同的国家的社会性质不同，不同的社会制度对组织活动有着不同的限制和要求。即使社会制度不变的同一国家，在不同时期，其政府的方针、政策倾向对组织活动的态度和影响也是不断变化的。政治法律环境分析的关键因素有国际环境、制度体制、税收政策、财政政策、产业政策、投资政策、相关补贴和法律法规等。

2. 经济环境

经济环境主要包括宏观和微观两个方面的内容。宏观经济环境主要指一个国家的人口数量及其增长趋势，国民收入、国内生产总值(GDP)及其变化情况，以及通过这些指标能够反映的国民经济发展水平和发展速度。微观经济环境主要指企业所在地区或所服务地区的消费者的收入水平、消费偏好、储蓄情况、就业程度等因素。这些因素直接决定着企业目前及未来的市场大小。经济环境分析的关键因素有GDP、PPI、收入水平、可支配收入、消费结构、利率汇率、失业率、通胀率等。

3. 社会环境

社会环境包括一个国家或地区的居民教育程度和文化水平、价值观念、审美观点、宗教信仰、风俗习惯等。居民受教育程度和文化水平会影响居民的需求层次；价值观念会影响居民对组织目标、组织活动以及组织存在本身的认可与否；审美观点则会影响人们对组织活动内容、活动方式以及活动成果的态度。社会文化环境分析的关键因素有人口规模、出生率、生活方式、教育水平、风俗习惯等。

4. 技术环境

技术环境除了要考察与企业所处领域的活动直接相关的技术手段的发展变化外，还应及时了解国家对科技开发的投资和支持重点、该领域现有技术及发展动态、研究开发新技术或跨行业技术费用总额、技术转移和技术商品化速度、专利及其保护等情况。

PEST分析模型的应用领域非常广泛，有公司战略规划、市场规划、产品经营发展、研究报告撰写等。使用PEST分析模型时，不同行业和企业要根据实际需要，选择PEST四大类别下的具体内容进行分析。PEST分析模型框架是基于目的来归置数据的，即先有目标，再收集数据，然后用框架进行数据分类。

任务6.1.2 波特五力模型

行业是由提供同类型产品和服务的企业组成的，绝大多数行业内企业都是处于竞争的市场结构中，如在家电行业中，美的、格力和海尔间存在竞争关系。企业在行业中的地位是动态发展变化的，行业内不同企业间存在复杂的竞争与合作关系。请任选某一行业的一家典型企业，小组内讨论该企业受到哪些企业的影响，这些企业是如何影响该企业的，并将讨论结果记录下来。

_____

_____

◆ **必备知识**

波特五力模型由迈克尔·波特(Michael Porter)提出，主要用于竞争战略的分析，可以有效地分析客户的竞争环境。模型中的五力分别指供应商的议价能力、购买者的议价能力、潜在竞争者进入的能力、替代品的替代能力、行业内竞争者现在的竞争能力，如图6-2所示。五种力量的不同组合变化，最终影响行业利润潜力变化。

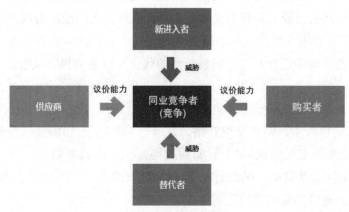

图6-2　波特五力模型

1. 供应商的议价能力

供应商主要通过提高投入要素价格与降低单位价值质量来影响行业中现有企业的盈利能力与产品竞争力。供应商力量的强弱主要取决于他们所提供给买主的是什么投入要素，当供方所提供的投入要素其价值构成了买主产品总成本的较大比例、对买主产品生产过程非常重要或者严重影响买主产品的质量时，供应商对于买主的潜在讨价还价力量就大大增强。一般来说，满足如下条件的供方集团会具有比较强大的讨价还价力量。

(1) 供方行业为一些具有比较稳固市场地位而不受市场激烈竞争困扰的企业所控制，其产品的买主很多，以至于每一单个买主都不可能成为供方的重要客户。

(2) 供方各企业的产品各具有一定特色，以至于买主难以转换或转换成本太高，或者很难找到可与供方企业产品相竞争的替代品。

(3) 供方能够方便地实行前向联合或一体化(产业链纵向延伸的能力)，而买主难以进行后向联合或一体化。

2. 购买者的议价能力

购买者主要通过压价与要求提供较高的产品或服务质量来影响行业中现有企业的盈利能力。一般来说，满足如下条件的购买者可能具有较强的讨价还价力量。

(1) 购买者所购产品占企业产品销量的总体比重过大，无形中增加了其在商务谈判时讨价还价的话语权。

(2) 卖方行业由大量相对来说规模较小的企业所组成。

(3) 购买者所购买的基本上是一种标准化产品，同时向多个卖主购买产品在经济上也完全可行。

(4) 购买者有能力实现后向一体化，而卖主不可能前向一体化。比如一家奶粉厂可以比较容易去实现收购牧场，而牧场不容易开一家乳品企业。

3. 新进入者的威胁

新进入者在给行业带来新生产能力、新资源的同时，希望在现有市场获得一席之地，这就有可能会与现有企业发生原材料与市场份额的竞争，最终导致行业中现有企业盈利水平降低，严重的话还有可能危及原有企业的生存。新进入者的威胁由两方面原因决定。

(1) 现有企业对新进入者的反应。新企业进入一个行业的可能性大小，取决于进入者主观估计进入所能带来的潜在利益、所需花费的代价与所要承担的风险这三者的相对大小情况。

(2) 新企业进入新领域障碍大小与预期收益。进入壁垒主要包括规模经济、产品差异、资本需要、转换成本、销售渠道开拓、政府行为与政策(如国家综合平衡统一建设的石化企业)、不受规模支配的成本劣势(如商业秘密、产供销关系、学习与经验曲线效应等)、自然资源(如冶金业对矿产的拥有)、地理环境(如造船厂只能建在海滨城市)等方面，其中有些障碍是很难借助复制或仿造的方式来突破的。

4. 替代品的威胁

经营企业不仅仅是在与通常意义上的对手竞争，还有其他若干方面，如牛肉生产厂商的竞争对手不仅仅是其他的牛肉生产厂商，还有羊肉生产厂商、鱼肉生产厂商等，因为其他肉类可以是牛肉的替代品。替代品具有与现有产品或劳务相似的性能，能够满足客户相同的需要。两个处于同行业或不同行业中的企业，可能会由于所生产的产品是互为替代品，从而在它们之间产生相互竞争行为。替代品的威胁体现在以下几个方面。

(1) 现有企业产品售价以及获利潜力的提高，将由于存在着能被用户方便接受的替代品而受到限制。

(2) 由于替代品生产者的侵入，使得现有企业必须提高产品质量或者通过降低成本来降低售价或者使其产品具有特色，否则其销量与利润增长的目标就有可能受挫。

(3) 替代品生产者的竞争强度受产品买主转换成本高低的影响。

任何产品都有自己的替代产品，只不过替代的程度不同而已，这些替代品也最大限度地保证着任何垄断行业都不可能把产品的价格无限扩大，如牛羊肉互相替代，网络电话是电信的替代品。替代品价格越低、质量越好、用户转换成本越低，其所能产生的竞争压力就越强；而这种来自替代品生产者的竞争压力的强度，可以具体通过考察替代品销售增长率、替代品厂家生产能力与盈利扩张情况加以描述。

5. 同业竞争者的竞争

大部分行业中的企业，相互之间的利益都是紧密联系在一起的，作为企业整体战略一部分的各企业竞争战略，其目标都在于使得自己的企业获得相对于竞争对手的优势。所以，在实施中就必然会产生冲突与对抗现象，这些冲突与对抗就构成了现有企业之间的竞争。现有企业之间的竞争常常表现在价格、广告、产品介绍、售后服务等方面，其竞争强度与许多因素有关。行业中现有企业之间出现下述情形，将意味着现有企业之间竞争加剧。

(1) 行业进入障碍较低，势均力敌的竞争对手较多，竞争参与者范围广泛；行业内企业由于面临的同行业企业太多，而无法针对竞争对手实施市场营销策略，变为各自为战。

(2) 市场趋于成熟，产品需求增长缓慢，企业间的市场竞争技术含量较低，而竞争手段也较为单一，只能通过降低产品价格或提高营销预算做广告等方式促进销售。

(3) 竞争者提供几乎相同的产品或服务，用户转换成本很低。

(4) 在巨大的竞争压力下，有时候企业不得不采用"赌博"的方式参与市场竞争。一个成功的战略行动会取得可观的收入，但一个错误的战略决策可能会让企业永无翻身之日。

(5) 行业外部实力强大的公司在接收了行业中实力薄弱的企业后，发起进攻性行动，结果使得刚被接收的企业成为市场的主要竞争者。

(6) 退出障碍较高，即退出竞争要比继续参与竞争付出的代价更高。退出障碍主要受经济、战略、感情以及社会政治关系等方面的影响，具体包括资产的专用性、退出的固定费用、战略上的相互牵制、情绪上的难以接受、政府和社会的各种限制等。

波特五力模型属于外部环境分析中的微观环境分析，主要用来分析本行业的企业竞争格局以及本行业与其他行业之间的关系。根据上面对5种竞争力量的讨论，企业可以尽可能地将自身的经营与竞争力量隔绝开来，努力从自身利益需要出发影响行业竞争规则，先占领有利的市场地位，再发起进攻性竞争行动来对付这5种竞争力量，以增强其自身市场地位与竞争实力。

任务6.1.3　SWOT分析法

哲学中的内外因辩证关系提到：内因是事物变化的根据，外因是事物变化的条件。外因通过内因而起作用。企业的生存、发展会受到外部环境的影响，而企业自身内在条件是决定企业生存发展的根源动力。可见，只有将企业的内部资源和外部环境有机结合，才能更有效的达到目的。那么请小组内讨论，企业应如何将内外因素有效结合，得出实质性的决策，并将讨论结果记录下来。

◆ **必备知识**

SWOT分析法也称态势分析法，20世纪80年代初由美国旧金山大学的管理学教授韦里克提出。该模型是基于内外部竞争环境和竞争条件下的态势分析，就是将与研究对象密切相关的各种主要内部优势(strengths)、劣势(weaknesses)和外部的机会(opportunities)和威胁(threats)等，通过调查列举出来，并依照矩阵形式排列，然后用系统分析的思想，把各种因素相互匹配起来加以分析，得出决策性的结论。因此，SWOT分析经常被用于企业战略制定、竞争对手分析等场合。

应用SWOT分析首先要通过各种调查研究,分析出公司所处的各种环境因素,具体步骤如下所述。

1. 进行企业外部环境分析,找出企业存在的发展机会和威胁

外部环境分析因素包括机会因素和威胁因素,它们是外部环境对公司的发展直接有影响的有利和不利因素,如新产品、新市场、新需求变化、竞争对手情况、替代产品、市场状况、行业政策、经济状态、客户偏好、突发事件等,如表6-1所示。

表6-1　SWOT外部环境分析因素

维度	外部环境
宏观环境分析	政治、经济、技术、社会
微观环境分析	潜在行业的新进入者 替代品的威胁 购买商议价能力 供应商议价能力 同业竞争者的竞争

2. 进行企业内部环境分析,列出企业目前所具有的优劣势

内部环境分析因素包括优势因素和劣势因素,它们是公司在其发展中自身存在的积极和消极因素,是组织机构的内部因素。在做优劣势分析时必须从整个价值链的每个环节将企业与竞争对手做详细的对比,如自身的竞争态势、资金情况、企业形象、技术力量、规模经济、产品质量、市场份额、成本优势、广告攻势等,如表6-2所示。

表6-2　SWOT内部环境分析因素

维度	内部环境
企业资源分析	财务、人力、组织、技术
企业能力分析	财务、营销、生产管理、组织效能、企业文化
企业核心能力分析	有价值的能力、独特的能力、难以模仿的能力、不可替代的能力

在分析内外部因素时,不仅要考虑到历史与现状,更要考虑未来发展问题。

3. 绘制SWOT分析矩阵

在确定内外部各种变量的基础上,组建SWOT分析矩阵,从S+O、W+O、S+T、W+T4个维度进行分析,如图6-3所示。

企业外部环境（O/T）+企业内部资源（S/W）=企业战略

	优势(S)	劣势(W)
机会(O)	SO战略-增长型战略 （最大限度利用机会）	WO战略-扭转型战略 （调整战略、战略转型）
威胁(T)	ST战略-多种经营型战略 （调整战略）	WT战略-防御型战略 （生存战略）

图6-3　SWOT分析

（1）优势+机会分析(SO战略)。这种分析应用于内部优势与外部机会相互一致或适应的情形下。在这种情形下，企业可以用自身内部优势撬起外部机会，使机会与优势充分结合发挥出来。

（2）劣势+机会分析(WO战略)。当环境提供的机会与企业内部资源优势不匹配，或者不能相互重叠时，企业的优势再大也得不到发挥。这意味着环境对企业的妨碍、阻止或影响表现为抑制性。在这种情形下，企业就需要提供和追加某种资源，以促进内部资源劣势向优势方面转化，从而迎合或适应外部机会。

（3）优势+威胁分析(ST战略)。当环境状况对公司优势构成威胁时，优势得不到充分发挥，出现"优势不优"的脆弱局面。这种脆弱性意味着优势的程度降低。在这种情形下，企业必须克服威胁，以发挥优势。

（4）劣势+威胁分析(WT战略)。当企业内部劣势与企业外部威胁相遇时，企业就面临着严峻挑战，如果处理不当，可能直接威胁到企业的生死存亡，因此要避开威胁以及不利于企业发展的因素，改善自身的弱点。

4. 组合分析，制订行动计划

综合运用各种方法进行系统分析，将排列与考虑的各种环境因素相互匹配起来加以组合，得出一系列企业未来发展的可选择对策。制定对策的基本思路应从以下几点出发：发挥优势因素，分析劣势因素，并克服劣势因素；利用机会因素，识别威胁因素，并规避或化解威胁因素；考虑过去，立足当前，着眼未来。

> **扩展阅读　结构化思维**

结构化思维是指在思考分析解决问题时，以一定的范式、流程顺序进行。首先以假设为先导，对问题进行正确的界定，假设并罗列问题构成的要素；其次对要素进行合理分类，排除非关键分类，对重点分类进行分析，寻找对策，制订行动计划。结构化思维的本质就是逻辑，它是将零散的思维、灵感、知识、信息、数据等用一种框架聚拢起来，这样让繁复的问题简化，并获得一种分析的方法，甚至是量化的工具，使我们可以透过现象看事物的本质。

结构化思维是一种思维方式，其次才是一种管理方法。结构化思维方法就是以事物的结构为思维对象，以对事物结构的积极建构为思维过程，力求得出事物客观规律的一种思维方法。

结构化思维必备三大要素：一是主题鲜明，即有清晰的中心思想；二是归类分组，即将罗列出的同类信息合理分组；三是逻辑递进，即分类后的纵向层次有逻辑关系，横向层次有递进关系。日常中结构化思维应用的场景有以下几种。

1. 运用"结构化思维"建立知识体系

第一步，搭建知识框架。

第二步，及时补充、应用知识体系。

2. 运用"结构化思维"进行口头表达

第一步，先说主题：第一句话就抛出观点。

第二步，后搭架子：把信息放到"架子"里，有逻辑地表达出来。

3. 运用"结构化思维"进行写作

第一步，观点先行：开头就亮出观点，吸引读者往下看。

第二步，先有提纲：先列大纲，再写内容。

第三步，承上启下：每个结构、段落之间，有恰当的过渡。

第四步，结尾升华：总结全文，拓展思考。

4. 运用"结构化思维"解决问题

第一步，明确问题：澄清现状与目标的差距。

第二步，分析问题：分析差距形成的所有潜在原因(问题树)。

第三步，提出假设：假设其中的部分原因。

第四步，验证假设：收集数据以验证所假设的原因。

第五步，提出解决方案：根据原因，提出相应的解决方案。

生活中，我们可以参照上述场景长期进行结构化思维训练，提高我们系统分析问题以及统筹规划工作的能力，使我们的思维及表达更加缜密、灵活和有条理。

(资料来源：结构化思维——MBA智库百科和CSDN博客，有删改)

◆ **任务小结**

请同学们根据任务实施过程中的实际情况，进行任务小结。

_____

_____

◆ **任务评价**

自我评价：_____

_____

小组评价：_____

_____

教师评价：_____

_____

任务6.2 市场行情分析

任务6.2.1 市场需求分析与预测

当企业决策是否选择和开创一个目标行业或产品之前，首先要判断目标行业或产品的市场前景。判断市场前景需要考虑的问题有很多，如客户有什么样的需求？选择的目标行业或产品能为客户解决什么样的问题？目标客户有多少？可见，挖掘行业需求和需求量是决策是否需要投入资源产生解决方案的第一步。请选择一个行业或产品，小组内讨论上述三个问题，并将讨论的结果记录下来。

_____

_____

◆ 必备知识

1. 市场行情的含义

市场是社会分工和商品交换的必然产物，狭义的市场是指商品交换的场所与领域；广义的市场是指对某种产品具有需要和购买能力的人们，也指商品的供求关系。市场行情是指市场上商品供求和价格高低涨落的变动情况，也指市场上商品流通和商业往来中有关商品供给、需求、流通渠道、商品购销和价格的实际状况、特征以及变动的情况、趋势和相关条件的信息。从定义可以看出，市场行情不仅涉及整个流通领域，还涉及整个社会再生产各方面，因此形成市场行情的信息来源是广泛的、多方面的。

分析市场行情就是分析市场行情的状态和变化的特点、原因以及变化的规律性，能够对某类商品的供求状况和某个市场的供求形势做出特征性判断，以便组织好生产和经营。

2. 市场需求分析

市场需求是指在一定时期内，市场上购买者对某种类的商品有货币支付能力的需求总量。影响需求的因素有商品价格、购买者收入、消费者偏好、消费者对商品价格的预期以及相关商品的价格。需求的基本规律是，当商品价格上涨时，商品的需求减少；反之，商品的需求加大。

市场需求分析，包括市场需求量估计和预测未来市场潜力分析。对生产者或商家而言，细致的市场需求分析有利于制定销售和运营的计划与目标。因此，企业应首先搞好市场需求分析，了解市场需求量的变化趋势。市场规模是指在不考虑产品价格或供应商的策略的前提下，市场在一定时期内能够吸纳某种产品或劳务的单位数目。市场规模的估算一般有两个方式：自上而下的方式和自下而上的方式。自上而下的方式有大市场推算法、关联数据推算法、同类对标法；自下而上的方式有细分市场加总法和需求渗透率分解法。市场需求的估算通常并不是单一的方法，而是多个方法共同使用的结果。较常用到的就是"细分市场加总法"结合"需求渗透率分解法"。

1) 细分市场加总法

细分市场加总法，是指将不同的细分领域加总在一起。细分市场加总法通常适用于市场内产品基本可穷举，并且能够获得精准的数据的行业。估算公式为目标行业各细分市场规模，如饮料行业销售额等于碳酸类、果汁蔬菜类、包装饮用水类和非三大类饮品的销售额总和。销量额可以根据目前的销量和发展趋势进行估算。

2) 需求渗透率分解法

需求渗透率分解法根据产品的目标人群的需求出发，来测算目标市场的规模。需求渗透率分解法适用于估算大市场，或者没有明显可替代品的市场。估算公式为目标需求人群数量、渗透率与目标行业产品均价的乘积，如京东PLUS会员规模为京东用户数量×购买率×PLUS服务的均价。

在电商市场中，分析市场需求首先需要采集某个行业所有子行业的交易情况，可以借助统计平台和Excel两个工具来实现；然后利用Excel数据透视表整理并分析数据情况，有时还要结合季节、子行业等多种情况才能判断市场份额的大小；接着研究商品的品牌偏好和属性偏好，即消费者在某一市场中对品牌的喜好程度，或者是调查消费者购买前考虑的因素，如种类、工作方式、外观等；最后，对于电商商家，还需掌握消费者的搜索偏好，从搜索关键词中了解消费者需求的变化，优化商品采购到上架以及关键词设置等工作，以满足消费者所需。

3. 市场需求预测

为了组织好生产和经营，生产者和经营者不仅要充分掌握市场需求情况，还要对市场需求变化的趋势做出预测，以帮助企业制定未来发展战略、适应未来发展。分析市场需求变化趋势常用的方法有以下几种。

1) 动态数列分析法

动态数列分析是借助历史与现实市场交易额或价格水平资料，建立销量或价格等指标的动态时间数列而进行的技术分析。在分析过程中，要注意绝对数动态数列和相对数动态数列对市场行情走势的说明和验证。动态数列分析法既适用于分析短期市场行情运行趋势，又适用于分析长期市场行情运行趋势。

2) 图表分析法

图表分析具有较强的直观性，它能准确、客观地反映市场行情变动趋势，也能在描述某一趋势的同时展示行情变动的全过程，包括上升行情的峰值、下降行情的谷值以及行情的振动、频率和幅度、最高值和最低值的离差等。因此，在分析市场行情形成与变动趋势时，即使使用了较完善的技术分析指标，也要配合相应的图形分析。图表分析法特别适合于那些具有明显变动规律的行情走势趋向分析，如当价格出现较长时期的缓慢下跌(或上涨)后,通常会出现持续较短的突发性急剧下跌(或上涨);而当价格急剧下跌(或上涨)后,又会出现一个向上拉动或平稳行情。

3) 修匀分析法

在市场行情分析中,较难分析的是在一般情况中夹杂着大量不确定的随机波动。这种波动频繁出现,会干扰对市场行情的分析。在这种情况下,可以借助修匀时间数列的分析方法,排除随机因素的扰动,从而清楚地显示某一特定行情的变动趋势。

修匀时间数列的方法有两种。

(1) 机械修匀法。数列的机械修匀主要是利用平均方法,如几何平均法、算术平均法、移动平均法等,消除随机波动,其原理建立的假设条件是时间数列的变量在两类原因影响下出现:第一类原因对某一市场行情的形成和变动起稳定作用;第二类原因为随机因素,这些因素是偶然地对市场行情进行扰乱。

(2) 解析修匀法。解析修匀是建立在另外一种假设上,即发展趋势可以用一定的解析方程表现的数学线段(如直线、抛物线、指数曲线等)显示在图形上。常见的解析修匀趋势线有直线型趋势线、二次抛物线型趋势线、指数曲线型趋势线、双曲线型趋势线。修匀的目的在于排除随机因素的扰动,因此,进行排除性的修匀技术处理方法适宜表明一个行情变动的长期趋势。但值得注意的是,修匀的曲线越光滑,趋势表现得越典型,反映市场行情变动的灵敏度却越低。

任务6.2.2 市场需求层次和价格带

产品通过满足用户需求并为用户带来收益来创造价值。但当用户选用产品时,他们的需求不是单一的,而是一系列不同的需求;他们的需求不是不变的,而是呈现多层次变化的趋势。以家电产品为例,近几年人们对家电的需求从满足基本功能的"温饱型"转向"品质型",更加注重高品质、高颜值、低能耗、智能化、套系化。市场需求是不断变化的,企业只有准确判断产品需求的变化层次,积极扩展产品边界,才能更好地应对不断变化的产品需求。请小组挖掘选取产品的不同需求,并在网上查找资料,了解对应价格规律。

◆ 必备知识

市场需求层次分析是为了了解产品在市场上的需求量及客户对产品的要求,为目标市场选择和产品开发提供参考。

1. 市场需求层次分析

企业要进行目标市场选择,就需要了解消费者对品类商品的需要,从而结合自身的财力及产品情况进行衡量、调查、分析,有针对性地适应市场需求。不同的消费者对同一品类的商品需要是不一样的,因此对市场需求层次进行分析是十分必要的。马斯洛理论把人的需求分成生理需求、安全需求、社交需求、尊重需求和自我实现需求,依次由较低层次到较高层次排列。根据这5个需求层次，可将产品市场需求也划分为5个层次。

(1) 在低端市场，生理需求层次以价格作为支点，所以这一市场的竞争是最为激烈的，产品只需要拥有最基本的功能，且价钱足够便宜，就能进入市场竞争，但是利润是非常少的。

(2) 第二个层次为安全需求。在这一层次要提高产品的质量，但是成本一定要在控制范围内。

(3) 第三个和第四个层次分别为社交需求和尊重需要，消费者更关注品牌的形象和独一无二的功能。在这一层次，品牌要有更高的辨识度和知名度，要通过各种渠道做宣传，让消费者知道有这个品牌、这个品牌有哪些优势，从而愿意花更高的价格购买。

(4) 第五个层次为自我实现需求。针对品牌忠诚度高的消费者，企业除了予以一定的回报，还要完善服务，品牌的内涵需要根据市场的变化而改变，以提高消费者的满意度。

2. 产品的价格带

满足的需求不同，满意度也不同，产品产生的价值也不同。在众多产品价值的影响因素中，市场价格是市场供求的直接反映，也是产品价值的货币表现。产品的价值是产品价格的基础，产品的价值不变，价格就会在其他因素的影响下围绕其价值来回波动。消费者的消费层次和价格承受能力是制定产品价格的重要依据，企业可以此为标准来制定相应的价格带。产品的价格带(price zone)，是指一种同类产品或一种产品类别中的最低价格和最高价格之间的范围。价格带的宽度决定了企业所面对的消费者的受众层次和数量。

产品价格带分析的关键在于确定品类的产品价格区域和价格点，其次确定出品类的产品定位以及每个价格点上的商品品种数。产品价格带分析的步骤如下所述。

(1) 企业需要选择分析对象，即市场产品的某一种类。

(2) 展开产品品类中的单品信息，罗列出其价格线，即单品的出售价格从低到高形成的价格幅度。

(3) 归纳该品类中单品的最高价格和最低价格，进而确定品类的价格带分布情况。

(4) 判断其价格区(price range)，即价格带中品种数量比较多且价格线比较集中的区域。

(5) 确定商品品类的价格点，即市场中的某类商品最容易被顾客接受的价格。

电商行业在产品价格带和价格点分析时要注意，产品丰富并不是指企业或店铺中产品展示叠加得越多越好，而是指消费者要买的某价格带的具有同样使用用途的产品的多少，在此基础上制定产品结构布局，增加关联价位产品，给顾客造成产品丰富、价格便宜的感觉和印象。

任务6.2.3　产品生命周期分析

任何产品都是有生命周期的。受消费者的需求变化以及市场中其他因素的影响，产品在其生命周期的不同阶段会呈现不同的特征。例如，胶卷相机在1950年成为大众化产品，1980年至1990年的市场销量达到顶峰，到2000年利润下滑，并逐渐被数码相机所替代。企业只有先判断出当前产品的生命状态再制订下一步发展战略，才能有针对性地解决产品中现存的问题。企业没有对产品生命阶段的特征进行预判而直接投入生产，造成的结果就是不契合目前市场的需求，投入巨大而收效甚微，浪费了资源。请小组选取一种产品，上网查找产品的销量额、客户数量等数据，并记录下来，判断产品在其生命周期中所处的阶段。

◆ 必备知识

产品生命周期分析是通过分析各个时间段的市场需求，判断产品所处阶段，并将生产及分配等活动与市场需求量作最适当配合的过程。产品生命周期分析可为确定产品的未来需求量、品种及持续时间、产品销路及竞争能力、产品规格品种变化及更新、产品需求量的地区分布等提供依据。

1. 产品生命周期的概念

产品生命周期是指产品从准备进入市场开始到被淘汰退出市场为止的全部运动过程，是产品在市场运动中的经济寿命，即在市场流通过程中，由于消费者的需求变化以及影响市场的其他因素所造成的产品由盛转衰的周期。产品生命周期主要是由消费者的消费方式、消费水平、消费结构和消费心理的变化所决定的。产品生命周期理论由雷蒙德·弗弄(Raymond Vernon)提出，他将产品的生命周期分为导入期、成长期、成熟期、衰退期4个阶段。由于经济交流增加、技术持续进步、竞争加剧、客户的期望值不断提高，产品生命周期越来越短，有必要分析商品的生命周期，对处于不同生命周期的商品采取不同的策略。

2. 产品生命周期的特点

(1) 导入期。产品刚进入市场，可能经历探索时期，市场前景还不是很明朗，客户增长缓慢。此阶段主要挖掘用户需求，寻找目标客户。

(2) 发展期。经过导入期，成长性较好的产品会迎来快速发展期。在此阶段，产品找到契合的定位和模式，客户量增长迅速。

(3) 成熟期。在成熟期，市场竞争加剧，潜在客户大部分被挖掘完，客户数量相对稳定。

(4) 衰退期。多数产品都会走向衰退，被新产品或替代品取代，客户增长缓慢甚至大量流失。

3. 判断产品生命周期的方法

1) 用户曲线

用户曲线非常适用于判断产品生命周期。活跃用户指近期有过操作行为的用户。活跃用户数能实际反映出产品的运营现状，但活跃用户数一般由企业的内部数据获取。当该数据很难获得时，用户增长或搜索指数曲线可以作为替代。用户增长指数，既指反映真实效果和指导具体行动的指标，比如新增用户的后续行为、每天的浏览数、近几天的购买行为等；又指日常运营中的大多数指标，如活动曝光量、App下载量、App打开量等，并不能真实反映真正有多少用户活跃和有多少用户留存。搜索指数是以用户的搜索量为数据基础，以关键词为统计对象，科学分析并计算出各个关键词在搜索栏中搜索频次的加权和。表6-3说明了这三种用户曲线的优缺点。

表6-3　用户曲线优缺点比较

曲线类型	优点	缺点
活跃用户曲线	准确，与实际相符	内部数据，不容易获得
用户增长曲线	容易获取	数据中存在无效、沉默用户
搜索指数曲线	容易获取，反映产品热度	存在误差

根据所得数据绘制用户曲线，将用户的体量和增长速度与同类产品或行业相比较，分析其产品生命周期。如果是存在时间较短的产品，需关注用户体量和增速，用户体量低，增速小的，为导入期；有一定体量并增速快的，为发展期。如果是存在时间较长的产品，需比较整个周期，以便确定目前的生命周期：经历了增长和衰退后，如果用户体量仍低，则判断为衰退期；如果用户体量维持一定水平，则判断为成熟期；如果用户体量仍有上升的趋势，则判断为二次成长期。

2) 产品运营

单纯地运用用户曲线判断产品的生命周期，有时会出现增量高、流失率也高的情况。因此在判断产品生命周期时，要将用户曲线与产品运营指标相结合，即通过活跃用户情况、用户流情况以及产品利润和变现情况等来确定。表6-4为应用这三个产品运营指标分析产品生命周期示例。

表6-4　产品运营角度分析生命周期示例

产品运营指标	成熟期	衰退期
活跃用户情况	活跃用户数符合产品属性，且数量稳定	活跃用户数明显下降
用户流失情况	流失速度平稳	用户快速流失
产品利润和变现情况	现有用户带来客观收益	变现路径减少

3) 现金流三维度分析

现金流在现代企业管理中的重要性要胜过利润。企业管理是以财务管理为中心，财务管理的中心是资金管理，而资金管理的中心则是现金流量管理。

利用现金流量表分析企业的现金流进流出，要从经营活动、投资活动、筹资活动三个维度进行数据归纳及分析比重。对企业的"造血""放血""输血"功能通过数据进行充分了解，以判断商品的生命周期(见表6-5)。现金流量表可以通过上市公司财报或券商报告获取相关数据。

(1) 当产品处于导入期时，经营活动现金流量净额为负，投资活动现金流量净额为负，筹资活动现金流量净额为正，此时，需要投入大量资金，形成生产能力，开拓市场。但是，如果此阶段急于扩张，筹资出现问题，企业将面临危机。

(2) 当产品处于发展期时，经营活动现金流量净额为正，投资活动现金流量净额为负，筹资活动现金流量净额为正，企业可能处于高速发展期。为了扩大市场份额，企业仍需要大量追加投资，而仅靠经营活动现金流量净额可能无法满足所需投资，必须筹集必要的外部资金作为补充。

(3) 当产品处于成熟期时，经营活动现金流量净额为正，投资活动现金流量净额为负，筹资活动现金流量净额为负，企业经营性收益良好，但因为投资或扩张过度，要及时融资补充，防止财务状况恶化。

(4) 当产品处于衰退期时，如果经营活动现金流量净额为负，投资活动现金流量净额为负，筹资活动现金流量净额为负，说明企业没有"造血"功能，同时还要偿还债务，发展处境非常困难；如果经营活动现金流量净额为负，投资活动现金流量净额为正，筹资活动现金流量净额为正，说明企业在经营活动中还没有"造血"功能，要及时调整经营策略；如果经营活动现金流量净额为负，投资活动现金流量净额为正，筹资活动现金流量净额为负，说明产品处于萎缩期，这个时期的特征是市场萎缩，产品销售的市场占有率下降，经营活动现金流入小于流出，企业为了应对债务不得不大规模收回投资以弥补现金的不足。

表6-5 现金流模型分析生命周期

三维度	导入期	发展期	成熟期	衰退期	
				淘汰期	萎缩期
经营活动现金流量净额	负	正	正	负	正	负
投资活动现金流量净额	负	负	负	负	正	正
筹资活动现金流量净额	正	正	负	负	正	负

电商企业在产品销售数据分析中，要经常对商品在时间轴上的销售状况进行趋势性的分析，体现产品销售的生命周期信息。产品销售时间分析通常以周为统计期间，用折线图表示销售趋势。折线图中的横轴为时间轴，可以以产品季节各自然周为统计期间，也可以以每日各时间段为统计期间，用以分析各时间段的销售情况，判断产品上下架时间、资源分配以及未来销售目标等问题。

> **扩展阅读** 京东2018—2022年地标农产品上行消费趋势

1. 线上农产品区域品牌总体概况

农产品区域品牌销售额持续增长，在农产品总体中占比超10%。从全国农产品区域品牌销售额来看(见图6-4)，2019年区域农产品品牌销售额达175.3亿元，2020年达232.5亿元,2021年小幅增加,达238.9亿元,农产品区域品牌销售额连续三年保持增长。全国农产品区域品牌销售额占比近三年来持续上升,到2021年区域品牌销售额在全国农产品的销售中占比为10.1%,消费者对区域品牌的认知度不断提升。

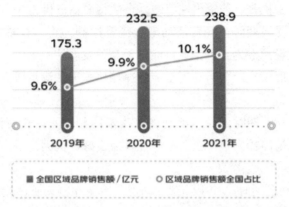

图6-4 2019—2021年区域农产品品牌整体销售额变化及全国占比

(数据来源:欧特欧咨询)

2. 地标农产品品类结构特色

在整体农产品销售中,粮油调味的成交额占比53%,市场份额超过了线上农产品成交额的一半,主要是生活需求引导的消费。如图6-5所示,线上销售的地标农产品中,粮油调味的成交额占比38%,水果的成交额占比39%,猪牛羊肉的成交额占比11%。地标农产品的销售并没有集中到粮油调味品类,市场分布更均衡。一方面是由于地标农产品具备的不可替代的特性,生活刚需引起的消费下降,基于口味及文化偏好的消费增加;另一方面,很多短视频平台、社交媒体大力推介地标农产品,使消费者对地标农产品的认知更广,尝试性的消费增加了。内蒙古羊肉、宁夏滩羊肉、海南荔枝是2022年上半年成交额最高的地标农产品。猪肉品类的地标产品近5年成交额年均增长313%,木瓜、荔枝、鱼类品类的地标产品近5年成交额年均增长超过150%,椰青、香蕉、海产礼盒等品类的地标产品近5年成交额年均增长超过100%。

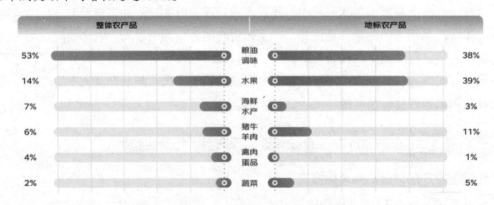

图6-5 2022年上半年地标农产品成交额占比

(数据来源:京东消费及产业发展研究院)

3. 线上地标农产品人群消费特色

消费者对区域品牌的认知提升，新疆是搜索量最高的农产品产地，其次是重庆、宁夏、云南、湖南。广东、北京、上海、山东、四川、河北等省市在地标农产品的消费占比高于一般农产品(见图6-6)，对地标农产品的消费偏好较高。从增长趋势来看，青海、陕西、广西等省份的消费者购买地标农产品的消费增长高于一般农产品(见图6-7)，对地标农产品的消费偏好更高。

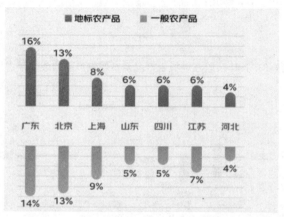

图6-6　2022年上半年各省市地标农产品及一般农产品成交额占比

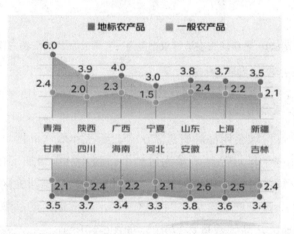

图6-7　2022年上半年与2018年上半年各省市地标农产品及一般农产品成交额

(数据来源：京东消费及产业发展研究院)

2022上半年，46～55岁的用户在地标农产品的消费占比高于一般农产品(见图6-8)，在买农产品时更关注产地信息。县域农村在地标农产品的消费占比高于一般农产品(见图6-9)，在买农产品时更关注产地信息。

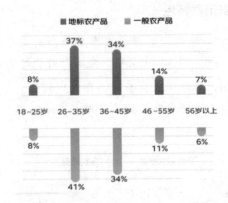

图6-8 各年龄段在地标农产品及一般农产品的成交额占比

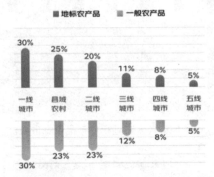

图6-9 各级城市在地标农产品及一般农产品的成交额占比

(数据来源：京东消费及产业发展研究院)

4. 线上农产品区域公用品牌

我国认定的农产品区域公用品牌有近2700个。近三年农产品区域品牌线上覆盖数量持续增加，2019年有销量的区域品牌数量为1157个，到2021年增加了155个品牌，达到1312个，可见，农产品区域品牌线上化进程加速。从2019—2021年四大区线上农产品区域品牌数量对比来看，全部呈逐年增长走势。四大区域中，西部地区的品牌数量最高，2021年达526个，其次为东部地区，品牌数量达379个，如图6-10所示。

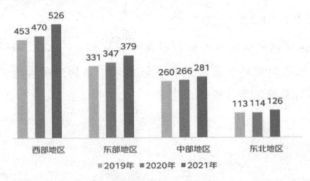

图6-10 2019—2021年四大区线上农产品区域品牌数量对比

(数据来源：欧特欧咨询)

如图6-11所示，2022上半年农产品区域品牌数量前十的省份中，山东省的品牌数量最高，为255个，其次是四川、湖北、广西、黑龙江；从线上品牌数量渗透率上看，广东省、浙江省、上海市的农产品线上品牌数量渗透率最高，分别为75.9%、75.8%、70.6%，中东部地区较为发达的电商环境带动了省内农产品区域品牌线上化进程。

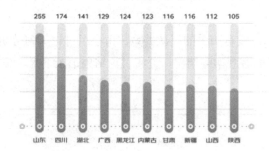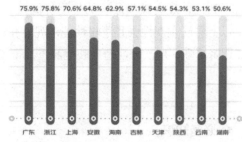

图6-11　2022上半年农产品区域品牌数量和渗透率前十省份

(资料来源：199IT互联网数据中心，有删改)

◆ **任务小结**

请同学们根据任务实施过程中的实际情况，进行任务小结。

_____

_____

◆ **任务评价**

自我评价：_____

小组评价：_____

教师评价：_____

任务6.3　行业数据挖掘

任务6.3.1　行业宏观环境分析

一些商家看到电商直播带货正在爆发式增速发展，也想参与到其中，当咨询旁人直播电商的发展前景时，得到的看法有以下几种。

A. 直播电商的发展前景不错。传统电商用了很多年的时间，使用户逐渐适应网购产品的模式，但是由于只是以图片和视频的形式展示，局限性比较强，而以直播的形式展示产品，能够让客户更直观地看到产品的外形、颜色等细节，更容易促进成交。

B. 现在直播电商这么火，恰巧处在风口，类似以前的自媒体、短视频，但红利期就那么几年，未来发展具有不确定性。

C. 直播带货已经发展了一段时期，很多粉丝都会去固定的主播那里买东西，这时候进入直播电商行业似乎有点晚了。

D. 直播电商适合售卖低价值、高折扣的产品。每一位看直播的网民基本都是奔着产品的低价、高折扣优惠而去选购的。所以，并不是一切品牌都适合开展直播带货，如果直播得不到位，还会减少品牌的使用价值。

以上看法主观性强且逻辑性差，观点和论证没有明显的层次关系。请小组讨论如何分析才能逻辑清晰、层次分明地反映电商直播带货的客观实际情况，并将讨论结果记录下来。

◆ **必备知识**

行业(industry)是指从事国民经济中同种性质的生产、服务或其他经济社会的经营单位或者个体的组织结构体系，即提供同类相互密切替代商品或服务的公司。行业分析的目的是说明该行业的行业规律、行业风险、行业机会、行业发展趋势等。行业分析的内容一般包括宏观分析、行业分析、公司分析、消费者分析、竞争者分析，其中宏观分析和行业分析都是从产业链的角度进行整体分析，而公司分析、消费者分析和竞争者分析则是从市场参与者的角度进行微观分析。

行业报告中，宏观分析常用的模型是PEST模型，包括政治、经济、社会和技术这四大因素。这些因素大多并不直接影响行业和公司，而是通过影响宏观基本面，进而对行业产生间接影响。政治指某一时期内某一行业的产业政策、税收、投资、补贴政策及法律法规等。政策分析很难直接量化，大多是趋势性判断，通过衡量政策宽松还是收紧，预测行业发展趋势。经济发展水平分析可以通过量化指标进行衡量，如国内生产总值占比、国民收入、消费者收入水平等，这些数据可以从国家统计局网站中查询得到。社会因素分析影响消费者的行为决策，主要考虑行业的终端用户群体人数、年龄构成、性别比例、教育水平、人口地理分布等，这些数据一部分可从国家统计局网站中查到，一部分可从统计平台中的用户画像数据得到。技术分析是指技术对一个产业的生产效率与产品更新，甚至一个产业发展阶段产生的影响。技术对产业的影响会直接反映到商品新卖点或生产成本的变化中，是相对容易量化的方面，相关数据可从企业内部收入、成本等运营数据中得出。

任务6.3.2　行业产业链和竞争格局分析

企业为满足市场的需求而存在。市场有不同的需求，企业为了满足市场的各种需求而发展，多个同类型产品的企业构成了行业。行业与行业间、行业内企业间都存在着复杂的关联关系。根据波特的五力模型，竞争的五种主要来源为供应商、购买者、新进入者、替代品和同业竞争者。请各小组选取一家企业，从五种来源角度找到相关的企业名称和客户特征，并将企业主营业务和客户信息记录下来。

◆ 必备知识

行业分析有产业链分析和竞争格局分析两个方面。

1. 行业产业链分析

产业链是指各个产业部门之间基于一定技术经济关联,并依据特定逻辑关系和时刻布局关系客观形成的链条式的关联形态。产业链包含价值链、企业链、供需链和空间链4个维度。进行产业链分析,有利于企业在改进流程、降低成本和形成竞争壁垒方面做出系统的决策。产业链分析的方法和步骤如下所述。

1) 现有产业链结构分析

产业链各个环节是相互关联的行业,进行产业链结构分析,要先明晰上游企业、中游企业和下游企业。通过分解产业链中实物、货币、信息的流通情况,才能明晰政策、需求、价格发生变化时,所研究的行业受产业链关联影响的传导方式和产业的发展方向。图6-12是塑料机械行业的产业链分析。

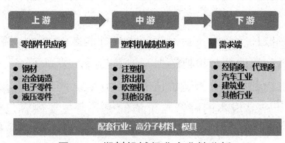

图6-12 塑料机械行业产业链分析

2) 分析产业链各个环节上的企业数量和竞争程度

每个环节上的企业数量决定这个环节的竞争程度,当供大于求时,企业竞争力就会被削弱。企业与产业链上下游的关系分析,需要考虑供应商和购买者的议价能力。其中,影响供应商议价能力的因素包括市场占有率、转换成本和供应商战略,而影响购买者议价能力的因素包括价格敏感度、相对议价能力等。

3) 产业链价值分配

通过产业链的价值分配可以大致估算该行业的市场空间,而市场空间对于行业竞争态势有极大影响。分析价值分配时,首先确认产业价值链,列出产业价值链联结的不同产业的活动。表6-6展示了不同行业的价值链。

表6-6 不同行业价值链基本活动分析

行业类型	价值链							
制造业	研发	采购	生产	配送	广告宣传	销售	服务	—
餐饮业	业务规划	餐馆开发	选址	采购	人员培训	监督	门店管理	促销
零售业	产品开发	采购	配送	广告	门店推销	销售	服务	—

然后,分析相关的成本动因,即企业必须了解自身在产业价值链中的相对地位,分析

内部与外部作业联结关系，确认作业成本动因，做出正确的决策，确保企业的竞争优势。图6-13是企业的价值链分析。

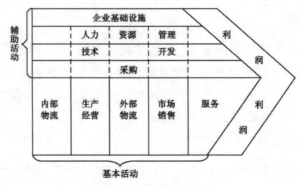

图6-13　企业价值链分析

外部联结是指企业执行的作业与外部供应商及客户所执行作业之间的关系，主要内容包括以下几项：判断企业当前处在行业价值链的哪个区域；确定企业从事行业价值链的哪些部分；分析各个环节的利润情况，准确定位当前行业价值链的高利润区；判断行业价值链的转移趋势，未来哪些环节会很重要，会成为高利润区；为了协调一致地实施以利润为中心的战略，企业是否应该改变与价值链上其他参与者的关系等。

内部联结是指企业内部所执行创造价值的各项作业之间的关系。评估企业内部各项作业联结的关系，有助于产品成本的降低与价值的提升，主要内容包括以下两项。一是确定价值链的主要活动和辅助活动。"主要活动"指生产经营的实质性活动，与产品、服务的加工流转直接有关，是企业的基本增值活动。"辅助活动"主要是支持主要活动所需的各种职能工作、设施等。二是让客户判断各项活动的价值，并进行成本分析。这里的"客户"包括内部客户与外部客户。外部客户(如购买产品/服务者、合作伙伴、渠道商等)对"主要活动"在价值链中的增减值进行判别，其增减值的判断依据：促进客户购买或合作、有效满足了客户需求的活动为"增值"活动；反之，则为"减值"活动。内部客户(如员工、股东等利益相关者)对"辅助活动"在价值链中的增减值进行判别，其增减值的判断依据：能更有效开展工作、有助于获得好的业务结果为"增值"活动；反之，则为"减值"活动。图6-14为价值链增减值活动分析。

图6-14　价值链增减值活动分析

2. 竞争格局分析

1) 行业现有竞争者情况层级分析

行业竞争格局是指行业内企业的数量和规模的分布。理论上，行业格局可以分为完全竞争、寡头垄断、双头垄断、完全垄断。实际中，调研了解行业现有竞争者首先需要识别竞争对手。广义上，所有与本企业争夺同一目标用户群的企业都可被定义为竞争对手，包括潜在进入者(替代品和新进入者)，以及现有直接和间接竞争者。

在确定竞争对手范围后，分析内容会根据分析目的来确定，从产品、品牌、市场、渠道、服务、运营、商业模式等一个或者多个方面进行层次分析。明晰竞争对手的战略和目标，便可为企业下一步确立市场定位，为制定有针对性的市场竞争策略做准备。竞争格局分析在分析报告中常用图谱或者图表来呈现，如图6-15所示。

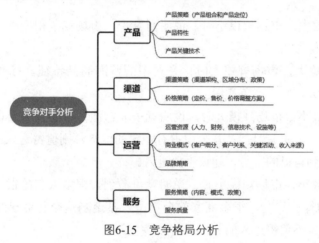

图6-15 竞争格局分析

2) 行业集中度

行业集中度是指某行业的相关市场内排名靠前的大型企业所占市场份额(产值、产量、销售额、销售量等)的总和，是对整个行业的市场结构饱和度、垄断程度的测量指标，用来衡量企业的数目和相对规模的差异，一般可以使用赫芬达尔指数(也称HHI指数)来反映。该指数首先需要取得竞争对手的市场占有率，并将较小的竞争对手忽略，然后计算出竞争对手市场占有率的平方值，最后计算出平方值之和，即为HHI指数。如市场上有4家龙头企业，他们的市场份额分别是40%、25%、17%、18%，计算得出HHI指数为0.2838。HHI指数越大，说明市场的集中度就越大，市场的垄断性越强，门槛越高；HHI指数越小，说明市场的集中度就越小，市场的竞争性越强，门槛越低，产品同质化严重。这个指数适用于品牌商在入驻商城前对市场竞争程度进行预测。

行业集中度是在发展变化的，从低到高的升级过程往往是行业成长最快最好的时机；而从高到低的过程是行业发展风险最高的时候，会造成供给过剩的现象。

任务6.3.3 行业潜力分析和稳定性分析

通过行业分析，除了了解行业现状，更重要的目的是挖掘最具投资潜力的行业，以便进行投资和战略布局等。请小组讨论，在职业选择时，你更看重企业的哪些特征？并把讨论结果记录下来。

___

___

◆ 必备知识

1. 行业潜力分析

行业潜在的竞争格局与市场规模有关，当市场规模大时，一定会吸引众多企业的参与，竞争也会随之激烈。分析行业潜力，首先需要了解"蛋糕指数"。蛋糕指数是指某个商品在所属行业销售额的占比与该行业商家数占比的比值。蛋糕指数与行业潜力的关系如下。

(1) 当蛋糕指数大，市场规模小时，说明商家少，市场竞争程度小，如果产品增长趋势较大，那么是值得做的。

(2) 当蛋糕指数大，市场规模大时，是典型的蓝海商品特征，行业潜力大，值得进入，因为产品需求大，同时竞争和缓。

(3) 当蛋糕指数小，市场规模大时，说明竞争非常激烈，企业需要审视自身有没有这方面的优势和资源，如果有且能在竞争中占有一定的优势，则值得进入；如果没有，蛋糕再大，也未必能抢到自己的一份，建议不要进入。

(4) 当蛋糕指数小，市场规模小时，说明竞争激烈，很多人在抢很小的份额，不宜进入。因为一旦遇到行业红利，很多商家就会竞争，甚至当这个行业已经衰退时还往里面挤，此时的市场肯定不值得进入的。

2. 行业稳定性分析

不同行业销售和收益的稳定性是不同的。行业的稳定性是衡量投资风险的重要尺度。显示行业稳定性的主要指标有销售和收益周期波动的幅度、增长率、行业内部和行业间的竞争程度、竞争对手、劳资关系和工资政策、价格和存款价值、税收和其他政治影响等。行业稳定性涉及波动系数和极差两个指标。其中，波动系数是标准差与平均值的比值；极差是最大值与最小值之间的差额。

运用波动系数分析数据的缺陷在于：千万元级别和百万元级别的数据得到的波动系数可能相差无几。因此，通常需要利用极差这个指标来显示数据的量级。因此，波动系数和极差需要相互配合，才能更好地反映行业的稳定性。在选择行业时，对于规模较小的商家而言，选择波动系数大的市场，机会可能就越大；对于中级商家而言，如果资源较好，则建议选择波动系数小的市场，因为这个市场做起来后就相对稳定了，只要控制好供应链就行。

> 📖 **扩展阅读** 2020年中国直播电商行业研究报告(节选)

1. 直播电商产业链

直播电商产业链如图6-16所示,由供应端、平台端和消费者构成。供应端主要包括商品供应方(厂商、品牌商、经销商)及内容创作方(主播、MCN[①]机构)。平台端包括电商平台(淘宝、京东、拼多多、蘑菇街、快手电商等)和直播平台(快手、抖音、淘宝直播等)。品牌商和厂商对接电商平台,提供货源;对接MCN机构或主播,确定直播内容方案;引入直播平台,进行内容输出,最终引导消费者在电商平台实现变现转化。电商平台、直播平台、MCN、主播为主要受益者,其收益一般来自按成交额的一定比例收取的佣金。

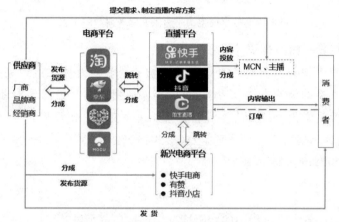

图6-16 直播电商产业链

2. 直播电商带货模式

(1) 主流模式是多数主播的选择模式,能贡献了大量的成交金额。主流模式又包括三种方式:一是在某个领域积累专业知识,成为消费影响力人物的"达人模式";二是主播凭流量优势获得对品牌商的议价能力,低价回馈粉丝的"秒杀模式";三是主播对店铺在售产品逐一介绍,依靠商品引起观众互动的"店铺模式"。

(2) 特定地点的直播模式,也包括三种方式:一是供应链构建直播基地,主播去基地开直播的"基地走播模式";二是主播到产地直播的"产地直播模式";三是主播在海外给粉丝导购,商品随镜头变化的"海外代购模式"。

(3) 垂直类型直播模式。这种直播模式适用于特定商品类型。有主播向买家砍价、协商一致后粉丝购买的"砍价模式";有直播赌石、珍珠开蚌,内容趣味性强的"博彩模式";还有获取稳定流量难,但转化率比较高的"专家门诊模式"。

3. 直播电商平台热门带货品类差异

如图6-17所示,消费者对女装、食品饮料、个人护理等快消领域产品的关注度普遍较高,此类产品具有复购率高、毛利率高、客单价低等特点,成为直播带货主流。2019年下半年,淘宝直播在家电、汽车、生活电器领域加速渗透,成交金额快速增长。高标价、低

---

① MCN全称为multi-channel network,意思是多频道网络传媒公司,MCN是一种多频道网络的产品形态,是一种新的网红经济运作模式。

复购率商品在直播带货中的渗透率逐步上升。

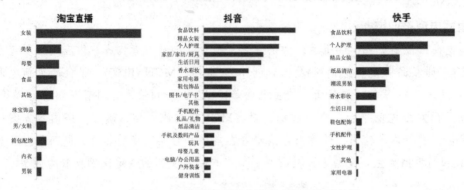

图6-17 各直播电商平台消费者关注产品品类

4. 直播电商购物平台占有率

根据中国消费者协会发布的《直播电商购物消费者满意度在线调查报告》调查数据显示，使用淘宝直播的消费者占比为68.5%，经常使用淘宝直播的消费者占比为46.3%，淘宝直播处于绝对领先优势；其次为抖音直播和快手直播，使用用户占比分别是57.8%和41.0%，经常使用的忠实用户占比分别是21.2%和15.3%。

(资料来源：前瞻产业研究院，有删改)

◆ **任务小结**

请同学们根据任务实施过程中的实际情况，进行任务小结。
_____
_____

◆ **任务评价**

自我评价：_____
_____

小组评价：_____
_____

教师评价：_____
_____

任务6.4　电子商务企业市场分析的主要工作

市场分析是指对市场供需变化的各种因素及其动态、趋势的分析。电子商务企业市场分析是通过对市场销售产品的分析，找到消费者特征(即用户画像)，然后有针对性地进行销售。市场营销战略中，经过市场细分，选择目标市场后，企业最终目的是针对客户特征进行目标市场定位，有针对性地开发产品或是结合自身产品找出差异化卖点，通常可以应用SWOT分析确定产品差异化的卖点。

任务6.4.1 用户画像和SWOT分析

在商业市场中,企业只有真正了解客户,才能得到客户。聚焦不同人群,就会有不同的战略定位,不同的业态选择。企业在开发产品之前,客户特征根据产品定位来描述;当有了产品后,客户特征可以从购买产品的客户数据中分析得出。请小组讨论京东和拼多多的客户有什么样的区别,并将讨论结果记录下来。

_____

_____

◆ **必备知识**

1. 用户画像

市场定位的第一步是收集店铺的客户特征,清楚他们关注产品的哪些特征,即进行用户画像。用户画像是指通过收集人群属性、消费能力、人口属性、消费兴趣等信息,对用户或者产品特征属性进行刻画,利用信息检索、统计学等技术来筛选出用户标签,分析电商企业需要服务的特定人群的过程。一般采用大数据实时计算、信息检索、统计学等技术来筛选出用户标签。

电商平台一般从三个维度获取用户数据。第一类是用户基本属性,包括性别、年龄、受教育程度、地域分布等。用户基本属性用来认识店铺商品的受众群体,认识已有客户规模,以便吸引同类群体客户、选择营销方式,更好地获取精准客户。第二类是用户消费行为,是根据用户的登录习惯、浏览习惯和下单习惯分析用户的购物习惯,包括下单时间、消费金额、促销敏感度、消费频次等。应用这些数据可以更好地推荐商品,选择上架商品和上架时间。第三类是用户偏好习惯,从一年内消费者的浏览、搜索、收藏、加购、购买等行为,可判断人群偏好习惯,如运动达人、健身、美白等。这类数据有利于对商品关联内容进行优化,从而提升转化率、客单价与订单额。

这三类数据通常用表格来统计,或者计算所得分布占比的饼图、柱形图、地图来进行可视化描述。

2. 电商企业SWOT分析

产品市场定位要立足自身,结合客户特征、市场行情和行业态势,做出适合电商企业产品特点的战略决策。常用的分析方法为SWOT分析法。SWOT分析法中的机会和威胁是针对外部环境而言的,如政策、经济、社会、市场行情和行业特征等;优势和劣势是与行业竞争对手比较得出企业自身的特点。应用SWOT分析框架,可从增长型战略(SO)、扭转型战略(WO)、多种经营型战略(ST)、防御型战略(WO)中选择适合自身发展的战略原则。

任务6.4.2 电子商务企业市场分析工作

对于电商企业,产品发布、宣传、淘汰的决策来自市场分析,市场分析是电商企业产品规划的主要依据。通过市场分析,企业可以更好地认识市场的产品供需关系,采取正确的经营战略,满足市场需要,提高企业经营活动的经济效益。请小组讨论,电商企业在进行市场分析时需要分析哪些内容,如何进行分析,并将讨论结果记录下来。

◆ **必备知识**

1. 企业市场分析

企业市场分析一般是通过研究行业发展报告、分析经营中获得的市场数据及有针对性的市场调研的方式进行市场分析,主要从以下几方面入手。

1) 市场经营环境分析

市场经营环境分析是对市场的宏观趋势、行业区域环境以及上下游产业链的分析。在宏观层面,市场经营环境信息可以从国家政策、经济社会文化制度、行业发展报告中获得。

2) 市场行情分析

市场行情分析是对消费者需求角度的分析,包含市场规模增长趋势、品种结构、价格结构、品牌结构、过去一段周期内新品结构、热销产品结构。市场行情分析信息可从行业发展报告中获得,也可以从专门的市场调研报告中获得。

3) 行业竞争力分析

行业竞争力分析是对竞争企业进行分析,包含竞争企业的市场排名、市场份额,产品线的销售布局、品种结构、销售前十的产品销售趋势、畅销产品的优劣势等方面。行业竞争力分析信息可从竞争企业财务经营报告或年度报告中获得。

4) 企业自身经营情况分析

企业自身经营情况分析是对自身产品进行分析,包含市场份额、销售业绩分析、产品线结构、销售量靠前的产品销售趋势、产品的优劣势等方面。企业自身经营情况分析信息可从企业经营周期的数据中获得。

2. 电商企业市场分析工作关注点

电商企业在分析行业竞争力和自身经营情况时,通常采用对比的方式,得出经营差异,调整经营战略,以提高企业销售额。电商企业市场分析工作需关注以下几方面。

1) 关键词

想让客户找得到产品,关键词是核心。关键词能准确反映客户的需求,每个关键词背后都代表一类不同的人群。关键词分析可通过不同关键词来验证搜索,从结果中看竞品差异和销量;也可利用专门数据分析的平台来进行,找出市场竞争度较小的关键词需求,以此为依据优化产品标题。

2) 产品主图和详情页

产品的主图是产品的展示图片,是客户对宝贝的第一直观印象。产品主图要突出卖点,突出企业产品定位。产品的详情页要注重产品适用的场景,从页面表述、评价引导、主图视频等方面详细描述产品。

3) 价格

不同需求层次的产品定价是不同的，要对企业产品结构进行精准定位。企业应结合店铺所处的阶段、产品类目和竞争者产品价格，合理设置产品布局和定价。

4) 流量渠道

流量反映的是客户的需求，流量渠道是展现和曝光产品的渠道。流量渠道有免费和付费之分。不同渠道对产品图片、关键词等展示规则不同。电商企业要在熟悉各平台规则的基础上拓展适合产品特征的渠道，优化各渠道的图片、视频、文案等媒体元素。

5) 客户服务

电子商务客户服务工作的主要内容为处理客户投诉、受理订单业务、与客户沟通联系等。面对的客户不同，沟通的方式和话语也不同。回复是否清晰，反应是否快速，同样是影响产品销售的因素。

扩展阅读　如何区分市场和行业

市场和行业常被用于分析商业环境和规模，做出商业预测，作为企业决策的依据。这两个词到底有什么区别呢？

分析定义可以发现，市场由消费者和他们的需求构成；行业由提供可替代商品的公司构成。其中有几个关键词：消费者、需求、替代品、公司，其关系如图6-18所示。

图6-18　行业与市场的关系

例如，有个人做的羊肉面片非常美味，在南方很少见到有做这种面食的商店，是不是可以开一个专卖羊肉面片的店铺呢？按照定义分析该案例可知，市场是想吃羊肉面片的人们；行业是做出羊肉面片的店铺。

可以看出，市场和行业的侧重点是完全不同的，市场观察消费者和需求，行业观察产品和公司。

我们进一步用微观和宏观来分别区分市场和行业，表6-7从微观市场、宏观市场、宏观行业、微观行业4个方面说明关注的重点。

表6-7　市场和行业的区别

维度	市场	行业
微观	需求与消费者匹配分析	从技术和财务角度分析自身在行业的竞争力
宏观	目标消费者现在和未来的规模分析	从行业门槛、供应商议价、替代品威胁、同行竞争的激烈程度4个方面分析行业发展

1. 微观市场

微观市场关注的是什么样的需求能满足什么样的消费者。应用上面羊肉面片案例,当研究微观市场的时候,主要考虑两类问题:①口味能不能满足吃货们的需要?应该定价多少?②喜欢吃面片的是哪些人?他们有什么特征?这样的人多吗?

可以看出,微观市场就是通过分析需求和消费者的各个方面的特征来说明需求和消费者之间的关系。微观市场在此类问题上做调查研究。

2. 宏观市场

根据上面微观市场的调研结果,形成基础数据,可以继续研究宏观市场。宏观市场研究的内容为这些目标消费者现在和未来的规模如何,如杭州喜欢吃羊肉的人能有多少,怎么统计呢?这些人是会增加还是会减少?

3. 宏观行业

接下来看一下宏观行业研究的问题。首先从广义和狭义两个角度识别和定义行业。继续沿用上面的例子,狭义的行业是"羊肉面片"行业,狭义定义行业的好处是能够澄清重点和优势,识别主要的竞争者,如其他制作羊肉面片的餐厅是主要竞争者。狭义定义行业的弊端在于容易忽略替代品或者相似品,如制作牛肉面片的餐厅也是竞争者。广义上,"羊肉面片"也是"餐饮行业",广义定义行业的好处在于能考虑到市场的替代产品,如定义为餐饮业的时候就可以想是不是可以开一家餐厅,但弊端在于如果改变了最初的定义,会使资源投入不够集中,从而导致失去产品特色。因此,要将广义和狭义定义结合考虑,选择在当前阶段的准确定义。

总结一下,在宏观行业中,从行业门槛、供应商议价、替代品威胁、同行业竞争的激烈程度这4个方面,来看这个行业是否具有吸引力。例如,开"羊肉面片"餐厅需要考虑的问题有以下几个:①其他人是不是也能很轻松地开一家羊肉面片店铺?②羊肉和面粉的供应商是否有较强的议价能力?③同类的牛肉面片、鸡肉面片,是否更吸引消费者?④区域内是否已经开了很多家羊肉面片的店铺,并且竞争非常激烈?

4. 微观行业

微观行业,主要是从技术和财务等角度来看自身的企业在行业中的竞争力。例如,我们提供的羊肉面片有没有什么独门秘籍?开店需要哪些成本?大概能赚多少钱?

(资料来源:简书,有删改)

◆ 任务小结

请同学们根据任务实施过程中的实际情况,进行任务小结。

_____

_____

◆ 任务评价

自我评价:_____

小组评价:_____

教师评价：_____
_____

知识拓展

1. 需求渗透率

需求渗透率也叫市场渗透率，是当前市场需求和潜在市场需求之间的比较，它表示的是一种产品或服务在市场上的覆盖程度。市场渗透率=商品的现有需求量/商品的潜在需求量。

例如，"滴滴"市场渗透率1%的算法是：中国城镇人口有8亿，每个人一天出门一次到两次，所以8亿人每天出行大约是13亿次，用"滴滴"现在提供的1400万次出行除以13亿次，渗透率是1%。

2. 市场细分

市场细分是指企业按照某种标准将市场上的顾客划分成若干个顾客群，每一个顾客群构成一个子市场，不同子市场之间，需求存在着明显的差别。细分标准有很多，如洗发水按照功能分柔顺、去屑、防脱等；按消费者收入分，分为高中低档。市场细分是选择目标市场的基础工作。

3. 市场定位

市场定位是指为使产品在目标消费者心目中相对于竞争产品而言占据清晰、特别和理想的位置而进行的安排。是以消费者为出发点的产品形象，企业在市场定位的工作目标是建立品牌或产品的形象或身份，以便消费者以某种方式对其进行感知。如京东以品质和物流为市场定位目标；拼多多以优惠折扣为市场定位目标。

模块总结

企业经营的过程中，行业数据分析是一把利器，企业可以在行业数据分析中找到定位和价值，尤其是竞争激烈的电子商务行业，通过所属类目行业分析可以适时地了解电子商务企业所经营的行业发展情况，指导电商企业决策经营。

我的收获：_____
_____

我的不足：_____
_____

模块 7 电子商务数据可视化分析

> 我们经过接续奋斗,实现了小康这个中华民族的千年梦想,我国发展站在了更高历史起点上。我们坚持精准扶贫、尽锐出战,打赢了人类历史上规模最大的脱贫攻坚战,全国832个贫困县全部摘帽,近一亿农村贫困人口实现脱贫,960多万贫困人口实现易地搬迁,历史性地解决了绝对贫困问题,为全球减贫事业作出了重大贡献。
>
> ——党的二十大报告

 学习目标

知识目标
- 理解电子商务数据可视化分析
- 了解常用的电子商务数据可视化图表的类型
- 了解电子商务数据可视化图表的制作工具

能力目标
- 熟练运用不同类型图表呈现信息的应用场景
- 掌握电子商务数据可视化的展示方式
- 掌握电子商务数据图表的制作方式和设计技巧
- 能够制作简单的电子商务数据图表

技能目标
- 熟练掌握电子商务数据图表的类型及制作方法
- 熟练掌握电子商务数据图表的设计技巧
- 熟练运用不同类型图表呈现信息的应用场景
- 熟悉影响数据图形化呈现效果的因素

模块导入

6·18大促结束后，如何继续激发用户的消费潜力成为电商平台的营销痛点，抖音电商食品行业通过推出"抖in百味赏·夏日夜宵季"活动，洞察并打造夏日夜宵营销场景，成功让夜宵生意与炎热夏季共同"升温"。

生意导向上，抖音电商食品行业对比了去年同期站内数据，发现速食、零食、酒水、方便菜这些类目在夜宵场景上的需求增长。用户洞察上，每年六七月份开始，抖音站内关于"夜宵"以及"夏天吃什么"的内容创作就会增加。基于这两大洞察，抖音电商食品行业打造了"夏日夜宵季"，希望通过这次活动，让消费者明白吃夜宵不一定要走出家门，很多品牌能满足"足不出户享用夜宵"的需求。电商用户可以利用图像、曲线、二维图形、三维动画等可视化方式来表现商务数据，可以对数据的模式和相互关系进行可视化分析，从而传递出更多的信息，同时也可以提高商务数据的视觉吸引力和说服力。本模块将引领读者认识数据可视化分析，了解数据可视化图表、数据可视化视觉效果及可视化图表的制作。

任务7.1 认识数据可视化分析

任务7.1.1 了解数据可视化的媒介属性

电子商务可视化监控系统的初衷是通过观察平台的运营情况，让管理人员实时了解到现有业务的发展情况或异常问题，进而及时做出调整，以抓住业务增量的机会或降低异常造成的损失。大多数人都使用过拼多多App，那么你知道2019年拼多多漏洞门事件吗？请通过网络查阅此次事件的相关资料，小组内进行讨论，并将讨论结果记录下来。

◆ 必备知识

数据可视化具有媒介属性。数据是反映产品和用户状态的一种最真实的方式，数据化运营已经广泛应用于电子商务、互联网金融、电子消费、移动出行、企业服务、视频直播、游戏、在线教育、医疗健康等各个领域。数据指导运营决策、驱动业务增长。从电商网站的"看了又看""猜你喜欢"等个性化推荐，到商家促销活动的精准营销，再到智慧城市建设的一站式服务等应用场景，大数据已经逐渐渗透、应用到人们的工作和生活中，成为提高人们工作和生活质量的重要组成部分。通过地图导航，人们可以实时查看道路的拥堵情况，并预测到达时间；手机打车应用程序会根据车辆的多少和呼叫用车的人数，实时地给出价格，用价格来调剂高峰期和低谷期，侧面通过提高费用使更多司机加入高峰时期的运营；物流公司可利用社交媒体、网络搜索及天气预报挖掘出有价值的数据，对供应链及配送路线进行优化，再通过地理定位(GPS)和射频识别(RFID)等技术来追踪货物和货车，向用户实时展示货物位置和预计送达时间；等等。

基于采集每个人的日常生活习惯、身体状态、社交网络、知识能力、爱好性情、情绪波动记录等数据建立的个人数据中心，还可以被应用于以下领域：医疗机构通过智能手表、智能手环等终端设备实时监测用户的身体状况，做出健康指导或疾病预警，联动医疗机构提供监测依据；教育机构针对不同用户需求制订个性化的培训计划和方案；服务行业提供符合用户消费习惯的服务推荐；金融机构根据用户实际情况提供更为有效的理财规划和投资建议；社交网站更精准地让志趣相投的人群相识相知；等等。

总而言之，数据蕴含着巨大的财富，值得去挖掘。可视化技术为大数据分析提供了一种更加直观的挖掘、分析与展示手段，有助于发现大数据中蕴含的规律，在各行各业得到广泛的应用。可视化和可视分析利用人类视觉认知的高通量特点，通过图形和交互的形式表现信息的内在规律及其传递、表达的过程，充分结合了人类的智能和机器的计算分析能力，是人们理解复杂现象、诠释复杂数据的重要手段和途径。

数据可视化是基于数据的，数据科学让人们越来越多地从数据中发现人类社会的复杂行为模式，以数据为基础的技术决定着人类的未来，但并不是数据本身改变了世界，起决定作用的是可用的知识。大数据已经改变了人们生活和工作的方式，给人们的思维模式带来了巨大影响。数据可视化不只是各种工具或新颖的技术，作为一种表达数据的方式，可视化是对现实世界的抽象表达。可视化如同文字一样，也可以讲述数据背后各种各样的故事。

如果只看原始数据，用户可能会忽略掉某些内容。清晰而有效地在大数据与用户之间传递和沟通信息，是数据可视化的重要目标。数据可视化技术的底层逻辑是将一个数据库中的子数据项作为单个图元①元素表示，将大量的数据集可视化为直观的数据图像，同时将数据的各个属性值以多维数据的形式表示，可以从不同的维度观察数据，从而对数据进行更深入的观察和分析。由数据可视化的领域模型(见图7-1)可知，可视化工作的关注点是数据和图形。数据领域聚焦于数据的采集、清理、预处理、分析、挖掘；图形领域聚焦于光学图像的接收、提取信息、加工变换、模式识别及存储显示；而可视化领域聚焦于将数据转换成图形，并进行交互处理的功能。

图7-1　数据可视化的领域模型

任务7.1.2　初识数据可视化

数据可视化都有一个共同的目的，那就是准确而高效、精简而全面地传递信息和知识。图表展示数据，实际上比传统的统计分析法更加精确和有启发性。在拼多多漏洞门事件中，拼多多出现重大漏洞，该漏洞超过2天未被发现，用户可领取100元无门槛券，优惠券可全场通用(特殊商品除外)，有效期为一年。请小组内讨论，为什么工作人员2天未发

---

① 图元是可以编辑的最小图形单位。

现异常？这种异常是否很难被发现？并将讨论结果记录下来。

◆ **必备知识**

在计算机学科的分类中，利用人眼的感知能力对数据进行交互的可视化表达以增强认知的技术，称为可视化 (visualization)。数据可视化(data visualization)将相对复杂、冗余的大数据经过挖掘、转换，提炼出结构化数据内容，并通过可视的方式以用户更易理解的形式展示出来，清晰表达数据内在的信息和规律。

数据可视化使用数据和图形技术将信息从数据空间映射到视觉空间，是关于数据视觉表现形式的科学技术研究，是一个面向应用、立足实际的学科，其目的是用图形化的手段来让数据有效地传达信息。随着当前技术平台的发展，数据可视化除了"可视"这一基本特点外，还具有及时性、互动性、故事性等特点。

一个数据可以包含大量的信息，但表现出来的往往只是一个词语、数字、字母，或者图形符号。而借助数据可视化，可以提取数据中的信息，了解数据背后的故事。通过可视化可以从数据中发现很多信息。

一是关系信息，即指标之间的关联关系或因果关系。例如，通过美国航空航天局最新的超高分辨率计算模型，可以直观地看到二氧化碳在地球表面流动和形成涡流的过程与全球气温上升之间的关联关系，从而推断出二氧化碳浓度逐年升高将导致全球气温上升的长期趋势。

二是规律信息，即数据中的规律。例如，可以通过统计不同种类产品的月销量和月销售额，利用自动筛选功能设置筛选条件，生成图表，针对满足条件的产品进行分析，从数据中发现销售额随季节变化的周期性规律，从而进行选品。

三是异常信息，即一些异常的数据。异常值不一定全是错误值，有可能是人为造成的，也有可能是偶然情况。异常信息可用于分析原因和监测状态，如制造类企业就经常用到设备状态监测和异常分析功能。

任务7.1.3 了解数据可视分析

利用可视化技术可以实时监控业务运行状况，及时发现问题，以第一时间做出应对。在拼多多漏洞门事件中，这类重大漏洞必然会导致单日内订单优惠率激增，且订单量短时间内急剧增加。请小组内讨论，工作人员如果观察到了这类"异常现象"，能否定位原因，并及时对问题进行修复？请将小组内的讨论结果记录下来。

◆ **必备知识**

下面举例说明"数据可视分析"和"数据可视化"的区别。

在生活中，超声检查就是典型的可视分析。数据可视分析不外乎把医学影像原理应用到企业的管理上,帮助企业实时分析当下的整体状态。人与数据交互可以带来更大的决策价值。医院出具的超声检查报告单上的图片是数据可视化,侧重结果;而超声检查的实时影像则是数据可视分析,侧重过程,是动态的。

"数据可视分析"通过实时的、人机互动的、更加直观的数据分析的工具,让人和机器进行真正的交流,给予企业真正的"大数据认知能力"。随着大数据时代的到来,可视化在数据的获取、处理、分析阶段都发挥着重要的作用。以大数据为基础,以可视化和数据分析模型作为两翼,共同为客户创造价值,三者缺一不可,相辅相成。

随着大数据行业的快速发展,人们对数据可视化的要求越来越高。一张图片所传递的信息往往比文字更直观、更清楚。人们常说"文不如表,表不如图",图表的重要性可见一斑。在统计分析产品、用户画像等方面,从业者需要具备优秀的数据可视化能力。现在常见的如"一图看懂×××"等信息交流方式,就是通过图表传递信息,这是典型的数据可视化成果。

对电子商务数据进行数据可视化处理,可以使用户更直观、更形象地理解商家要表达的信息与内容,这不仅可以提高用户的阅读效率,也符合人类的生理本性。电商用户可以利用图像、曲线、二维图形、三维动画等可视化方式来表现电子商务数据,对数据的内在关系和趋势等进行可视化分析,从而传递出更多的信息,同时也可以提高电子商务数据的视觉吸引力和说服力。例如,若要描述某电商平台最近5年的收入情况,那么就需要说明该公司每个月的收入是多少,同比、环比增幅是多少,收入最多、最少的分别是哪个月,同比、环比增幅最低、最高的分别是哪个月等。若用数据图表来表达,那么只需使用柱形图和折线图的组合图表就能准确地表达以上信息,如图7-2所示。

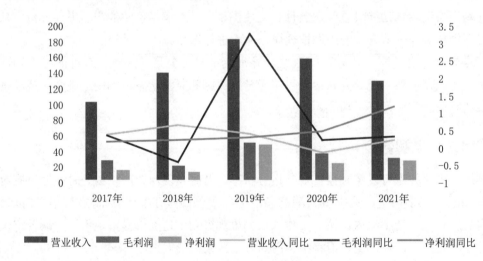

图7-2 某电商平台最近5年的收入情况

电子商务数据图表的另一个优势是可以通过简单的逻辑和视觉体验让用户快速把握要点,通过图表能够一眼看出哪一年的收入最高,而不用将每个数字都放到大脑中进行比较。用户通过大脑的视觉系统可以迅速地识别、存储、回忆图形信息,本能地将图形中的信息转化为长期记忆。

电子商务数据可视化还可以改变人们解读世界的方式。相同的数据，用不同的表达方式能产生不同的效果。在展现电子商务数据时，一张清晰而又独特的数据图表能够让用户更加直观且准确地理解设计者所要表达的信息和意图，同时也可以让信息表达看上去更加具有说服力，让电子商务数据的价值最大化。

扩展阅读　可视化前景何在？业界代表在重庆展开研讨

2023年7月22日，第十届中国可视化与可视分析大会在重庆市举行，来自全国140余家高校、研究院所和企业的近千名代表齐聚一堂，共同探讨可视化与可视分析的前沿技术和未来前景。

什么是可视化？"我们可以把可视化想象成另外一种语言，它是人和数据沟通的语言。"中国图像图形学学会可视化与可视分析专委会主任、北京大学智能学院研究员袁晓如表示，可视化的发展与先进计算、大数据紧密结合，已成为信息时代各国的核心科技竞争力。天气预报、地图导航、地铁路线图等，都是可视化的典型运用。"今后，还会开发出'沉浸式'可视化系统及可穿戴式的可视化设备，大大方便市民生活。"

可视化如何高效解决行业问题？武汉大学新闻与传播学院副教授王琼表示，随着大数据技术的兴起，数据逐渐成为新闻的本体，过去以文字为中心的新闻叙事方式被改变。在未来，数据新闻这一基于数据抓取、挖掘、统计、分析和可视化呈现的新型新闻报道方式会越来越普遍。受众也可通过数据新闻更好地了解政策、洞悉社会。

"数据可视化在民航领域的运用，进一步保障了安全，优化了效率。"中国民航局第二研究所科研中心副研究员王国强介绍，数据可视化在空中交通管理、机场运行保障、飞行安全评估中运用，将大量的数据和许多复杂的信息转化为直观、易理解的图形，提供了准确、及时的决策参考。

"重庆具有'3D城市'的独特性，是可视化技术运用的'沃土'。"第十届中国可视化与可视分析大会主席、重庆大学计算机学院教授秦红星说，特别在交通领域，重庆的可视化运用场景十分广阔。目前，其研究团队正着手研发交通仿真可视化系统。建成后，使用者可直观地看见某一区域的人流、车流等详细情况，为便捷交通提供参考。

(资料来源：中国新闻网，有删改)

◆ 任务小结

请同学们根据任务实施过程中的实际情况，进行任务小结。

_____
_____

◆ 任务评价

自我评价：_____
_____

小组评价：_____
_____

教师评价：_____

任务7.2 图表的魅力

任务7.2.1 运用视觉与图形的力量

日常生活中常见的可视化作品如海报、PPT、图书中的插图、天气预报图等，都在讲述故事。这些故事或者是为了让人们相信某件事情，或者是呼吁人们做出某种举动，或者是通过新的信息激发新思路，或者是打破早已形成的先入之见。不管其目的是什么，各种尺寸和形式的可视化数据作品都在帮助人们理解数据背后的意义。请简单描述此刻在你脑海中浮现的经典的可视化案例，小组内讨论它们的共同点是什么，并将讨论结果记录下来。

_____

◆ **必备知识**

互联网时代，客观世界和虚拟社会正源源不断地产生大量的数据，而人类视觉对数字、文本等形式存在的非形象化数据的处理能力远远低于对形象化视觉符号的理解。如果直接面对这些数据，很可能让人无从入手。

举个例子，当人们第一次去某个城市旅游，在多个景点之间轮换时，就会发现，路人的口述指引和网上搜索的攻略都不如公交线路图和地铁线路图好用。线路图上不同的颜色表示不同的路线，这样人们可以明确景点位置，知道在哪里上车、在哪里换乘、在哪里下车，判断到达景点大致需要的时间，规划最优的景点游玩路线。庞大的公交系统或地铁系统就这样直观地展示在一张线路图上，并传递出大量的信息。

五颜六色的线路图之所以能够快速有效地传达数据中的隐藏信息，是因为视觉与图形的力量。人类通过视觉接收信息的速度是非常快的。科学家经过研究发现，人类视网膜能以大约10Mbps的速度传达信息，这一速度是其他感官接收信息速度的10～100倍。另外，与处理数字不同，人的右脑对图像信息的处理速度非常快，是相同场景下处理数字速度的100倍以上。

如今，人们生活在一个信息大爆炸的时代，几乎每时每刻都会从互联网、广播电视、报刊等各种渠道获得大量信息，如何快速地从瀚如烟海的信息中吸收养分、实现快速有效的知识传播成为一大挑战。作为一种数据、信息或知识的视觉表现形式，信息图应运而生。这样一来，庞大的信息量通过图片的形式很快地被人接收，正如《信息之美》和《知识之美》的作者大卫·麦克坎德莱斯所说："可视化是压缩知识的一种方式。"

创建外观精美的可视化电子商务数据对于设计者来说是一种挑战，优秀的电子商务数据内容表达不仅要做到图文混排，还必须在视觉上表达数据的主旨，这就要求设计者在进行视觉设计前了解数据内容框架，同时掌握一定的技巧。

设计者要想呈现良好的电子商务数据可视化视觉效果,可以在以下几个方面进行提升。

(1) 色彩。使用的图标建议不要超过5种颜色,色彩使用要收敛,仅用于突出关键信息。

(2) 字体。所有文字必须字体清晰、大小合适,适于用户快速选择信息。

(3) 版式。要提供符合逻辑的层级,引导用户进行信息阅读,尽可能让图表元素保持对齐,从而保证视觉一致。

(4) 标注。谨慎使用标注,仅用于标注关键信息。

(5) 留白。要保持足够的留白空间(如果信息量太大,整体会看起来很杂乱)。

(6) 插图。插图必须符合主题基调,能够提高内容传达效率,否则没有必要使用插图。

(7) 图标。图标要简约、易懂且具有普遍性,其作用主要是便于内容理解。

(8) 数据。一组数据对应一份图表就足够了,不要画蛇添足。

(9) 比例。确保数据可视化设计中的组成元素比例得当,以便于用户快速阅读。

(10) 简约。避免不必要的设计,如文本的3D效果、装饰性的插图和毫无关联的元素等。

任务7.2.2　发掘图表的魅力

要想观察到"异常现象",就需要通过维度呈现相关数据,然而随着业务逐渐壮大,需要观测的数据维度也越来越多,信息的繁杂会导致工作人员越来越难清晰有效地去完成信息的观察。小组内讨论如何提高工作人员的工作效率,并将讨论结果记录下来。

◆ **必备知识**

在这个信息激增的时代,人们每天接收到的信息严重过载,许多人失去了一字一句阅读的耐心,能被人看完的信息已经不多,能有效传达并被人记住的信息更是少之又少。美国著名营销专家艾·里斯和杰克·特劳特在合著的营销理论经典《定位》中提出了提升信息传达效果的办法:"在我们这个传播过度的社会里,最好的办法是传送极其简单的信息……你必须把你的信息削尖了,好让它钻进人们的头脑。你必须消除歧义、简化信息,如果想延长它给人留下的印象,还得再简化。"

想要简化数据并快速挖掘有价值的信息,图表是一种非常有效的方式。图表以视觉化的方式呈现数据,将数据化繁为简,更易于理解和记忆,并增强说服力。和数据信息相比,图表具有以下优点。

1. 加速理解

对大脑的相关研究发现,大脑传输的信息中有90%是图像等视觉化的信息,大脑约有一半功能用来处理这类信息。大脑对图像和文本的处理方式也不同,其处理图像的速度远远快于处理文本的速度。这就是"一图胜万言"的背后隐藏的科学道理。因此,图表能加快人们对数据信息的理解。

2. 化繁为简

当各类数据间的关系纷繁芜杂时,使用图表以简洁的方式呈现数据,能帮助人们发现其中的关联,进而拓展思路,获得更多灵感,赋予数据更多的内容和意义。

3. 强化记忆

有研究发现,彩色图像可将人们的阅读意愿提高近80%,由此产生的主动阅读比被动阅读的记忆效果要好得多。同时,视觉信号的持久性也更强。人们对于自己亲眼所见和亲身经历的事情能记住90%,而通过阅读文字只能记住20%,对于听过的事情只能记住10%。可见,使用美观的图表能更好地吸引眼球并强化记忆。

4. 说服力强

另有研究发现,通过演讲的方式能打动50%的受众,而通过视觉信息的展示能打动67%的受众。因此,合理应用图表能增强报告、演讲等的说服力。

图7-3为某网店2021年9月对全国26个城市的会员流失率和会员新增率进行数据统计后制作的图表。这里的会员流失率是指当月流失会员数占月底有效会员总数的比重,而会员新增率是指当月新增会员数占月底有效会员总数的比重。通过会员流失率平均值和会员新增率平均值两条线将图表划分为4个区域,很容易就能看出:2号区域中的深圳、上海等城市会员流失率低、会员新增率高,是表现最好的;4号区域中的石家庄、哈尔滨等城市会员流失率高、会员新增率低,是表现最差的。进一步针对4号区域中的城市进行多方面分析后发现,可能是由于该网店的合作快递公司在这些城市的物流配送体系不如其他城市发达,影响了会员的购物体验,从而导致会员的快速流失,说明商家需要考虑在这些城市更换合作的快递公司。同样,为了巩固和强化"长板",还可以针对2号区域中的城市进行研究,并将获得的有效经验应用于其他区域,以提升其他区域各个城市的业绩。

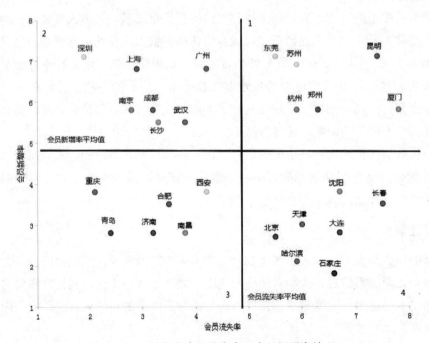

图7-3 某网店会员流失率和会员新增率情况

通过上述案例可以看出，使用图表将数据以可视化的形式呈现之后，原本看似杂乱无章的数据会变得更容易被人理解和接受，从而更容易找到数据的隐藏特征，拓展分析的思路，找准研究的突破口，最终揭示现象背后的本质。

> **扩展阅读** 融入业务赋能增长，云南白药加快推进数字化转型升级

怎样辨别药材"三七"的质量，看外观、品尝？还是靠经验？

现在，这种方式有点过时了！在云南白药打造的全产业链数字化"三七"平台，从种植端开始，良种选育、科研种植、生产（前处理—提取—制剂等）、第三方检测、现代仓储、精确配送……各个环节都实现了可视化、数字化管理，让过去要依靠"行家"经验才能正确辨别好坏的中药材，在数字化赋能下实现了中药现代化，消费者对购买的药材能够进行全流程追溯，追溯到购买的渠道、生产线、生产的合作伙伴，甚至追溯到每一块地里面的每一株植物。

近年来，云南白药积极拥抱数字化浪潮，将传统中医药产业和现代数字化科技融合，加快数字化转型升级，让数字化融入业务赋能增长。

1. 建成核心数据基础平台，上线标准化行业解决方案

在云南白药牙膏智慧工厂，从订单下达、采购、生产、质检、仓储物流等各个环节均实现了全程自动化生产，每分钟可产出牙膏510支，年产量达4.5～5亿支。全程自动化称量制膏、打包运输，操作人员只需一键下达指令，就能实现牙膏从原材料到成品入库。

依托于建成的数字化核心数据基础平台，以数据湖和主数据系统为基座，云南白药完成了集团关键业务数据总量超过100亿条的数据"入湖"工作。通过数据治理和数据开发，在财经、业务运营、生产控制、风险分析等领域实现了自动化的近100张数据报表和可视化，并积极探索人工智能技术和数据治理结合的业务实践。

此外，为解决中药材非标产品的标准化建设问题，自2022年6月以来，云南白药开展了中药材行业解决方案的建设，以实现中药材交易从计划到订单、仓储、运输、对账、发票、支付的"一单到底"交易模式。平台系统已于今年1月上线应用。

2. 经营业务数字化全面推行

"2023年我们重点开展了财经数字化工作，多元化集团的财经数字化顶层设计，推进了全集团业务财务一体化、税票一体化等重点建设工作。"云南白药集团财税中心总经理杨帆说，这极大地提升了效率。

在智慧营销平台v1.0的开发应用上，云南白药建成了用户数据中心、商品与订单中心、营销活动中心、内容运营中心和金融支付中心五个基础服务域，实现全渠道会员、商品、库存、订单、活动、优惠券互联互通。据云南白药集团智慧科技BU（业务单元）副总裁施永刚介绍，当前正尝试运用同一套系统为行业其他企业的会员数字化运营提供赋能支持。

经历8个月应用后，截至2023年4月30日，该平台已实现以下业务指标：全域订单、会

员同步,目前已接通抖音、天猫、京东的40个店铺订单数据,订单数据量清洗后达到6000万以上;支撑线上线下全渠道零售实现交易10.59万笔。

3. 智数应用研究开发顺利

在数字化转型升级的赋能下,云南白药开发了"三七"智能识别算法:利用"三七"大数据,通过图像AI、深度学习等技术,对"三七"的各个维度信息进行数字化,包括"三七"长短径、重量、重心、形状、瘤状数量、水分、生长土壤、生长气候等,形成真正的"数字三七"。传统"三七"行业分类依托于行业人员主观判断和"三七"大小、重量进行分类分级为主,通过大数据挖掘、数据分析,对行业中"三七"分类分级指标进行量化、数字化标准制定,从而为"三七"产业数字经济奠定基础。

而基于智能地址标准化,通过AI技术算法模型智能匹配行业主数据,实现完善补全流向客户的省、市、区县等基础信息,使得流向客户的省、市信息达99%准确率,区县信息达95%以上准确率。与国家创伤医学中心共同开展科研工作,并产生了临床价值和科研成果,包括"严重创伤患者生命风险评估算法模型"和"老年髋部骨折手术风险评估算法模型"。

据云南白药集团负责数字化转型升级工作的智慧科技BU总经理顾明介绍,公司管理层对数字化转型升级的认识高、理解深、定位准、支持大、投入多,目前仅投入在数字化转型升级方面的人才即达到了160人,主要部署在北京、合肥、昆明等地,正夜以继日地按规划推进各个项目执行。

(资料来源:头条网,有删改)

◆ **任务小结**

请同学们根据任务实施过程中的实际情况,进行任务小结。
_____
_____

◆ **任务评价**

自我评价:_____
_____

小组评价:_____
_____

教师评价:_____

任务7.3 图表的使用

任务7.3.1 数据可视化的展示方式及流程

在庞大多维的数据中,要想使工作人员能够更快了解到业务当前的状况,关键在于清晰地表达多维度的数据信息，以缩短工作人员对信息特征的发现时间。请小组内讨论，怎样才能清晰地表达多维度的数据信息，并将讨论结果记录下来。

◆ **必备知识**

1. 数据可视化的展示方式

由于分类方式不同，数据可视化的方法类型也不同。按照最终展示方式划分，数据可视化的方法可以分为两类，即统计图表方法和图方法。

1) 统计图表方法

数据可视化常用的图形有柱形图、折线图、条形图、饼图、面积图、玫瑰图、环形图、散点图、气泡图、雷达图、股价图、仪表盘、全距图、组合图、地图、甘特图、GIS地图、圆环图、漏斗图、框架图、矩形树图、词云图等。每一大类又可细分为多种形态，如柱形图包括堆积柱形图、百分比堆积柱形图、三维柱形图、三维堆积柱形图、三维百分比堆积柱形图等。图7-4为常见的统计图表样式示例，依次为柱形图、玫瑰图、热力图、多系列柱形图、矩形树图、瀑布图、股价图、对比柱形图、气泡图。

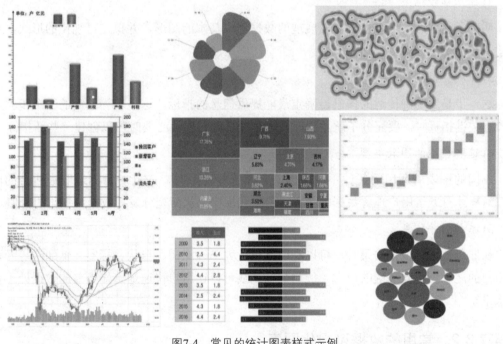

图7-4　常见的统计图表样式示例

2) 图方法

图方法也是数据可视化的一种重要方法。需要注意的是，这里提到的"图"与统计图表中的"图"不同，后者主要指带有形状的图形，前者则指描述现实世界中的关系和层级的图，如树状图、图论中的图、思维导图等。

(1) 树状图。树状图是一种数据结构，用于表示数据中的层次关系。树状图是由节点和父子关系构成的，其按照父子关系从最顶端的根节点(也叫树根)向下展开，形成层次结构。

(2) 图论中的图。图论(graph theory)是数学的一个分支，以图为研究对象。图论中的图是由若干给定的点及连接两点的线所构成的图形，这种图形通常用来描述某些事物之间的某种特定关系，并用点代表事物，用连接两点的线表示相应两个事物间具有的特定关系。

(3) 思维导图。思维导图又称脑图，是一种图像式的思维工具及一种图像式的思考辅助工具。思维导图使用一个中心关键词或想法引起人们对事物的形象化构造和分类，用一个中心关键词或想法以辐射线连接所有的代表字词、想法、任务或其他关联项目。

根据可视化需求的不同，数据可视化的展示方式也不同。

2. 数据可视化的流程

在实际操作中，数据可视化是一个反复迭代的过程，一个优秀的可视化作品需要经过反复打磨。数据可视化的流程可以分为以下5个步骤。

1) 明确问题

当着手一项可视化分析任务时，第一步要明确待解决的问题，也就是明确希望通过数据可视化实现怎样的目标。清晰的问题和目标能够避免后续过程出现不相关的操作。

2) 建立初步框架

明确了问题后，可以根据需要展现的数据选取基本的图形，并拟定可视化的形式，从而建立一个初步框架。

3) 梳理关键指标

这一步是要明确传达的信息，确定最能提供信息的指标。这是较为关键的一个步骤，在梳理关键指标时，要充分了解数据库及每个变量的含义，必要时可以创建一些新指标。

4) 选取合适的图表类型

不同的图表所适用的条件不同，因此，在选择图形时，应针对目标选取最适合的图表，这样才有助于用户理解数据中隐含的信息和规律，从而充分发挥数据可视化的价值。

5) 添加引导信息

在展示数据可视化结果时，可以利用颜色、大小、比例、形状、标签、辅助线等元素将用户的注意力引向关键的信息。例如，辅助线可以让用户快速地感知当前的数据处于什么水平。

任务7.3.2 常用的数据可视化图表

可视化图表借由颜色、位置、面积可以更显著的表达数据大小的差异，同时以"线"连接元数据来形成一个整体，能够直观地体现出数据的发展趋势。这些更直观、更显著的表达，可以让管理人员更轻易地发现信息的特征。请小组内讨论如何更好地使用数据可视化图表，并将讨论结果记录下来。

◆ 必备知识

常用的数据可视化图表分为反映发展趋势、反映比例关系、反映相关性、反映差异化、反映空间关系，以及反映工作流程等可视化类型。

1. 反映发展趋势的可视化图表

反映发展趋势的可视化图表通过图表来反映事物的发展趋势，让人们一眼就能看清某种趋势或走向。常见的表现随时间变化趋势的图表类型有柱形图、折线图和面积图等。

(1) 柱形图是以宽度相等的条形高度的差异来显示统计指标数值大小的一种图形，如图7-5所示。按照时间绘制柱形图，可以反映事物的变化趋势，如某个指标最近一年的变化趋势；也可以按照其他维度，如区域、机型、版本、品类等来反映事物的分布情况。

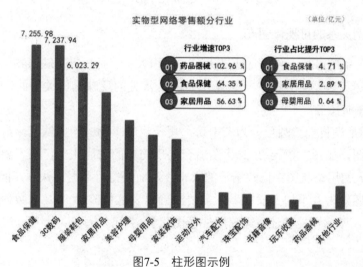

图7-5 柱形图示例

(2) 折线图是点和线连在一起的图表，可以反映事物的发展趋势和分布情况，如图7-6所示。如果有多组数据，则用于分析多组数据随时间变化或有序类别的相互作用和影响。折线的方向表示正负变化，折线的斜率表示变化的程度。与柱形图相比，折线图更适合展现增幅、增长值，但不适合展现绝对值。

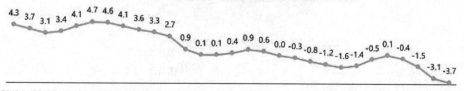

图7-6 折线图示例

(3) 面积图是通过在折线图下加上阴影的面积大小来反映事物的发展趋势和分布情

况，如图7-7所示。面积图的外观看上去类似层叠的山脉，在错落有致的外形下表达数据的总量和趋势。相较于折线图，面积图不仅可以清晰地反映出数据的趋势变化，也能够强调不同类别的数据间的差距对比。

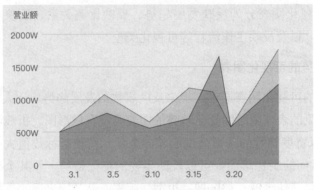

图7-7 面积图示例

2. 反映比例关系的可视化图表

反映比例关系的可视化图表是通过不同的面积大小、长短等反映事物的结构和组成，从而让用户知道什么是主要的，什么是次要的。常见的反映比例关系的图表类型有饼状图、旭日图、瀑布图等。

(1) 饼状图是指将一个圆形分为若干份，用于反映事物的构成情况，显示各个项目的大小或比例的图，如图7-8所示。饼状图适合展现简单的占比比例，在不要求数据精细的情况下使用。人们用饼状图来比较扇形的大小，从而获得对数据的认知。但是，由于人类对"角度"的感知力并不如"长度"，需要准确地表达数值(尤其是当数值接近、或数值很多)时，饼状图常常不能胜任，建议用柱形图代替。

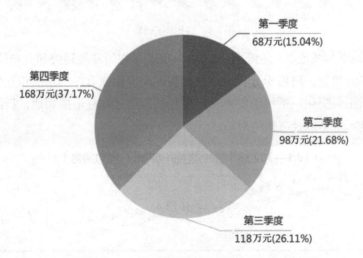

图7-8 饼状图示例

(2) 旭日图由多个圆环构成，可以直观地展示事物组成部分下一层次的构成情况，如图7-9所示。旭日图的本质是树状关系，与树图是等价的，因此也被称为极坐标下的矩形树图。它可以在承载大量数据的同时，清晰地显示数据间的结构关系。在许多工具中，旭日图被赋予交互功能，方便用户自行探索。

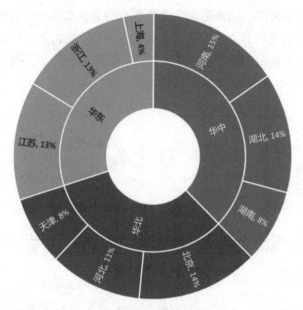

图7-9　旭日图示例

(3) 瀑布图采用绝对值与相对值相结合的方式，用于表达特定数值之间的数量变化关系，最终展示一个累计值，如图7-10所示。瀑布图能够反映事物从开始到结束经历了哪些过程，用于分解问题的原因或事物的构成因素。例如，要表现本月收入是如何在上月收入的基础上变化的，就可以通过瀑布图分解每个收入组成部分所做的贡献，找出哪一部分提升了收入，哪一部分降低了收入。

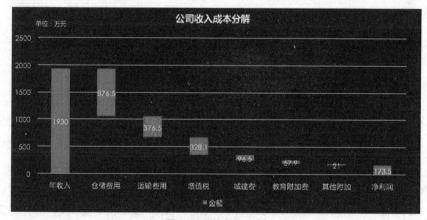

图7-10　瀑布图示例

3. 反映相关性的可视化图表

反映相关性的可视化图表通过图表来反映事物的分布或占比情况，从而展示事物的分布特征、不同维度间的关系等。常见的反映相关性的图表类型有散点图、气泡图、热力图、词云图等。

(1) 散点图主要反映若干数据系列中各个数值之间的关系，判断两个变量之间是否存在某种关联，如图7-11所示。此外，通过散点图还可以看出极值的分布情况。散点图常被用于分析变量之间的相关性。如果两个变量的散点看上去都在一条直线附近波动，则称变量间是线性相关的；如果所有点看上去都在某条曲线(非直线)附近波动，则称此相关为非线性相关；如果所有点在图中没有显示任何关系，则称变量间是不相关的。

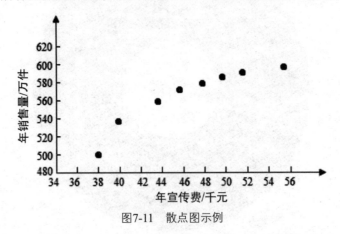

图7-11　散点图示例

(2) 气泡图通过气泡面积大小来表示数值的大小，与散点图相比多了一个维度，如图7-12所示。在气泡图中，一般情况下，每一个气泡都代表着一组三个维度的数据(v_1, v_2, v_3)。其中v_1、v_2决定了气泡在笛卡尔坐标系中的位置(即x轴、y轴上的值)，v_3则通过气泡的大小来表示。例如，x轴表示产品销售金额，y轴表示产品利润率，气泡大小代表产品市场份额百分比。

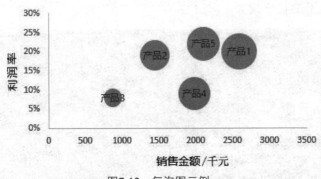

图7-12　气泡图示例

(3) 热力图是以特殊高亮的形式显示访客热衷的页面区域和访客所在地理区域的图示，如图7-13所示。热力图适合查看总体的情况、发现异常值、显示多个变量之间的差异，以及检测它们之间是否存在任何相关性。绘图时，需要制定颜色映射的规则。例如，较大的值由较深的颜色表示，较小的值由较浅的颜色表示；较大的值由偏暖的颜色表示，较小的值由较冷的颜色表示；等等。

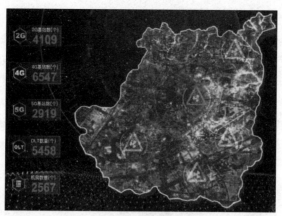

图7-13 热力图示例

(4) 词云图主要用于描述事物的主要特征，要求能够让人一眼就看出一个事物的主要特征，越明显的特征越要突出显示，如图7-14所示。同时，象形的词云图，如轮廓是一个人、一只鸟等，用于反映事物的主题，这样会更形象、更生动。此外，词云图还可以显示词汇出现的频率，可以用于制作用户画像、用户标签等。

图7-14 词云图示例

4. 反映差异化的可视化图表

反映差异化的可视化图表通过对比来发现不同事物之间的差异和差距，从而总结出事物的特征。常见的反映差异化的图表类型是雷达图。

雷达图主要展现事物在各个维度上的分布情况，从而看出事物在哪些方面强、哪些方面弱。例如，某商城在统计用户支付方式时可以通过雷达图清晰地表达出来，让商家一眼就能看出使用哪种支付方式的订单金额较多，从而调整优惠力度提升相应付款方式的订单金额，如图 7-15 所示。

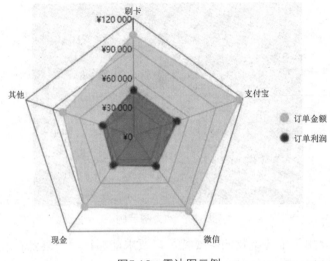

图7-15 雷达图示例

5. 反映空间关系的可视化图表

反映空间关系的可视化图表通过地图来反映事物的地理分布情况或用户的出行轨迹。常见的反映空间关系的图表类型有地图和地理热力图等。

地图可以形象地反映事物在地理上的分布情况及人群迁徙情况，主要包括地理分布图(全球、全国、各省市等)、迁徙图、热力地图等。地理热力图主要反映地理、点击的热力分布情况，从而看出哪里是人群最多的地方，哪里是用户点击最多的地方等，反映出用户出行习惯、使用习惯等，如图7-16所示。

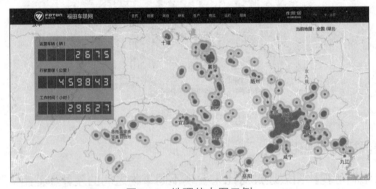

图7-16 地理热力图示例

6. 反映工作流程的可视化图表

反映工作流程的可视化图表通过图表来反映工作流程各个环节的关系，可以帮助管理者了解实际工作活动，消除工作过程中多余的工作环节，合并同类活动，使工作过程更加经济、合理和简便，从而提高工作效率。常见的反映工作流程的图表类型是漏斗图。

漏斗图主要用于反映关键流程各个环节的转化情况，让人们一眼看清整个流程的转化情况。通过分析各个环节的转化情况，能够发现问题所在，从而找准改进的方向。

在电商数据分析过程中，漏斗图不仅能够展示用户从进入网站到实现购买的转化率，还可以展示每个销售环节的转化率，帮助卖家直观地发现问题，如图7-17所示。

图7-17　漏斗图示例

扩展阅读　车记餐创南京分公司：如何在餐饮行业中进行数据可视化和报表分析

车记餐创南京分公司是一家在餐饮行业中进行数据可视化和报表分析的公司。数据可视化和报表分析技术在当前数字化时代中扮演着重要的角色，可以帮助餐饮企业更好地了解经营状况，优化管理决策，提升效益。

在餐饮行业中，数据可视化和报表分析是管理者了解经营状况和市场动态的重要手段。通过集中展示数据并进行分析，可以帮助企业发现潜在的经营机会和问题，从而针对性地制定战略方案。

数据可视化是将海量数据通过图表、曲线等方式进行可视化展示的过程。通过可视化，管理者可以清晰地看到不同指标的变化趋势、关联性以及整体表现。这种直观的展示方式不仅提高了数据的理解和分析效率，还使管理者能够更快地发现数据背后的规律和价值。

报表分析则是基于可视化展示的数据进行深入分析的过程，通过各种统计方法和模型来进行更深入的挖掘和解读。通过报表分析，管理者可以了解不同指标间的关系、变化趋势以及影响因素，并从中发现业务发展的潜力和风险。

数据可视化和报表分析在餐饮行业中应用广泛。以车记餐创南京分公司为例，公司可以通过数据可视化和报表分析来了解销售额的变化趋势、客户的偏好、不同餐厅的运营状况等。通过分析客流量、客单价等指标，可以了解不同时段、不同地区的消费习惯，从而优化运营策略。此外，还可以通过分析菜品的销售情况和评价来调整菜单内容和价格，提升客户满意度。

同时，数据可视化和报表分析也可以提供有关竞争对手的市场情报。通过对竞争对手的销售数据和市场份额进行分析，车记餐创南京分公司可以了解竞争对手的优势和劣势，从而调整自己的经营策略，提升竞争力。

总之，数据可视化和报表分析在餐饮行业中的应用不仅可以提高管理者对经营状况的了解，还可以帮助企业优化决策、提升效益。作为车记餐创南京分公司的核心技术，数据可视化和报表分析将继续在餐饮行业中发挥重要的作用。

（资料来源：搜狐网，有删改）

◆ 任务小结

请同学们根据任务实施过程中的实际情况，进行任务小结。
_____
_____

◆ 任务评价

自我评价：_____

小组评价：_____

教师评价：_____

任务7.4 制作电子商务数据图表

任务7.4.1 制作数据可视化图表的常用工具

数据可视化主要是借助于图形化手段，清晰有效地传达信息。简单来说，数据可视化就是将数据进行图形化的表达。在日常学习和工作中，大家会接触到形形色色的可视化图表。在写报告、制作演示文稿时，好像都会倾向于使用可视化图表来展现数据。请小组内讨论哪些工具可以制作可视化图表，并将讨论结果记录下来。
_____
_____

◆ 必备知识

在一些工作汇报中，有时需要将数据用图表的形式进行展示，这样会更加生动形象。"工欲善其事，必先利其器"，下面介绍几款常用的可视化图表制作工具，帮助大家简单、快速地制作可视化图表。

1. Excel(Office套件之一)

上手难度：★

可定制度：★★★★

推荐指数：★★★★★

Excel是众多工具中最不专业的一个，但也是广大受众群体最为推荐的一个。究其原因无外乎其受众群体数量的庞大，外加完善的参考资料，只要是能够用文字描述清楚的问题，都能够轻易通过搜索引擎查询到解决方案。作为一个入门级工具，Excel是快速分析数据的理想工具，能创建数据图表，只是在颜色、线条和样式上可选择的范围有限。

2. Tableau Public/PowerBI

上手难度：★★

可定制度：★★★★

推荐指数：★★★★

Tableau Public和PowerBI都是市面上成熟的商务智能(business intelligence，BI)，两者可以快速地把数据转化为各种可视化图表。Tableau Public是一款桌面可视化工具，用户可以创建自己的数据可视化，并将交互性数据可视化发布到网页上。PowerBI 是基于云的商业数据分析和共享工具，它能把复杂的数据转化成简洁的视图。

3. FineBI

上手难度：★★★★

可定制度：★★★★

推荐指数：★★★★

FineBI是一款国产的BI工具，针对个人用户免费(需要到官网申请授权码)。相对于Excel等工具而言，使用FineBI需要一些专业知识，有一定的准入门槛。此外，作为一款专业的BI工具，它对系统资源的消耗是专业的，也对计算机配置方面有一些要求。

4. Flourish

上手难度：★★★

可定制度：★★★★★

推荐指数：★★★

Flourish是一个在线数据可视化网站，提供了多种数据展示场景，不用下载软件，直接在浏览器上就可以通过Flourish制作图表，非常方便。并且，Flourish提供的Bar Chart Race(动态条形图)有一套完整的参数，可以绘制出想要的动态条形图。Flourish的可用度很高，比如在抖音上常看到的动态排名视频就可以用Flourish来制作。

5. Echarts/AntV

上手难度：★★★★★

可定制度：★★★★★

推荐指数：★★★★

Echarts(由百度开发)与AntV(由阿里巴巴开发)都是免费的Javascript开源数据可视化编程库，可以提供直观、生动、可交互、可个性化定制的可视化数据图表。虽然Echarts与AntV在行业内称得上是精品，但对于普通用户而言，"编程"是难以逾越的鸿沟，需要一些编程基础。例如，百度迁徙、百度司南、百度大数据预测等，这些产品的数据可视化均是通过Echarts来实现的。

此外，还有很多数据可视化工具，比如Python、R、Highcharts、DataFocus、数字冰雹、镝数图表等，这里就不一一介绍了。

任务7.4.2 制作数据图表的方法

如今,人们生活在一个信息大爆炸的时代,要想快速地从瀚如烟海的信息中有效获取知识,是需要方法的。可视化的终极目标是洞悉蕴含在数据中的现象和规律,从而帮助用户高效而准确地进行决策。请小组内讨论,在大数据时代,让用户快速判断出各种热词或各种热点的方法有哪些,并将讨论结果记录下来。

◆ 必备知识

1. 确定数据可视化主题

确定数据可视化主题,即确定需要可视化的数据是围绕什么主题或者目的来组织的。各种业务运营中的具体场景和遇到的实际问题,以及公司层面的某些战略意图,都是确定数据可视化主题的来源和依据。简而言之,一个具体问题或某项业务、战略目标的提出,其实就可以对应一个数据可视化的主题。比如,银行分析不同城市用户的储蓄率、储蓄金额,电商平台进行"双十一"的实时交易情况的大屏直播,物流公司分析包裹的流向、承运量和运输时效,企业向政府机构或投资人展示经营现状等,都可以确定相应的数据主题。

2. 提炼可视化展示指标和维度

确定数据围绕什么主题进行组织之后,就要了解拥有哪些数据,如何来组织数据。

1) 确定数据指标

分析和评估一项业务的经营现状通常有不同的角度,这也就意味着会存在不同的衡量指标。同样一个业务问题或数据,因为思考视角和组织方式的不同,会得出截然不同的数据分析结果。例如,要评估寄件这项业务,有的人想了解寄件量,有的人想知道不同快递公司的运输时效,有的人想知道寄件用户的下单渠道,还有的人想了解寄件收入。拿起数据,就开始画图,会让整个数据可视化作品没有重点、杂乱无章,是一种用战术上的勤劳掩盖战略上的懒惰,最终的呈现效果一般不理想。因此,在数据可视化分析中,准确提炼可视化展示指标至关重要。

2) 明确数据间的相互关系

基于不同的分析目的,所关注的数据之间的相互关系也截然不同,这一步实质上是在进行数据指标的维度选择。例如,都要统计寄件量,有的人希望知道各个快递公司的寄件量是多少,有的人想了解一天内的寄件量高峰位于哪个时段,还有的人想知道寄件量排名前十的城市排名。这里提到的快递公司、时段、城市都是观察寄件量这个指标的不同维度。

通常,数据之间的相互关系(指标维度)包含如下几类。

(1) 趋势型。对于趋势型数据,通常研究的是某一变量随另一变量的变化趋势,常见的有时间序列数据的可视化。趋势型数据可选折线图、面积图、堆叠面积图、阶梯图等进行设计。

(2) 对比型。对于对比型数据的可视化，可选柱形图、横向柱形图、条形图、气泡图等进行设计。

(3) 比例型。比例型数据展现数据总体和各个构成部分之间的比例关系。对于比例型数据的可视化，可选饼状图、环形图、堆叠柱形图、堆叠面积图等进行设计。

(4) 分布型。分布型数据展现一组数据的分布情况，如描述性统计中的集中趋势、离散程度、偏态与峰度等。对于分布型数据的可视化，可选散点图、箱线图、气泡图等进行设计。

(5) 区间型。区间型数据显示同一维度上值的不同分区差异，常用来表示进度情况。对于区间型数据的可视化，可选仪表盘、进度条等进行设计。

(6) 关联型。关联型数据用于直观表示不同数据之间的相互关系，如包含关系、层级关系、分流关系、联结关系等。对于关联型数据的可视化，可选桑基图、矩形数图、漏斗图等进行设计。

(7) 地理型。地理型数据通过数据在地图上的地理位置，来展示数据在不同地理区域上的分布情况。对于地理型数据的可视化，可选热力地图、全景地图等进行设计。从可视化的空间维度上划分，地图分为二维地图和三维地图。

3) 确定用户关注的重点指标

确定了要展示的数据指标和维度之后，就要对这些指标的重要性进行排序。因为对于一个可视化展示的终端设备而言，其屏幕大小有限，且用户的时间有限、注意力也极其容易分散。如何让用户在短时间内，更有效率地获取到重要的信息，是评估一个可视化产品优劣的首要标准。

当有多个指标想要被展示时，在可视化设计之前，不妨先问用户两个问题：如果整个版面只能展示一个最重要的信息，你希望是什么？你希望展现这些信息的理由是什么？通过用户对这些问题的回答，设计者就能了解到在已确定的指标和维度中，用户最关注的是什么。

这些用户关注的重点指标是数据可视化设计的基础。依据这些重点指标，通过合理的布局和设计，才能将用户的注意力集中到可视化结果中的重要区域，进而提高用户获取重要信息的效率。

3. 根据分析方法挑选合适的图表

数据之间的相互关系决定了可采用的图表类型。常见的数据关系和图表类型的对应关系如图7-18所示。

通常情况下，同一种数据关系对应的图表类型有多种方式可供选择，选择哪一种方式更能有效表达设计者的目的，提高用户的阅读效率，是需要设计者经过长期实践才能得出结论的。显然，可视化图表的效果也受到实际数据的较大影响，所以要对具体案例进行具体分析，设计者只有在案例中不断积累经验，才能设计出优秀的可视化作品。

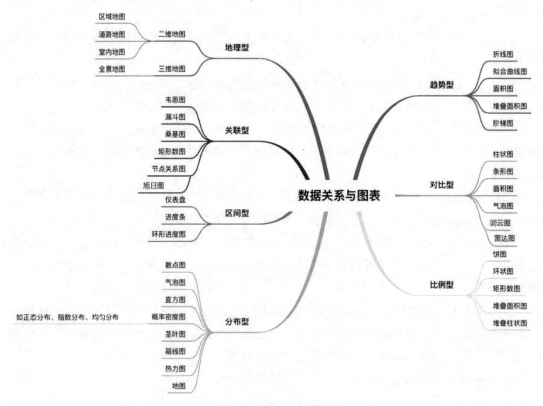

图7-18 数据关系与图表类型的对应关系

4. 可视化页面整体布局及设计

在做好了以上的需求收集和整理之后，接下来就要开始进入可视化的设计和呈现。这一步主要包括两个方面：一是进行可视化布局的设计，即页面设计；二是数据图形化的呈现，即图表制作，这个知识点在下节详细介绍。

可视化设计的页面布局，要遵循以下三个原则。

(1) 聚焦原则。设计者应该通过适当的排版布局，将用户的注意力集中到可视化结果中最重要的区域，从而将重要的数据信息凸显出来，抓住用户的注意力，提升用户信息解读的效率。

(2) 平衡原则。要合理利用可视化的设计空间，在确保重要信息位于可视化空间视觉中心的情况下，保证整个页面的不同元素在空间位置上处于平衡，提升设计美感。

(3) 简洁原则。在可视化整体布局中，要突出重点，避免过于复杂或影响数据呈现效果的冗余元素。

任务7.4.3 典型图表的制作及设计

字不如表，表不如图，可视化图表更具表现力。很多作品都会选用可视化图表来打动评委，让用户信服。请小组讨论，做商业计划书或项目汇报时，怎样才能形象生动地表达市场调研情况,并将讨论结果记录下来。

◆ **必备知识**

1. 趋势分析图

在Excel中制作一个历史价格数据表,要求展示出历史最低价格和最高价格,以及价格的波动区间,如图7-19所示。

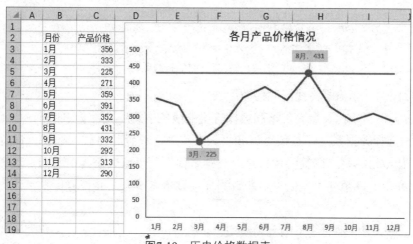

图7-19 历史价格数据表

具体操作步骤如下。

(1) 设计辅助列,如图7-20所示。各个单元格的公式如下所述。

单元格E3: =IF(C3=MIN($C$3:$C$14),C3,NA())

单元格F3: =IF(C3=MAX($C$3:$C$14),C3,NA())

单元格G3: =MAX($C$3:$C$14)

单元格H3: =MIN($C$3:$C$14)

	A	B	C	D	E	F	G	H
2		月份	产品价格		最低点	最高点	最高价格线	最低价格线
3		1月	356		#N/A	#N/A	431	225
4		2月	333		#N/A	#N/A	431	225
5		3月	225		225	#N/A	431	225
6		4月	271		#N/A	#N/A	431	225
7		5月	359		#N/A	#N/A	431	225
8		6月	391		#N/A	#N/A	431	225
9		7月	352		#N/A	#N/A	431	225
10		8月	431		#N/A	431	431	225
11		9月	332		#N/A	#N/A	431	225
12		10月	292		#N/A	#N/A	431	225
13		11月	313		#N/A	#N/A	431	225
14		12月	290		#N/A	#N/A	431	225

图7-20 设计辅助列

需要注意的是,在绘制折线图时,如果不想绘制某个数据点,就使用NA()函数来自动产生一个错误值"#N/A"来代替。

根据这6列数据绘制折线图，就可以得到一个基本的折线图，如图7-21所示。

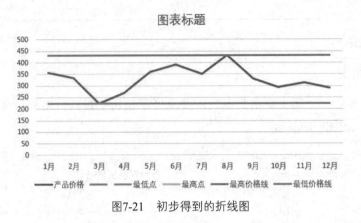

图7-21　初步得到的折线图

(2) 删除图例，删除网格线，并修改图表标题。

(3) 设置上下两条代表最高价格和最低价格的线条格式(颜色、粗细等)。

(4) 分别选择数据系列"最低点"和"最高点"，设置其格式。要重点设置数据点的标记，并添加数据标签，标签的项目是"类别名称"和"值"，其中系列"最高点"的数据标签显示在上方，系列"最低点"的数据标签显示在下方，并设置标签字体颜色和填充颜色。

(5) 设置两个坐标轴的线条颜色和线型。

至此，就完成了显示最低价格、最高价格和价格波动区间的图表。

2. 对比分析图

排名分析是实际工作中常见的数据对比分析内容之一，如对客户排序、对项目排名、对业务员排名、对产品排名等。

排名的数据不一定是固定的一列，也可能需要任选一列进行排名。可能是从大到小排名，也可能是从小到大排名。因此可以使用Excel的控件、函数和柱形图来建立一个排名分析模板。

图7-22是各个分公司的业绩汇总表。要求制作一个能够任选销量、销售额、毛利、净利润，进行降序或升序排名的动态图表。

	A	B	C	D	E	F
1						
2		分公司	销量	销售额	毛利	净利润
3		分公司A	1022	51100	16433	4166
4		分公司B	683	54640	27196	7850
5		分公司C	875	43750	16886	4649
6		分公司D	132	8976	3296	539
7		分公司E	848	55968	25999	4903
8		分公司F	1224	85680	48974	10233
9		分公司G	188	12596	6264	721
10		分公司H	750	42000	15393	3289
11		分公司I	215	12470	5916	998
12		分公司J	975	69225	29831	5163
13		分公司K	1829	124372	48674	11841
14		分公司L	651	51429	25315	5450
15						

图7-22　各个分公司业绩汇总表

具体操作步骤如下。

(1) 插入一个组合框，单击"开发工具"→"插入"，在"表单控件"下方单击"组合框(窗体控件)"，用于选择要排序的项目，其控制属性设置如图7-23所示。其中，数据源区域选项输入：$H$3:$H$6(已经提前将要排序的数据保存到了这个区域)；单元格链接选项输入：$H$2。

图7-23 设置组合框的控制属性

(2) 根据组合框的链接单元格的项目序号，从原始数据中查找选定项目的数据，并进行异化处理，如图7-24所示。

单元格J3公式：=INDEX(C3:F3,,$H$2)+RAND()/10000

图7-24 查找选定项目的数据并进行异化处理

(3) 插入两个单选按钮，分别将其标题修改为“降序”和“升序”，设置其“单元格链接”为单元格L3。为了使图表布局美观，可以用分组框将这两个单选按钮框起来，做一个边框。

(4) 根据查找出来的数据和单选按钮指定的排序方式，对数据进行排序并匹配名称。做辅助区域，如图7-25所示。排序及匹配名称的公式如下所述。

单元格O3：=IF($L$3=1,LARGE($J$3:$J$14,ROW(A1)),SMALL($J$3:$J$14,ROW(A1)))

单元格N3：=INDEX($B$3:$B$14,MATCH(O3,$J$3:$J$14,0))

	G	H	I	J	K	L	M	N	O
1									
2		3		提取并处理数据		排序方式		匹配名称	排序后
3		销量		16433		1		分公司F	48974
4		销售额		27196				分公司K	48674
5		毛利		16886				分公司J	29831
6		净利润		3296				分公司B	27196
7				25999				分公司E	25999
8	毛利	◉降序 ○升序		48974				分公司L	25315
9				6264				分公司C	16886
10				15393				分公司A	16433
11				5916				分公司H	15393
12				29831				分公司G	6264
13				48674				分公司I	5916
14				25315				分公司D	3296
15									

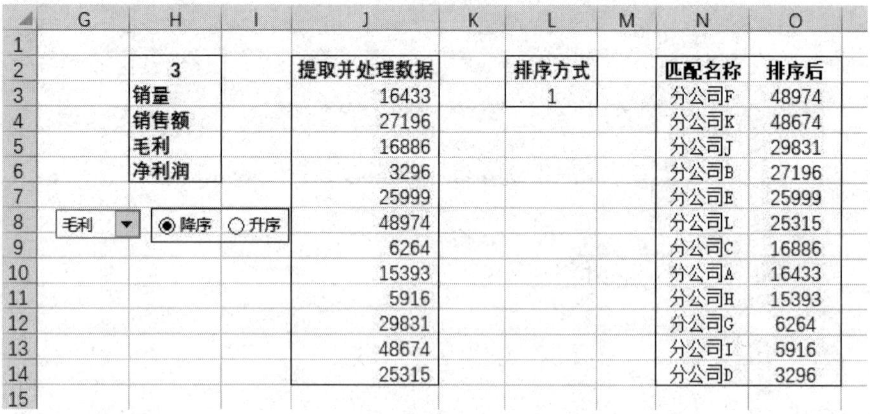

图7-25　对数据进行排序并匹配名称

(5) 利用单元格区域N3：O14的数据绘制柱形图，并进行美化。

(6) 整理图表、组合框及单选按钮的布局，使整个图表美观，最终效果如图7-26所示。

分公司	销量	销售额	毛利	净利润
分公司A	1022	51100	16433	4166
分公司B	683	54640	27196	7850
分公司C	875	43750	16886	4649
分公司D	132	8976	3296	539
分公司E	848	55968	25999	4903
分公司F	1224	85680	48974	10233
分公司G	188	12596	6264	721
分公司H	750	42000	15393	3289
分公司I	215	12470	5916	998
分公司J	975	69225	29831	5163
分公司K	1829	124372	48674	11841
分公司L	651	51429	25315	5450

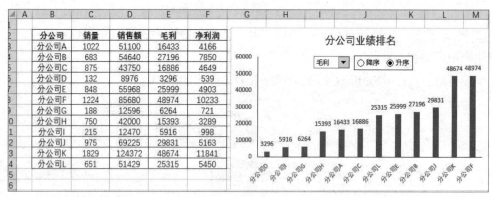

图7-26　制作完成的动态图表

3. 数据图形化设计

影响图表呈现效果的因素主要有两个层面：一个是数据层面的，一个是非数据层面的。

在数据层面，若数据中存在极端值或过多分类项等，会极大影响可视化的效果呈现，如柱形图中柱形条的高度、气泡图中气泡的大小、饼图中的分类项太多等。对于数据本身造成的可视化效果不佳的情况，设计者要选对图表类型，应用数学方法，研究不同的图表及不同领域的实际案例，丰富数据可视化经验。在非数据层面，影响图表视觉呈现的元素，通常在设计过程中就可以解决。比如图表的背景颜色、网格线的深浅有无、外边框等，这类元素是辅助用户理解图表的次要元素，但如果不加处理全部放出，视觉上就不够聚焦，容易干扰到数据信息的展示，应该尽量隐藏和弱化。

要想避免上述因素影响数据图形化的呈现效果，设计出优秀的视觉化作品，就要遵循图表设计的四大原则。

1）精准表达

数据产品的用户主要是利用数据来进行分析和决策，因此注重数据的精准性。设计者要明确每种图表的定义和使用场景，选择合适的图表类型，并正确绘制图表。这里对4种较常使用的图表——柱形图、饼图、折线图和表格进行阐述。

(1) 柱形图，又称条形统计图、条状图，是一种以长方形的长度为变量的统计图表。柱形图又分为4种：垂直柱形图，较为常见；水平柱形图，一般按照数值的大小排列；簇状柱形图，用于多组数据比较，强调一组数据内部的比较；堆叠柱形图，用于多组数据比较，和簇状柱形图不同的是，堆叠柱形图更加强调一组数据中部分与整体的关系。

绘制柱形图(见图7-27)时要注意以下几点。

① 基线必须从零开始，柱形图原理就是通过比较条块的长度来比较值的大小。当基线被改变了，视觉效果也就扭曲了。

② 零基线的颜色要比其他的网格线深。

③ 坚持使用2D图形。虽然3D图形看起来很炫酷，但是3D形状可以扭曲感知，进而扭曲数据。

④ 柱形图柱子之间的间距宽度推荐在1/2柱宽到1柱宽之间(柱子的宽度为D)，但也要视情况而定。簇状柱形图两个柱子之间的间距建议为1/8柱宽。

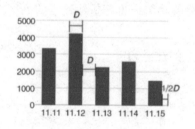
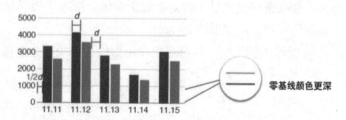

图7-27 绘制柱形图的注意事项

(2) 饼状图，是以圆心角的度数来表达数值大小的统计图表，常用于表现数据的占比关系。饼状图中各项的总和为100%。饼状图又分为3种：基础型饼状图，包括常规型饼状图和环形饼状图；半圆形饼状图，有时半圆形更方便排版，利于对齐；复合型饼状图，当饼状图的扇形数量过多时，可以将最后的若干项合并为其他类图表，在二级图表中表现这些项目的构成。

绘制饼状图(见图7-28)时要注意以下几点。

① 绘制饼状图时，绘制方向应按照用户的阅读习惯，从上到下，以时钟的12点为起点，顺时针排布扇形。

② 用户视线的焦点是在饼状图的上半部，所以有时候不能完全按照顺时针方向进行绘制，否则不重要的最小数据项和最大数据项就占据了视觉焦点。因此，可以尝试以时钟的12点为起点，先逆时针绘制最大切片，再回到12点，顺时针绘制出第二大切片，其余切片依次绘制。

③ 不要过分热衷于饼状图，因为人眼对"角度"大小并不敏感。

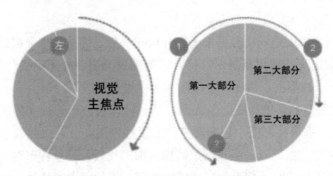

图7-28　绘制饼状图的注意事项

(3) 折线图，是通过线条的波动(上升或下降)来显示连续数据随时间或有序类别变化的图表，常用于强调数据的变化或者趋势。折线图又分为3种：单条折线图，只显示一组数据波动的情况；多条折线图，同时显示多组数据波动的情况；多条堆叠折线图，显示多组数据波动的情况，同时表现多组数据之和的变化。多个数据叠加时，推荐使用面积图形式，不推荐使用折线图形式。

绘制折线图时要注意以下几点。

① 坐标轴的设定对折线变化幅度有很大的影响。如果坐标轴的数值设定得太高，会使折线变化过于平缓，掩盖真实情况，无法清晰地表现折线的变化；如果坐标轴设定得太低，又会让折线变化过于陡峭，过于夸张，夸大了折线变化的趋势；推荐折线恰当的高度为图表区域的2/3，如图7-29所示。

② 折线图的绘制，尽量避免使用虚线，虚线会分散用户的注意力。

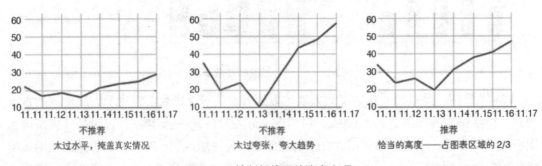

图7-29　绘制折线图的注意事项

(4) 表格，可以高效率地展现大量数据。表格的类型多种多样，除了单纯的文本和数字外，还可以添加图片、操作等多种类型。表格又分为3种：基础表格，静态纯文本类的表格形式；内容复合表格，由其他内容类型结合的较复杂的表格形式；操作复合表格，用户的操作会对表格产生影响。

绘制表格时要注意以下几点。

① 表格中的文字左对齐，视觉焦点更集中不跳跃，用户阅读起来最为顺畅舒服。

② 表格中的数字右对齐，能快速让用户识别数字体量，数字的个位对齐，在列表中也更容易判断百、千、万等小数位数，是最自然的阅读方式。

③ 数字使用表格字体，表格数字字体就是每个数字所占面积是一样的，例如"1"和"5"在一串数字中占的面积是一样的。

④ 添加背景色强调重要信息。

2) 提升易读性

优秀的数据可视化并非仅仅选择正确的图表模板那么简单，还要以一种更加有助于理解和引导的方式去表达信息。提升图表的易读性可从以下几点着手。

(1) 垂直柱形图坐标轴的标签文字使用水平排列，不建议垂直排列或者倾斜排列，否则字数多的时候不易阅读。

(2) 制作水平柱形图一般会简化数值坐标，数据值可以跟随在柱形图后方，便于阅读。

(3) 饼状图使用引导线可将切片与标签有效关联，显示更多的字符数。如果引导线较多，可以进行变形规整。

(4) 底色选择要得当，深色底上的图表通常为了营造一种氛围，展示数据信息一般较少，数据可以选用鲜亮的色彩；如果有大量数据信息需要展示，推荐使用浅色底纹。

(5) 颜色过于繁杂会给数据增加不可承受之重，分散用户注意力。而采用同一色系或类比色，通过颜色的深浅来表达是一种解决之道。

3) 突出重点信息

图表设计有时需要对部分内容进行突出显示，需要设计者找准用户关注的核心内容，用合理的方式进行适当的凸显，帮助用户进行数据分析。突出图表的重点信息可从以下几点着手。

(1) 有时为了强调重点信息会改变颜色或者透明度。更改颜色要注意颜色的搭配，一般采用对比色或互补色进行区分；更改透明度要注意透明程度值的大小。

(2) 巧妙运用图形变形，但要适度。以饼状图为例，可运用分离、加粗、隐藏、补全、放大等变形手段进行设计。

(3) 添加颜色突出语义变化。如突出折线图的起伏变化，用不同的颜色来表示上升和下降的直线段，数据起伏节点可以一目了然。

4) 易于传播

应用于商业传播场景下的图表设计，为了获得好的传播效果，除了图表本身的准确传达，还强调吸引眼球，令人心动。常见的方法有变形、3D立体化、情景化和使用icon图形。

> **扩展阅读** 数字技术让作品口碑可视化 >

网络文艺评分是互联网用户评价文艺作品的一种直观便捷的方式，是大众文化消费评价的量化呈现，是人们选择欣赏文艺作品时的参考指标之一。网络评分与文艺创作、传播等各环节关联密切，值得关注。

评分网站最初的功能是为用户标记个人阅读、观赏活动，是分享交流文艺趣味的社交空间，现已逐渐升级为具备信息告知、票务销售、社交娱乐等综合功能的网络社区，网络评分也开始成为文艺作品营销的"必争之地"。与传统意义上的文艺评论不同，通过网络评分，用户可以对文艺作品进行更直观、更量化的正负评价与优劣判断。当成千上万的用户持续在线打分，并积累得出群体平均分后，会对消费者形成一定影响。

文化消费者给文艺作品评分，得益于互联网时代参与式文化的发展。观众、读者不仅可以主动表达自己的审美趣味，还可通过网络评分与市场连接、互动。当量化的用户趣味变成大众文艺评价、消费的风向标，用户就从"流量变现"之"量"的存在，变为"口碑为王"之"质"的评价者。网络评分是传统口碑传播在互联网媒介条件下发展出的新形态，其传播影响力较为广泛。

网络评分是互联网为用户赋能的结果，普通用户也能参与到过去主要由专业评论者、学者进行的文艺评价之中。那么，普通用户参与评价后，网络评分如何从提供"有用"信息的口碑传播升级为文艺创作的"晴雨表""助推器"？用户、平台如何正视并履行文化责任与评价担当？应当注意到，文艺作品的欣赏和接受不同于一般的商品消费，文艺用户也不是简单的消费者。对网络评分的认识和理解，不能仅仅停留于数字指向的个体意义和商业价值，而是需要在多样、包容、互动的前提下，过滤过度商业化与带有偏见的噪声，发挥网络评分的正向功能，引导规范发展，使之更加科学、更有公信力，真正反映文化消费者的需求与心声。

人工智能、5G等技术越来越深入地参与文艺创作与传播，也在影响文艺评论的规范和秩序。可依托人工智能、5G等先进技术，建立文艺用户、内容、评论、服务等数据库，以用户为节点，以算法整合网络评分和专业文艺评论，建构更全面、更智能的文艺评价系统。智能评价系统可以根据用户观赏评分、观赏情景等信息，精准匹配内容或评价信息，将专业评论、专家意见，以及散落于自媒体平台上的用户见解，进行智能化整合分发。此外，相关部门监管、用户素养培育引导、评分规则完善等多项举措也势在必行，以共同促进文艺评论的良性互动和规范发展。

(资料来源：人民日报，有改动)

◆ 任务小结

请同学们根据任务实施过程中的实际情况，进行任务小结。

_____

_____

◆ 任务评价

自我评价：_____

_____

小组评价：_____

教师评价：_____

任务7.5 数据图表的应用

任务7.5.1 可视化让数据更可信

数据可视化的作用体现在多个方面，如揭示想法和关系、形成论点或意见、观察事物演化的趋势、传播和探索性数据分析等。数据可视化显著提高分析信息效率的主要原因是其扩充了人脑的记忆，帮助人脑形象地理解和分析所面临的任务。对于数据可视化图表的理解与认识是基础，在此基础之上可以尝试多视图协调关联，甚至可以根据数据需求创作出新的视图，感受数据可视化的乐趣所在。请小组内讨论，优秀的可视化作品有哪些特点，并将讨论结果记录下来。

_____

_____

◆ **必备知识**

1. 衡量可视化作品的标准

数据可视化是一门同时结合了科学、设计和艺术的复杂学科，其核心意义始终在于清晰地叙述和艺术化地呈现数据中的故事，让枯燥的数据更易懂、更可信、更好传播。成功的可视化作品可以反映数据的品质，揭露数据的内在属性和关系，帮助人们获取新知识，提高人们发掘数据信息的洞察力。可视化作品的效果可以通过以下4个标准来衡量。

(1) 可视化作品为人们提供了获取信息的途径，人们可以借以增长知识，提高判断和预测能力。因此，充实且目标明确地传达信息是衡量一个可视化作品是否成功的标准之一。为了使可视化作品充实且实用，首先要考虑通过可视化传达什么知识，回答什么问题，或者讲述什么故事。然后考虑选择哪些方面的数据来达到这些目标。这样的可视化作品展示的信息才是实用的。

(2) 在确保富含充实信息的基础上，高效也是衡量作品是否成功的标准之一。为了突出高效，就要减少噪音数据。视觉噪音越小，用户越能简单、高效地找到需要的信息。在视觉上突出重要的因素，可以将需要突出显示的内容以更大、更粗、更亮、更详细的方式显示，或者通过圆圈、箭头或标签来标识。对于不太相关的信息，可以通过较柔和的色彩弱化显示，线条更细或减少细节信息。

(3) 创建一个可视化作品，应该做到格式明确，直观且形象地向人们传递信息。除了被大多数人所熟悉的标准的可视化格式和易于创建的惯例以外，可视化作品还要走出默认风格，达到一定的新颖性，这是衡量可视化作品是否成功的又一标准。

(4) 作品的美感是非常必要的，可以适当使用熟悉的色彩板、图标、布局或和场景相符合的全局风格,熟悉的外观和感觉可以使人们更轻松或者舒适地接受展示的信息。

数据可视化将数据以视觉的形式进行呈现,如图表或地图,以帮助人们了解这些数据的意义。通过观察数字、统计数据的转换以获得清晰的结论并不是一件容易的事。而人类大脑对视觉信息的处理优于对文本的处理,因此使用图表、图形和设计元素把数据进行可视化,可以帮人们更容易地解释数据模式、趋势、统计规律和数据相关性,而这些内容在其他呈现方式下可能难以被发现。可视化可简明地定义为:通过可视表达增强人们完成某些任务的效率。

2. 如何实现可靠的数据可视化

数据可视化最终还要回归到"用户",通过传递有指向性的数据,找出问题所在,制定正确决策。所以数据的价值不在于被看到,而在于看到之后所引起的思考和行动。

(1) 明确谁是可视化的受益者。设计者在做一份报表前,首先需要搞清楚这些内容是给谁看的,用户需要了解哪些事项,关注哪些指标,在决策过程中会如何利用设计者展示的信息和数据。一句话概括就是,搞清楚数据分析工作的目标,即这一张报表是用来做什么的。后续的数据分析工作和分析报告里所要呈现的全部内容都要紧紧围绕着这个目标主题而展开。

(2) 梳理指标体系。数据可视化是将繁杂的各条数据梳理成指标,围绕每个业务财务、销售、供应链、生产等形成指标体系,最后通过可视化的方式展现,比如回款率、收益效率、复购率等。可以说,数据分析工作是否成功关键就在于指标的梳理。这个工作需要数据中心的人员或者BI工作人员深入业务一线去调研需求,寻找数据,建好数据仓库。

(3) 将数据可视化与业务方案相结合。如果数据可视化的目的在于介绍能解决具体的、可衡量的、可执行的、有相关性和时效性问题的数据,那么就在制作过程和汇报过程中加入这些问题。

在规划数据可视化方案时,要明确这是要解决用户特定问题的,所以所做方案不仅要能够很好地解释数据分析的结论、信息和知识,还要让用户能够沿着设计者规划的可视化路径迅速地找到和发现决策之道。

举例来说,当电商企业的业绩不理想时,可视化方案的设计路径可以这样设计。

第一步,从整体运营出发,明确有哪些关键因素会影响业绩。

比如,销售订单、客单价、客户数、用户活跃度;产品产量、品质、成本、交期等等,相应地去看这些关键因素对应的KPI的表现。对整体的业绩来讲,这些因素都是驱动因素,都会对业绩有直接驱动和影响。这些驱动数据的可视化是基础,也是寻找解决方案最终的出发点和落脚点。

第二步,对关键因素深入分析,确定是什么因素导致业绩不理想的。

比如,对比分析某时段所有关键因素对应的KPI的表现,哪些数据高了,哪些数据低了,哪些波动较大。针对这些问题因素,追踪目前的行动方案是什么进度,是否要调整,有的放矢地去做改善和探索提升业绩之道。

电子商务数据可视化,最终是为电商企业良好的运营而服务的,这是可视化的商业价值。如果不关注电商企业的战略和行动方案，很难建立起具有联动价值的信息图。只有建立起来具有联系的信息视图，才会获得有价值的数据可视化。

任务7.5.2　电商女装流行元素预测案例

近年来，"快时尚"消费形势日趋流行，消费者需求趋于个性化、多样化，所以服装流行元素预测在电商运营中有着非常重要的作用，准确的流行元素预测除了帮助服装企业尽早掌握流行趋势外，还会在备货、销售策略等方面影响商品销售周期，为企业生产销售提供决策依据。请小组内讨论，如何提前捕捉流行元素，尽早占领消费市场，并将讨论结果记录下来。

◆ **必备知识**

1. 案例背景

H企业信息团队负责电商领域的大数据人工智能探索，以推动实现基于数据的科学决策和管理。研究所需的数据一部分由H企业提供，数据内容为服装产品的电商竞品数据，用于预测和验证流行元素的销量；另一部分是从网络上采集的女装数据，以爬虫技术为主要获取途径，主要收集来自服装销售平台、时装周等网络媒体的文本数据，数据清洗和处理后用于获取时尚流行元素特征，为企业提供服装特定流行元素未来销售情况预测，并在产品选择环节提供决策建议。

2. 特征分析与优化

本案例中使用到的特征分析与优化方法主要包括以下几种。

(1) 特征确定。由于数据类型不同，变量特点不同，将数据分为数值型、字符型(或分为连续型与非连续型)，依据需要提取有用的特征，进而根据数据特征进行下一步处理。

(2) 缺失值处理。对于缺失值过多的特征可采用删除法或替换法处理。删除法适用于完全随机缺失情况(非随机场景删除会造成偏差bias)，删除整条样本(行删除)即可；替换法适用于非随机场景，将缺失值替换为均值、众数、中位数等，或同特征非缺失值即可。

(3) 变量转换。对于变量分布不均或距离过大等情况，则需要进行变量转换。转换时可采用标准化、Min Max、非线性转变为线性关系、取对数等方式。

(4) 单变量分析与多变量分析。单变量可进行多种可视化分析，如箱形图分析连续值数据分布，对数据分布综合展现，通过最大值、最小值、中位数、四分位数检测异常值；也可采用Pearson相关性热力图、Pairplot重点特征散点等展示双变量间的关系，通过相关系数的绝对值判断相关性，绝对值越接近1，相关性越强，在选择维度时，挑选相关性较强的特征。

3. 特征提取与数据清洗

针对H企业提供的竞品服装数据以及爬虫采集的总共超过18万行的数据进行特征分析和提取，保留两个数据集中女装相关的数据，第一个数据集中包含65 924行、164列女装数据，第二个数据集中包含68 762行、164列女装数据。根据项目要求和数据特点，从数据列中提取出版型、服装品类、价格、风格、季节、领型、图案、颜色等16个特征用于进行后续的数据分析和流行元素预测。

对提取的每个特征的缺失率进行计算，结果如图7-30所示。

```
naRate = (shuju2.isnull().sum()/\
shuju2.shape[0]*100).astype('str')+'%'
print('shuju2每个特征缺失率为: \n',naRate)
print('shuju2每个特征缺失的数目为: \n',shuju2.isnull().sum())
print('shuju2每个特征非缺失的数目为: \n',shuju2.notnull().sum())

shuju2每个特征缺失率为:
 Unnamed: 0                  0.0%
 Unnamed: 0.1.1              0.0%
 ban_xing                    74.08227656088829%
 category                    0.0015168982464656272%
 current_price               0.0%
 favorite_count              0.0%
 feng_ge                     52.794126569989686%
 industry_id                 0.0%
 industry_name               0.0%
 ji_jie                      11.636126448637825%
 ling_xing                   73.5346762939142%
 liu_xing_yuan_su            92.288089314968 74%
 month_sales_count           0.0%
 timestamp                   0.0%
 tu_an                       64.0904678114192%
 zhu_yao_yan_se_handle       1.093683635701717%
```

图7-30　特征的缺失率

对于缺失率较高的特征采用众数填充和backfill(Python中的填充命令)填充等方式进行空值优化处理，处理后的特征值缺失的行数都降到0，为后面的女装数据分析及流行元素预测打下基础。

4. 数据分析

应用预处理后的数据，分别从颜色、版型、风格、销量等维度进行分析，并选择合适的图形对分析结果进行可视化呈现。

1) "黑色"和"白色"关键字各年份出现次数对比

对2016年到2020年各年份"黑色"和"白色"关键字出现的次数进行统计，并通过双折线图进行可视化呈现，结果如图7-31所示。

通过分析结果可以看出，各年份"白色"出现的次数都比"黑色"多，但近两年来"黑色"关键字出现的次数呈大幅上升趋势，"白色"关键字出现的次数在减少，两种颜色出现的次数差距在逐渐缩小。

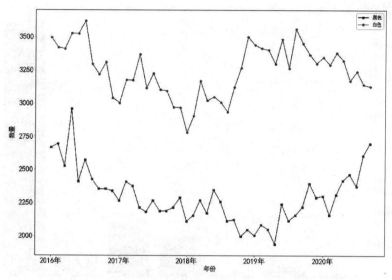

图7-31 "黑色"和"白色"关键字各年份出现的次数对比

2) 各种女装版型数量占比

统计各种女装版型的数量,并通过饼图进行可视化呈现,结果如图7-32所示。

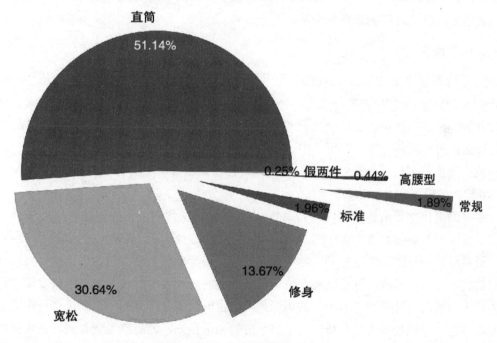

图7-32 各种女装版型数量占比

通过分析图可以看出,直筒版型是占比最大的,其次是宽松版型,这两种版型占据了所有女装版型的80%。

3) 各种女装风格数量统计

对女装的各种风格进行了统计,并使用柱形图呈现,结果如图7-33所示。通过统计结果可以看出,通勤风格、百搭风格、甜美风格是女装风格的前三名。

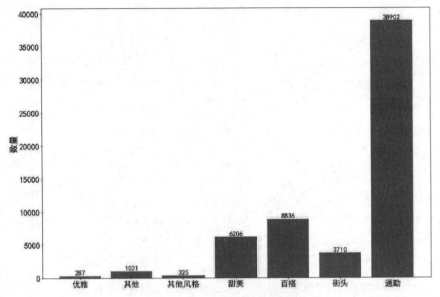

图7-33 各种女装风格数量统计

接下来又对T恤、休闲裤、休闲运动套装、其他套装、半身裙等女装的收藏量与销量进行统计和对比,并统计不同风格和不同领型的女装的销量,发现通勤风格女装和圆领女装销量领先,属于最受欢迎的女装元素。

5. 销量预测

服装销售预测是服装企业商品企划中必不可少的环节之一,灰色预测模型(grey-model,GM)是其中常用的算法之一。灰色系统理论经过近40年的蓬勃发展,形成了一门包含分析、控制、决策、优化及预测等多功能的学科结构体系。GM的优点是计算量小,少量数据就可以预测,适用于短、中、长期预测;缺点是预测对象的原始数据需符合残差检验或经变换处理后符合残差检验。在服装销售预测领域常用的有单维灰色模型GM(1,1)和多维灰色模型GM(1, N)。

本案例采用单维灰色模型GM(1,1)完成各维度销量预测。首先创建1-AGO序列,即累加生成序列和紧邻均值生成序列,再用最小二乘法拟合这两个序列,得到最后的预测曲线,最后采用matplotlib库进行预测结果的可视化。基于此模型对颜色为黑色的女装未来24小时的销量进行了预测,得出圆领女装是最受欢迎的一种领型。接下来采用灰度预测算法对领型为圆领的女装进行了24小时的销量预测。由前面的分析可知,通勤风格是最受欢迎的女装风格,对通勤风格的女装进行了24小时的销量预测,为商家备货和制订销售策略提供依据。

通过销量预测,为服装企业制订科学的商品企划方案、降低研发和生产成本、减少库存、提高企业整体效益提供数据支撑。

任务7.5.3 电商家具市场分析案例

数据在市场调研中发挥着重要作用,而产品调研的目的是收集足够的、真实的、有效的数据，为企业活动和策略所服务，为管理和设计部门提供参考，明确符合市场趋势的产品开发方向。大规模电商平台每天都会产生海量的商品交易数据，大量研究人员选择电商平台的商品数据作为试验数据集。请小组内讨论，如何进行数据采集才能确保数据的精准性，并将讨论结果记录下来。

_____

_____

◆ 必备知识

随着互联网信息化的进一步推进，家具线上销售模式已被大众认可，成为一种主要销售模式，因此数据采集对家具产品调研来说尤为重要。

数据采集又称数据获取，是指从传感器和其他待测设备等模拟和数字被测单元中自动采集信息的过程。数据采集可分为线上行为数据采集与内容数据采集两大类。线上行为数据包括页面数据、交互数据、表单数据、会话数据等；内容数据包括应用日志、电子文档、机器数据、语音数据、社交媒体数据等。数据采集也可分为传统数据采集和大数据的数据采集。传统数据采集来源单一，数据量相对于大数据较小，结构单一，以关系数据库和并行数据仓库为主；大数据的数据采集来源广泛，数据量巨大，数据类型丰富，包括结构化、半结构化、非结构化以及分布式的数据库。大数据的数据采集通过结合新系统、新工具、新模型对大量、动态、持续的数据进行挖掘，从而获得具有洞见力和全新价值的数据模型，能够更加高效地完成数据采集，提升数据采集的精准性。

1. 数据采集

1）获取工具

大数据时代下，数据采集的工具多种多样，主要有以下5种：①从专门的数据管理平台获取，如生意参谋市场分析软件、阿里云；②通过数据采集软件进行采集，如后裔采集器、八爪鱼采集器、火车头采集器等；③从提供数据服务的网站下载，进行分析整理；④从百度指数等大数据分享平台搜索所需数据；⑤从各大知名数据分析机构的报告书中获取所需数据的分析报告。

2）数据处理

为了快速筛选数据、降低学习成本，大多先通过生意参谋和数据采集软件进行数据收集，再通过Excel进行处理，以保证数据的真实性。

第一步，从生意参谋中直接导出已经被处理的数据，收集时间为2021.7.14—2021.8.12。

第二步，运用大数据分析法，采集在售的15534件家具数据，收集时间为2021.08.12，通过Excel筛选功能，把关于整个市场的占有家具份额、风格、搜索词和品牌词、下单及支付偏好、消费人群的关键词筛选出来并归类分析。筛选后，进一步对数据进行整合与分析，使数据的趋势更加明显。主流的分析工具有4种，分别是Excel、SQL、Tableau和Python。经过可视化处理后的数据蕴含了消费者的需求点、市场的潮流趋势以及优秀产品的特征等。

2. 数据分析

1) 店铺分析

本次共收集15 534件家具数据，收集时间为2021.07.14—2021.08.12，收集数据包括店铺名称、地理位置、产品名称、产品价格、付款人数、店铺链接、图片地址、商品链接、评价数、收藏量，共10组数据。通过Excel筛选并分类，可分为七大类，分别是桌类、坐具类、几类、架类、镜类、饰品类、屏风类、饰品类。本次分析主要聚焦于店铺分布、家具风格、家具占比、搜索词和品牌词、店铺的销售总额的分析等。

(1) 店铺分布数据分析。据统计，所收集的数据中在售家具的店铺共计4843家，分布在全国34个省级行政区。其中广东商家最多，为1023家，排在第二、三、四的分别是河南542家、浙江440家、江苏379家。图7-34是全电商平台在售家具店铺分布的情况，可以看出店铺主要分布在东部的沿海城市，中部次之，西部最少。其中东部以广东、福建、浙江、江苏、山东、河北、北京居多；中部以四川、湖南、湖北、河南居多；而西部城市的商家较少，新疆维吾尔自治区、西藏自治区、内蒙古自治区、青海、甘肃、宁夏回族自治区等地区的在售店铺一共不过100家。

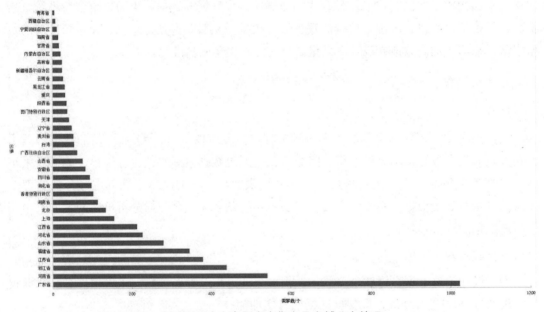

图7-34　全电商平台在售家具店铺分布情况

(2) 家具风格数据分析。家具风格有很多种，深度采集后，对风格的描述依然很模糊，因此需要对商品标题的关键词进行筛选，对其中包含与风格有关的"北欧""中式""欧式""美式""日式"等关键词进行拆分。对15 534件家具进行风格分析，得到的数据如图7-35所示。在15 534件家具中北欧6605件、中式3734件、欧式2463件、美式1734件、日式245件以及其他风格753件，北欧风格和中式风格家具占比最大，分别为42%和24%。这两种风格的家具是大多数企业开发的对象。需要特别说明的是，绝大多数家具都有"简约风格"的关键词，因为简约可与以上任意风格搭配，所以不进行统计。分析得知,平台上缺乏引导家具风格潮流的领跑者,原创设计比例不大,大部分中小卖家还是在拼凑风格,企业在设计方面的发展空间还很大。

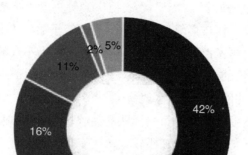

图7-35　全电商平台在售家具风格占比

(3) 家具占比数据分析可从家具销售额占比和所在空间占比两方面着手。

① 家具销售额占比。从生意参谋中2021.7.14—2021.8.12在售家具的销量数据可知,桌类总销量为257108588元,占比最高;几类、坐具类、架类的总销量为307933175元;而镜子类、屏风类、饰品类的总销量为35 648 619元,占比最低。其中桌类、几类、坐具类和架类总销售额占比在94%以上,屏风类、饰品类以及其他类总共占比不到6%。说明家具硬性需求消费占比很高,而镜子类、屏风类、饰品类等非硬性需求的消费占比较低,还有很大的发展空间。

② 所在空间占比。对15534件家具进行筛选分类,得到的数据如图7-36所示。家具所在空间大致可分为客餐厅、卧室、书房、厨房、卫生间、阳台以及其他七类,其他类包括户外家具、多功能家具等。其中客餐厅的家具占比最高,为62%,是整个家具市场的主要空间对象;卧室、书房的家具占比较低,分别是26%和8%;而阳台、厨房、卫生间的家具占比极低,市场较为空白,市场竞争力较低,更具开发前景。

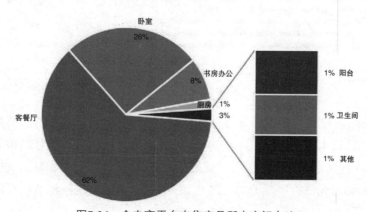

图7-36　全电商平台在售家具所在空间占比

(4) Top300的搜索词和品牌词分析。用生意参谋数据统计2021.7.14—2021.8.12期间在售家具Top300的搜索词和品牌词。

① 搜索词，就是产品或服务的具体名称，也就是客户实际搜索的词汇。Top300的搜索词中排在前6的依次是"沙发""床""衣柜""餐桌""折叠床""鞋柜"，都是较为常见且需求较高的家具，而排名靠后的搜索词有"镜子贴""家用""布艺沙发""简约现代""简易桌子""飘窗柜""储物柜"等，都是较为小众的家具。

② 品牌词，是搜索词的一种，也就是客户实际搜索的关于品牌的词汇。品牌词排在前6的依次是"现代""北欧""懒人""宜家""林氏木业""全友"。从排名前6的品牌词来看，宜家、林氏木业、全友等第一梯队的品牌较受欢迎。目前我国在品牌形象管理方面的发展还不够先进，与其他行业差距较大，还有很大的发展空间。通过宏观和微观分析可知，电商家具全面品牌化是大趋势，我国家具市场品牌不多，以中小买家为主，品牌溢价能力不强。

(5) 各店铺家具产品销售总额情况。统计了2021.7.14—2021.8.12期间4843家在售家具店铺的销售总额，并对其进行排序，筛选出销售总额前30的店铺。

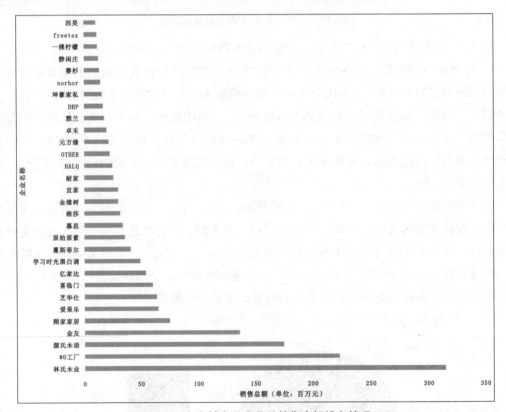

图7-37 各店铺家具产品总销售金额排名情况

如图7-37所示，排名前30的店铺可分为4个梯队。第一梯队店铺的总销售金额在亿元以上，分别是"林氏木业""#0工厂"等4个店铺；第二梯队店铺的总销售金额为5000万元～10000万元，分别是"顾家家居""爱果乐"等5个店铺；第三梯队店铺的总销售金额为3000万元～5000万元，有"学习时光黑白调"等7个店铺；第四梯队店铺的总销售金额在3000万元以下，分别是"耐家""西昊"等14个店铺。

从各个店铺的销售金额情况来看，两极分化较为严重，第一梯队店铺的总销售金额为820420154元，占比46%，而第四梯队店铺的总销售金额为288153882元，占比16%，不及"林氏木业"一家店铺的销售金额高。

3. 消费者人群定位分析

在这个信息化快速发展的时代，消费者接触到了更加丰富的知识，对消费有了更加完整的认知，消费观念和消费行为发生了很大改变，对产品的个性化、多元化、品牌化提出了更高的要求。分析网上消费者的购物行为，将有利于电子商务企业的发展。

用数据采集软件采集消费者的信息难度较大，为了达到快速收集数据和降低学习成本的目的，可以通过生意参谋市场分析软件直接导出已经统计好的数据，其中包括消费者的性别、年龄、职业、所在城市、下单及支付偏好，再通过可视化分析和处理，更好地捕捉不断变化的消费需求，开发出更适合消费者的家具产品。

1) 消费者性别和年龄占比分析

性别和年龄也会对家具消费行为产生影响。下面分别对消费者的性别和年龄进行分析，结果如图7-38所示。

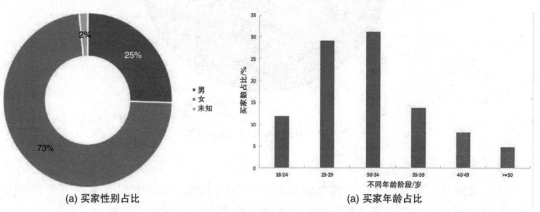

图7-38　买家性别和年龄占比

(1) 性别。家具的消费者中，女性占比较大，男女占比约为4∶6，在一些特别的家具消费上，如梳妆台、化妆镜等，男女比例甚至达到了2∶8，不同家具的消费者的性别比例都有一定的差异，所以在开发产品时要注意使用对象，更好确定设计造型、元素和销售模式。

(2) 年龄。把消费者划分为6个年龄阶段，分别为18~24岁、25~29岁、30~34岁、35~39岁、40~49岁、50岁以上。消费者年龄在18~34岁之间的占比约为63%，这一年龄阶段属于青年群体，消费需求大、购买力较高，是最主要的消费对象；35~49岁属于中年群体，占比约为26%，这个群体的买家已经积累了一定的财富，购买力大，但对新款的家具没有很大的热情，注重享受和价值；50岁以上的群体对家具的消费较低，仅占7%左右，更注重对身体的保养和养生。

2) 消费者职业分析

对电商平台家具的消费人群的职业进行统计,可将职业划分为公司职员、个体经营和服务人员、教职工、医务人员、学生、公务员、金融从业者、工人、媒体从业者、科研人员以及其他职业。从消费者的职业占比统计(见图7-39)中可以看出,购买需求较大的主要是公司职员、个体经营和服务人员、教职工,总共占比70.82%。其中公司职员比重最大,为37.42%,是主要目标群体。这3个职业群体体量较大,由于职业环境的需求对家具的购买力较大,购买方式也偏向网购;其余的职业人群对于家具的消费需求相对较低。

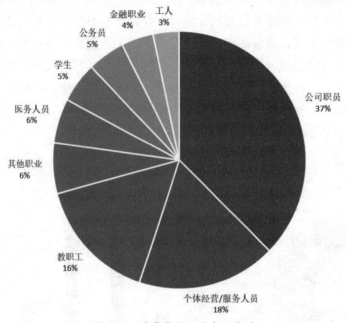

图7-39 消费者的职业占比统计

3) 消费者所在城市分析

家具消费者主要分布在全国31个城市,可分为3个梯队。第一梯队为家具消费者占比大于2.5%的城市,有广州市、杭州市、上海市、深圳市、北京市、成都市、南京市共7个城市,总占比为23.44%;第二梯队为占比大于1.5%但小于2.5%的城市,有武汉市、重庆市、郑州市、长沙市、台北市等9个城市,总共占比为16.38%;第三梯度为占比小于1.5%的城市,有苏州市、南宁市、沈阳市等15个城市,总占比为16.43%。所统计的31个城市的消费者数量占全国家具消费者的56.25%,说明较发达城市消费者仍然是家具消费主力军。整体来看,我国沿海地区的家具消费者分布最为密集;中部地区的家具消费者分布人数次之,其中中部地区以河南省、河北省、四川省、安徽省、湖北省、湖南省的消费者分布最多,分布密集度也较为突出;西部地区的家具消费者分布最少。

4) 下单及支付偏好分析

在不同的时间段,消费者的活跃度不一样,购买欲望也不同。对支付时间、支付金额、支付频率的分析如下所述。

(1) 支付时间。家具消费者的购买时间点可分为3个阶段,第一阶段主要集中在上午10:00到下午16:00,这是消费者在一天中最活跃的时间段;第二阶段是上午8:00到10:00以及下午16:00到晚上23:00,睡前和醒来的这两个时间段也较为活跃;第三阶段是晚上23:00到上午8:00,是消费者最少的时间段,属于睡眠时间段。

(2) 支付金额。根据生意参谋,智能定价可分为6个支付层次,分别为0~55元、55~130元、130~260元、260~530元、530~1275元以及1275元以上,家具支付金额较为平均,说明每种不同的家具定价差距并不明显。

(3) 支付频次。统计得出,同一产品只购买一次的消费者占比为82.86%;二次购买相同产品的消费者占比为17.14%;二次以上购买的消费者占比为6.00%。

3. 市场分析小结

目前数据采集在家具行业较为势弱,但对家具行业影响的日益增大,特别是对于线上家具。由此可见,电商企业要想在激烈的网络市场环境中赢得销量,就应重视挖掘和收集数据,选择适合的数据进行采集与分析,捕捉不断变化的消费需求,切入细分市场,精准获得目标消费客群并持续沟通,以开发出更符合企业和客户需求的产品。同时,借助各种数据采集工具来准确实时地了解市场动向、用户喜好、行为习惯、消费状况,为商业策划、商品展销、促销活动等提供有力的科学依据。

> **扩展阅读** 2022年中国医药电商行业企业大数据全景图谱

目前国内医药电商行业的上市公司主要有九州通(600998)、一心堂(002727)、京东健康(06618)、阿里健康(00241)、药师帮(H1731)等。

本文核心数据来源:中国医药电商行业企业数量、中国医药电商行业企业区域分布、中国医药电商行业企业投融资、中国医药电商行业风险分布。

全文统计口径说明:上述数据均来源于中国企业数据库(企查猫),存在一定的统计误差;搜索相关关键词为"医药电商";企业筛选逻辑为:企业的名称、产品服务和经营范围中包含了"医药电商"的企业;统计时间截至2022年6月30日;由于中国企业数据库与全球企业数据库不同,存在一定的统计误差;若有特殊统计口径会在图表下方备注。

1. **中国医药电商企业在2019年注册火爆**

根据中国企业数据库企查猫,目前中国医药电商行业的主要企业共有12 111家,其中以2019年为主要注册热潮,2019年注册企业数量高达1391家。

2. **医药电商行业注销企业数量占比为18.48%**

根据中国企业数据库企查猫,截至2022年,中国医药电商行业的存续企业共7995家,占总企业数量的66.01%;在业企业占总企业数量的11.43%;注销企业数量占总企业数量的18.48%,如图7-40所示。

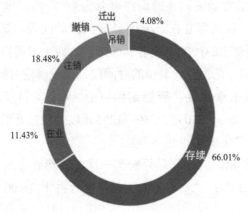

(资料来源:企查猫 前瞻产业研究院)

图7-40 截至2022年中国医药电商行业企业经营状态分布

3. 医药电商行业企业注册资本在500万元以下的超过六成

根据中国企业数据库企查猫,截至2022年,中国医药电商行业企业的注册资本主要分布在100万~200万元,企业数量为2960家;其次注册资本为100万元以下的企业,企业数量为2752家。从整体来看,中国医药电商企业注册资本在500万元以下的企业约为60.59%,注册资本在500万元以上的企业约为39.41%,如图7-41所示。

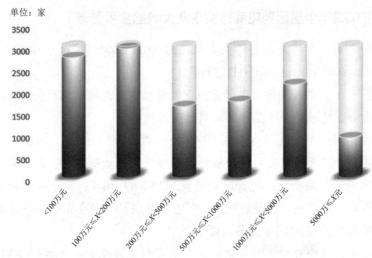

(资料来源:企查猫 前瞻产业研究院)

图7-41 截至2022年中国医药电商行业企业注册资本分布

4. 医药电商行业企业主要注册在长江三角洲和珠江三角洲地区

根据中国企业数据库企查猫,目前中国医药电商行业企业主要分布在长江三角洲和珠江三角洲地区,特别以上海和广东为代表。截至2022年6月底,上海共有医药电商企业2882家,广东共有1787家。

5. 医药电商行业企业主要为有限责任企业和独资企业

根据中国企业数据库企查猫,目前医药电商行业存续和在业的企业共9379家,中国医药电商行业企业以有限责任公司为主,目前共有9142家;其次为独资企业,共有2641家,如图7-42所示。

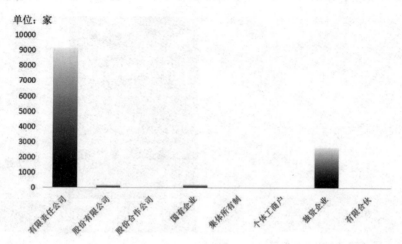

(资料来源:企查猫 前瞻产业研究院)

图7-42 截至2022年中国医药电商行业企业类型分布

注:上述企业为存续和在业企业;上述统计未剔除重复值,同一个企业可以同为有限责任公司和独资企业。

6. 医药电商行业企业融资以早期融资和战略融资为主

根据中国企业数据库企查猫,目前医药电商行业存续和在业的企业共9379家,其中,共有200家企业有融资信息,并且以早期融资和战略融资为主。截至2022年6月,中国医药电商行业企业中,有58家企业为种子轮/天使轮融资,有68家企业为A轮融资,有41家企业为战略融资,如图7-43所示。

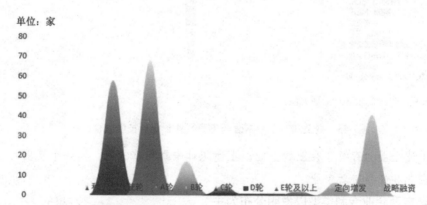

(资料来源:企查猫 前瞻产业研究院)

图7-43 截至2022年中国医药电商行业融资企业数量

注:上述企业为存续和在业的企业。

7. 医药电商行业企业主要在新四板和A股上市

根据中国企业数据库企查猫,目前医药电商行业存续和在业的企业共9379家,其中

9247家未上市。总体来看,医药电商行业企业的上市率为1.4%。在上市的企业中,以新四板和A股的企业为主,新四板企业共有66家,A股企业共有35家,如图7-44所示。

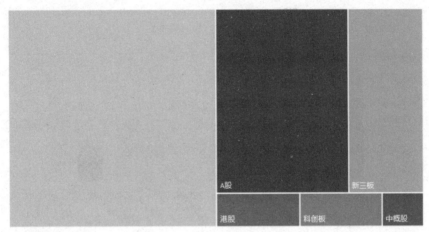

(资料来源:企查猫 前瞻产业研究院)

图7-44 截至2022年中国医药电商行业上市企业分布

注:上述企业为存续和在业的企业。

8. 医药电商企业中科技型中小企业和专精特新企业较多

根据中国企业数据库企查猫,目前存续和在业的企业共9379家,其中共有286家企业获得科技型中小企业的称号,83家企业为专精特新企业,如图7-45所示。

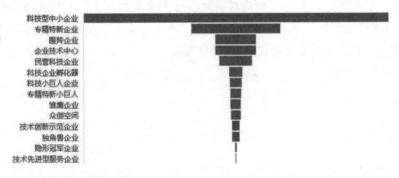

(资料来源:企查猫 前瞻产业研究院)

图7-45 截至2022年中国医药电商行业企业科技型名誉分布

注:上述企业为存续和在业的企业;上述统计未剔除重复值,同一个企业可以同为科技型中小企业和专精特新企业。

9. 医药电商企业专利类型以发明公布为主

根据中国企业数据库企查猫,目前存续和在业的企业共9379家,其中1101家企业有专利信息。在专利类型中,以发明公布的企业为主,共达到802家,如图7-46所示。

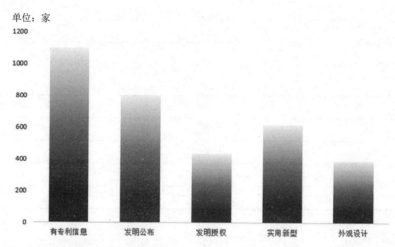

(资料来源：企查猫 前瞻产业研究院)

图7-46　截至2022年中国医药电商行业企业专利信息情况

注：上述企业为存续和在业的企业；上述统计未剔除重复值，同一个企业可以同时拥有多种专利信息和软件著作权。

10. 医药电商行业企业中风险以裁判文书和行政处罚为主

根据中国企业数据库企查猫，目前存续和在业的企业共9379家，其中2175家企业有裁判文书，1060家企业有行政处罚，851家企业存在经营异常，如图7-47所示。

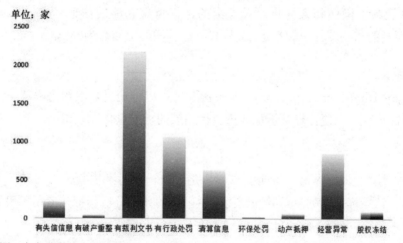

(资料来源：企查猫 前瞻产业研究院)

注：上述企业为存续和在业的企业；上述统计未剔除重复值，同一个企业可以同时拥有裁判文书和行政处罚。

图7-47　截至2022年中国医药电商行业企业风险信息情况

(资料来源：前瞻产业研究院《中国医药电商行业市场前景预测与投资战略规划分析报告》，有改动)

◆ **任务小结**

请同学们根据任务实施过程中的实际情况，进行任务小结。

◆ 任务评价

自我评价：_____

_____

小组评价：_____

_____

教师评价：_____

_____

知识拓展

1. 元数据

元数据(meta data)作为数据的数据，是对信息资源的结构化描述，可以帮助用户发现、识别、确认、记录数据，具有管理、检验和保障数据等功能。元数据质量是高效利用数据和提供高质量信息服务的关键。

2. icon

icon是20世纪90年代伴随IT产业出现的一个技术词汇，原指计算机软件编程中为使人机界面更加易于操作和人性化而设计出的标识特定功能的图形标志。常见的软件或windows桌面上的那些图标一般都是icon格式，这种图标扩展名为*.icon、*.ico。

3. KPI

KPI(key performance indication)，即关键业绩指标，通过对组织内部某一流程输入和输出参数进行设置，以便计算分析和衡量流程绩效的一组量化管理指标。

4. bias

bias，乖离率，简称Y值，也叫偏离率，是反映一定时期内股价与其移动平均数偏离程度的指标。该指标是依据葛兰碧法则而派生出来的技术分析指标，应用于股票、基金、债券、电子现货等领域。

模块总结

数据可视化是电子商务数据分析中非常重要的环节，能够帮助人们洞察数据中隐藏的信息，形成新的见解。而可视化数据必须充实、高效、新颖和美观，才能吸引用户的兴趣和注意力。此外，只有将数据可视化与电商业务方案相结合，才能体现可视化的商业价值。

我的收获：_____

_____

我的不足：_____

_____

模块 8 撰写数据分析报告

> 互联网上网人数达十亿三千万人。人民群众获得感、幸福感、安全感更加充实、更有保障、更可持续,共同富裕取得新成效。
>
> ——党的二十大报告

学习目标

知识目标
- 熟悉数据分析报告的相关内容
- 掌握数据分析报告的撰写技巧

能力目标
- 能够制作一份完整的数据分析报告
- 具备通过数据分析商业的意识

技能目标
- 熟练掌握数据分析报告的撰写技巧
- 具备通过数据分析商业的意识

模块导入

1997年,国家主管部门研究决定由中国互联网络信息中心(China Internet Network Information Center,CNNIC)牵头组织开展中国互联网络发展状况统计调查,形成了每年年初和年中定期发布《中国互联网络发展状况统计报告》(以下简称《报告》)的惯例,至今已发布46次。《报告》力图通过核心数据反映我国网络强国建设历程,已成为我国政府部门、国内外行业机构、专家学者等了解中国互联网发展状况、制定相关政策的重要参考。

2020年是极不平凡的一年。我国互联网行业在抵御疫情和疫情常态化防控等方面发挥了积极作用,我国成为全球唯一实现经济正增长的主要经济体,国内生产总值(GDP)首度突破百万亿元,为圆满完成脱贫攻坚任务做出了重要贡献。2020年也是"十三五"规划收官之年。五年来,我国互联网基础设施全面覆盖、网民规模平稳增长、数字经济繁荣发展、高新科技加快探索、网络治理逐步完善,网络强国建设取得了历史性成就。

作为网络强国建设历程的忠实记录者,中国互联网络信息中心持续跟进我国互联网发展进程,不断扩大研究范围,深化研究领域。《报告》围绕互联网基础建设、网民规模及结构、互联网应用发展、互联网政务发展、产业与技术发展、互联网安全等6个方面,力求通过多角度、全方位的数据展现,综合反映2020年我国互联网发展状况。

在大数据时代中,对企业各个方面的数据分析已经成为企业经营管理活动中不可或缺的一项工作内容。对数据进行分析,能够对企业的经营活动起到一定的指导作用。数据分析报告是将所有从市场调研和采集得到的数据和分析结论加以整理,经过分析、综合,阐明意义,报告给需要开展电子商务的相关企业。本模块主要介绍数据分析报告的相关内容和撰写技巧。

任务8.1 了解数据分析报告

任务8.1.1 初识数据分析报告

在数据分析中,无论数据收集过程多么科学、数据处理多么先进、分析方法多么高深,如果不能将它们有效地组织和展示出来,不与决策者进行沟通与交流,就无法体现数据分析的价值。请小组内讨论,当工作中被领导问道:"最近这个产品的活跃用户在下降,流失的人数在变多,问题出在什么环节,怎么回事?"或者遇到类似的问题时应该如何回答才能更有说服力,并将讨论结果记录下来。

_____

_____

◆ **必备知识**

数据分析报告之所以重要,是因为其具有非常大的作用,如可以展示分析结果、验证分析质量、为决策者提供参考、展现数据分析师的能力等。

1. 数据分析报告的含义

数据分析报告是通过对项目数据全方位的科学分析,来评估项目的可行性,为投资方决策项目提供科学、严谨的依据,降低项目投资的风险。

数据分析报告也是为企业决策者认识企业业务发展趋势、掌握信息、收集相关信息、解决相关问题的一种分析应用文体。

2. 数据分析报告的撰写原则

撰写数据分析报告必须要掌握以下4个原则,才能为决策者所用。

1) 谨慎性原则

在撰写数据分析报告的过程中一定要谨慎,避免出现数据错误、不切合数据分析核心等问题,应该体现出实事求是、完整、科学、合理、可靠等特点。数据分析报告中的结论一定要基于紧密严谨的数据分析推论过程，不要有猜测性的结论。

2) 规范性原则

数据分析报告中的名词术语一定要专业、规范，并且报告的整体格式应该统一，避免出现文不对题、前后不一致的情况。

3) 重要性原则

数据分析报告一定要体现项目分析的重点，应该选取真实性、合法性指标，构建相关模型，科学专业地进行分析。分析报告要有很强的可读性，使阅读者能快速理解。

4) 鼓励创新原则

如今科学技术发展迅速，必然能创新出便捷的、更好的研究模型和分析方法。在撰写数据分析报告的过程中，可以将这些创新的想法记录下来，发扬光大，增添数据报告的价值。数据分析报告尽量要图表化，因为用图表来代替大量堆砌的数字有助于人们更形象、更直观地看清问题和结论。

3. 数据分析报告的具体目标

数据分析报告是项目可行性判断的重要依据，任何企业都不会拒绝通过数据来开发优质项目。企业迫切需要一个统一的、规范的标准来衡量投资项目的科学性和可行性，所以数据分析报告在如今的时代变得十分重要。构建数据分析报告的具体目标可表现为以下三个方面。

1) 确定项目重点

数据分析报告具体目标的首要任务是通过具体的趋势分析、对比分析等手段，合理地确定分析的重点，协助企业决策者做出正确的项目决策，调整人力、物力、财力等资源，以达到最佳状态。

2) 进行总体分析

数据分析报告从项目需求出发，对该项目总体进行具体分析，形成对被分析项目的财务、业务状况的总体评估。

3) 总结经验

从数据分析报告中吸取经验，以及将主观的经验固化为客观的分析模型，从而指导以后项目实践中的数据分析。

数据分析报告具体目标的三个方面不是孤立的，而是紧密相连的。只有在确定项目重点的基础上，才能进一步地进行总体分析，并在实现评价的过程中总结经验。

4. 数据分析报告的类型

由于数据分析报告的对象、内容、时间和方法等情况不同，存在不同形式的报告类型。常见的数据分析报告有专题分析报告、综合分析报告和日常数据通报等。

1) 专题分析报告

专题分析报告一般没有固定的时间周期，是对社会经济现象的某一方面或某一个问题进行专门研究的一种数据分析报告，其主要作用是为决策者制定某项政策、解决某个问题提供决策参考和依据。专题分析报告的主要特点如下所述。

(1) 单一性。专题分析不要求反映事务的全貌，主要针对某一方面或者某一问题进行分析，如用户流失分析、提升用户转化率分析等。

(2) 深入性。因为专题分析报告内容单一，重点突出，所以要集中精力解决主要的问题，包括对问题的具体描述、原因分析和提出可行的解决办法。这需要研究人员对公司业务有深入的认识，切忌泛泛而谈。

例如，电商销量异常分析、活跃数据异常分析、用户流失分析、提升用户转化率分析等，此类报告通常需要将现有的数据分析及挖掘方法应用于实际数据中，通过数据分析不断尝试、总结、提炼，做到具体问题具体分析。

2) 综合分析报告

综合分析报告是全面评价一个地区、单位、部门业务或其他方面发展情况的一种数据分析报告，主要是从宏观角度反映指标之间的关系，并站在全局高度反映总体特征，做出总体评价。综合分析报告的主要特点如下所述。

(1) 全面性。综合分析报告反映的对象，无论是一个地区、一个部门还是一个单位，都必须以这个地区、部门或者单位为分析总体，站在全局高度反映总体特征，做出总体评价。例如，在分析一个公司的整体运营时，可以使用常用的4P分析法从产品、价格、渠道和促销这4个角度进行分析。

(2) 联系性。综合分析报告要把互相关联的一些现象、问题综合起来进行系统的分析。这种分析不是对全部资料的简单罗列，而是在系统地分析指标体系的基础上，考察现象之间的内部联系和外部联系。这种联系的重点是比例和平衡关系，分析研究其发展是否协调，是否适应。因此，从宏观角度反映指标之间关系的数据分析报告一般属于综合分析报告，如世界人口发展报告、某企业运营分析报告等。

3) 日常数据通报

日常数据通报是以定期数据分析报告为依据，反映日常业务计划执行情况，从活动、拉新、渠道等不同维度反映业务目前现状的数据支撑，并分析其影响和原因的一种分析报告。它一般是按日、周、月、季等时间阶段定期进行的，因此也叫定期分析报告。日常数据通报的主要特点如下所述。

(1) 进度性。日常数据通报主要反映计划的执行情况，因此必须把执行进度和时间的进展结合分析，观察比较两者是否一致，从而判断计划完成的好坏。为此，需要进行一些必要的计算，通过一些绝对数(一定条件下总规模、总水平的综合指标，比如10天)和相对数(两个有联系的指标经过计算而得到的数据，比如6倍)指标来突出进度。

(2) 规范性。日常数据通报基本上是相关部门的例行报告，定时向决策者提供，因此这种分析报告形成了比较规范的结构形式，它一般包括以下几个基本部分：①反映计划执行的基本情况；②分析完成和未完成的原因；③总结计划执行中的成绩和经验，找出存在的问题；④提出措施和建议。

这种分析报告的标题也比较规范，一般变化不大，有时为了保持连续性，只变动标题的时间，如《××月××日业务发展通报》。

(3) 时效性。时效性是由日常数据通报的性质和任务决定的。只有及时提供业务发展过程中的各种信息，才能帮助决策者掌握企业的最新动态，掌握企业经营的主动权，否则将丧失良机，贻误工作。例如，公司的日常运营报告、电商的日常销售报告、产品运营周报等，此类报告通常是对业务数据的日常展现，如本周的销售额是多少、平均每天的用户流失是多少、同比环比增长多少等，这种报告主要描绘发生了什么事情，为什么发生，通过对事实的现象和原因进行分析和判断，预测未来会发生什么，并给出可行性建议。

任务8.1.2 数据分析报告的结构与呈现方式

数据分析报告实质上是一种沟通与交流的形式，主要作用在于展示分析结果、验证分析质量，为决策者提供参考依据，并提出有针对性、操作性、战略性的决策。那么，在撰写数据分析报告时有没有格式要求？用哪种方式呈现报告效果更好？请同学们以小组为单位进行讨论，并将讨论结果记录下来。

◆ **必备知识**

数据分析报告有它自己独有的结构，如果忽视这些结构，会显得报告杂乱无章，内容不紧密，不利于决策者阅读和参考。一般优秀的数据分析报告的撰写流程是发现问题、总结问题原因、解决问题。当然，数据分析报告的结构并不是一成不变的，不同的企业、不同的领导、不同的客户、不同的数据分析核心，都可能具有不同的结构，要具体情况具体分析。

1. 数据分析报告的结构

数据分析报告的结构要根据公司业务、需求的变化进行调整。但是经典的结构还是"总—分—总"结构，主要包括开篇、正文和结尾三个部分。

开篇部分包括标题页、目录和前言；正文主要包括具体分析过程和结果；结尾主要包括结论、建议和附录。下面将对这几个部分进行具体讲解。

1) 标题页

标题页需要放置报告的标题、报告的作者和报告的日期。

标题要紧扣数据分析的核心内容，要精简干练，根据版面的要求在一两行内完成。一个好的标题对于报告来说很重要，好的标题不仅可以表现数据分析的主题，还能够引起读者的阅读兴趣，激发读者对报告内容的联想。

常见的标题类型有4种，分别是解释基本观点、概括主要内容、交代分析主题、提出问题，具体内容如下。

(1) 解释基本观点。这类标题往往用观点句来表示，点名数据分析报告的基本观点，如《不可忽视高净值客户的保有》《直播业务是公司发展的重要支柱》等。

(2) 概括主要内容。这类标题用数据说话，能让读者抓住中心，如《2023年公司业务推广情况较好》《某公司销售额比去年增长30%》等。

(3) 交代分析主题。这类标题反映分析的对象、范围、时间和内容等情况，并不点明分析师的看法和主张，如《拓展公司业务的渠道》《2023年运营分析》等。

(4) 提出疑问。这类标题以设问的方式提出报告所要分析的问题，引起读者的注意和思考，如《客户流失到哪儿了》《1500万的利润是怎样获得的》等。

2) 目录

目录可以帮助读者一目了然地了解报告的大概内容，便于读者快速找到所需内容。目录主要列举章节的名称以及小节的名称。

如果是在Word上撰写报告，必须在每一级目录后面加上页码；若是在其他的数据分析工具上撰写报告，则无须在目录上加页码。对于比较重要的二级目录，也可以将其列出展示，如图8-1所示。当然，目录不要太过详细，因为这样读起来不够利落。

图8-1 二级目录展示示例

此外，通常决策者没有时间读完完整的报告，他们只对其中一些以图表展示的分析结论感兴趣，所以，当书面报告中有大量的图表时，可以考虑将图表单独制作成目录。

3) 前言

前言是分析报告的重要组成部分，主要有分析背景、目的和思路。前言的写作一定要经过深思熟虑，前言内容是否正确，对最终报告能否解决业务问题、能否给决策者提供有效依据起着决定性的作用。

(1) 分析背景。对数据分析背景进行说明主要是为了让报告阅读者对整体的分析研究有所了解，主要阐述此项分析的主要原因、分析的意义及其他相关信息，如行业发展现状。

(2) 分析目的。阐述分析目的主要是为了让读者知道这次分析能带来何种效果，可以解决什么问题。有时将研究背景和目的的意义合二为一,如图8-2所示。

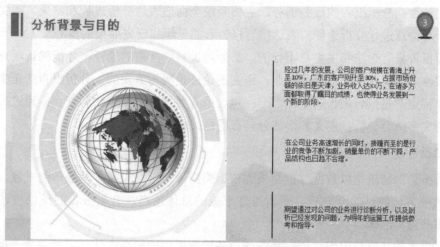

图8-2　分析背景与目的示例

(3) 分析思路。分析思路用来指导分析者如何进行一个完整的分析过程,即确定需要分析的内容或指标。这是方法论中的重点,也是很多人困惑的地方,不知道该从哪个点入手。只有在相关的理论指导下才能确保数据分析维度的完整性、分析结果的有效性和正确性。当然,目的越明确,针对性就越强,也就越有指导意义。图8-3是某营销报告的分析思路。

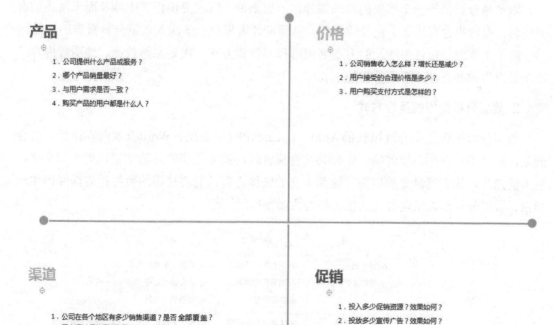

图8-3　某营销报告的分析思路

4) 正文

正文是数据分析报告的核心部分，它将系统全面地表达分析过程和结果。正文通过展开论题，对论点进行分析论证，表达撰写报告者的见解和研究成果的核心。

一篇报告只有想法和主张是不行的，必须经过科学严密的论证，才能确认观点的合理性和真实性，才能使别人信服。因此，正文的论证是极为重要的。分析报告的正文应具备以下几个特点：是报告最长的主体部分；包含所有数据分析的事实和观点；通过数据图表和相关的文字结合分析；正文各个部分具有逻辑关系。

5) 结论与建议

分析报告的结论是以数据分析结果为依据得出的分析结果，不是简单的重复，而是结合企业的业务，经过综合分析、逻辑推理形成的总体论点。分析报告的结论应该首尾呼应，措辞严谨、准确。

分析报告的建议是根据结论对企业或业务问题提出的解决方法，主要关注于保持优势和改进劣势等方面。

报告的结尾是对整个报告的综合与总结，是得出结论、提出建议、解决矛盾的关键。好的结尾可以帮助读者加深认识、明确主旨、引起思考。

6) 附录

附录是分析报告一个重要的组成部分。一般来说，附录提供正文中涉及而未阐述的有关资料，有时也含有正文中提及的资料，从而向读者提供一条深入数据分析报告的途径。

附录主要包括报告中涉及的专业名词解释、计算方法、重要原始数据、地图等内容。附录是报告的补充，并不是必需的。

2. 数据分析报告的呈现方式

数据分析报告主要通过微软的Word、Excel和PPT来表现。Word版本内容详尽，适合阅读，但是不适合作为演讲稿。在公共场合演讲时，图文并茂的演示文稿以更少的文字、更多的图片，加上演讲者的口头描述和丰富的肢体语言，能将枯燥的数据报告演绎得生动形象。数据分析报告呈现方式的优劣势对比如图8-4所示。

	Word	Excel	PPT
优势	★ 易于排版 ★ 可打印装订成册	★ 可含有动态函数 ★ 结果可实时更新 ★ 交互性更强	★ 可加入丰富的元素 ★ 适合演示汇报 ★ 增强展示效果
劣势	★ 缺乏交互性 ★ 不适合演示汇报	★ 不适合演示汇报	★ 不适合演示大篇文字
适用范围	★ 综合分析报告 ★ 专题分析报告 ★ 日常数据通报	★ 日常数据通报	★ 综合分析报告 ★ 专题分析报告

图8-4 Office各类软件制作报告的优劣势对比

3. PPT版面设计

1) 关键页面设计

(1) 首页封面，包括标题、作者、公司等基本信息，色块及公司标识等，要形成固定的风格。

(2) 目录页，呈现数据分析报告的基本结构、关键内容、每个模块的内容。目录页信息要高度提炼，页面布局时，可以从上到下展示，也可以从左到右展示。

(3) 报告页，是报告的主体，页面的版式设计以上文下图、上图下文、左文右图、左图右文、纯文字等方式体现论据和图表。

(4) 封底，包括致谢、作者个人信息、公司品牌、公司名称、愿景、联系方式、品牌宣传等内容。

2) 图文版式设计

(1) 设计上文下图的版式时，标题区域、文字观点、图表等内容的布局如图8-5所示。

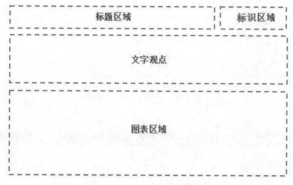

图8-5　上文下图版式

(2) 设计上图下文的版式时，标题区域、图表、文字观点等内容的布局如图8-6所示。

图8-6　上图下文版式

(3) 设计左文右图的版式时，标题区域在上面，文字观点在左边，图表论据在右边，如图8-7所示。

图8-7　左文右图版式

(4) 设计左图右文的版式时，标题区域在上面，文字观点在右边，图表论据在左边，如图8-8所示。

图8-8　左图右文版式

扩展阅读　《2022中国生物医药产业园区竞争力评价及分析报告》正式发布

为进一步推动我国生物医药产业聚集发展和转型升级，打造高质量发展增长极，持续提高我国生物医药产业创新能力和发展质量，全面提升产业竞争优势，中国生物技术发展中心依托科技计划管理专业机构和高端智库建设，开展了全国生物医药产业园区发展现状调研，结合生物医药领域部署的系列专题调研结果，并基于对2021年园区生物医药产业发展相关数据的分析研究，形成《2022中国生物医药产业园区竞争力评价及分析报告》(以下简称"报告")。2022年11月3日，报告在"2022中国生物技术创新大会"上正式发布。报告分为评价方法、评价结果、结果分析、研究结论以及展望与建议5个部分。

2022年的报告采取在线问卷填报系统进行数据收集，调研了各园区近3年在产业现状及成果转移转化、研发投入及技术产出、人才、企业、产品、环境、合作等方面共计39项主题的237项数据。有效完成数据填报的园区211个，其中国家级高新区109家、国家级经开区84家、省级园区17家、其他园区1家。根据园区填报的数据和指标体系，对211家园区的综合竞争力和各分项竞争力进行了排名。

报告显示，2021年样本园区生物医药产业总产值约3.5万亿元，占园区总产值的比例为22.80%，且该比例逐年增加；其中高新区生物医药的占比相对更高，2021年占园区总产值的24.79%。我国生物医药产业园区经过数十年的发展，产业聚集和支柱效应越发显著，创新能力逐步提升，对区域经济的稳定和发展起着重要的推动作用。主要集聚区的生物医药产业整体呈现规模体量快速增长、创新活力不断提升、产业结构持续优化等态势。

报告还显示，我国生物医药产业布局呈现空间布局上的集群式特点，产业布局主要集中在经济发展水平高、科技水平高、人才聚集度高的地区。具体而言，目前我国生物医药产业形成了环渤海、长三角、珠三角、中部长江经济带、川渝等主要集聚区。总体上呈现东部强势，但中西部后发追赶、渐趋平衡的区域协同发展态势。随着生物医药产业空间布局不断演化，聚集化的趋势加强。

党的二十大强调"强化国家战略科技力量，提升国家创新体系整体效能，形成具有全球竞争力的开放创新生态"。未来的工作中，要深入贯彻落实党的二十大精神和习近平总书记关于生物医药创新与产业发展的重要指示，抢抓生物医药产业园区发展的战略机遇，建设高水平国家生物医药产业园区，打造经济发展新赛道新引擎，不断推进我国生物医药产业的高质量发展。

(资料来源：中华人民共和国科学技术部，有删改)

◆ **任务小结**

请同学们根据任务实施过程中的实际情况，进行任务小结。

_____

◆ **任务评价**

自我评价：_____

小组评价：_____

教师评价：_____

任务8.2　撰写数据分析报告

任务8.2.1　数据分析报告的撰写技巧

撰写数据分析报告是整个数据分析的最后一步，在实际的工作中，能够撰写出高质量、高价值的数据分析报告，不仅能够充分地展现做数据分析的价值，更能在这个过程中训练自己的数据思维、梳理整个业务线的底层逻辑以及复盘整体分析思路，并逐步形成自己的分析体系。那么，如何才能撰写出优秀的数据分析报告呢？请同学们以小组为单位进行讨论，并将讨论结果记录下来。

_____

◆ **必备知识**

撰写数据分析报告是整个数据分析的重要环节，只有数据分析报告撰写成功了，才能使整个数据分析成果体现出价值，为企业决策者提供靠谱的参考资料。

1. 撰写报告时的注意事项

1) 抓住数据分析的重点

切忌数据分析报告中出现长篇大论的情况，应该有意识地抓住数据中出现的核心问题，突出重要成绩，总结主要教训。凡是重点的部分，要写得详细、具体、充分、全面；次要部分，则可适当提及，一笔带过。

2) 报告使用个性写法

不同岗位、不同行业的决策者有不同的工作内容和方法，所以在撰写数据报告的过程中，应该凸显个性，从不同的角度全面、独到地阐述数据分析报告，使报告更加引人注目，引发人们的思考。尽量避免那种千部一腔、千人一面，没有特点和个性的写法。

3) 求真务实

撰写报告要求真务实，既要讲成绩又要讲失误、既要讲优点又要讲不足，这样才能对决策者有参考的意义和启发。对于具有较大影响的企业业务的问题，以及能显示出数据分析师的工作能力和水平的方面，应该写得深入透彻；对于次要问题、常规性工作，可尽量少写。

4) 语言精练简洁

撰写报告的语言尽量做到精练、简洁，要展现综合概括和文字表达的能力，要数值化和概论化相结合，不必过于追求文字的优美性，尽量避免模棱两可的话，如"差不多""也许""可能"等，对情况的交代、过程的叙述以说明问题为宜，直指重点，体现核心。

5) 虚实相结合

所谓的虚实结合，是指在撰写报告的过程中，把理论观点(虚)与具体工作情况(实)相结合，以叙事为主，论理为辅，在事实的基础上加以概括总结，使理论与事实两者有机结合。

2. 撰写报告的几点建议

1) 明确受众对象

要明确数据报告的受众对象，要有可读性。从报告受众对象的角度组织内容、结构，以及各个模块的侧重点。比如，受众对象是公司领导层的决策者，报告侧重点就在于关键指标是否达到目标预期。若未达到预期目标，分析没有达到预期的原因，进一步拆解、细化数据指标，简要说明问题出在哪里，未来如何改进；若已达到预期目标，分析做了哪些工作，哪些内容值得推广，并总结团队下一步的改进计划。再如，受众对象是团队的业务人员，报告侧重点就在于挖掘问题点，并提出改进方案以及可执行建议，实现数据驱动业务。总之，不同的受众对象，数据报告的侧重点应该不同。

2) 确定分析框架

要有一个好的分析框架，并清晰地界定问题。优秀的数据分析报告一定是有层次、有框架，并且能让阅读者一目了然、架构清晰、主次分明、易读懂的。如果问题界定不清楚，这份数据分析报告基本也就失去了"价值"。比如，分析某个门店的运营情况，首先明确要解决什么问题，养成"先谋而后动"的习惯；其次思考有什么样的数据可以使用，要分析什么维度的数据，要得到什么结论；最终分析结论解决了什么问题，从而形成"闭环"。这里可以围绕客流量、各个门店销售额、人效、坪效、客单价、促销活动等数据去做分析，常用到5W2H、人货场理论、4P等方法论。总之，只有具有好的分析框架、明确的目标，数据分析报告才能够让阅读者一目了然。

3) 明确标准与结论

要有明确的判断标准和结论，明确数据指标。没有标准就无法判断好坏，没有明确结论的分析也就失去了报告的意义。这个标准要依据对业务的深刻理解，以及过往的经验来制定。比如，某个门店连续三天销售额下跌，累计下跌5%，其原因就有可能是促销活动以后的自然下跌或者是月底、周末等周期性下跌。这时需要从多方面考虑，参考过往的经验和数据，来制定一个标准的指标。总之，在明确的判断标准下才能得出明确的结论。避免出现猜测性、可能性的结论。

4) 突出异常与重点

报告内容尽量图表化，异常数据、重要数据、发现的亮点要重点标注。图表有助于阅读者更形象、更直观地看清楚问题和结论，当然，图表要适量，过多的图表一样会让人无所适从。对于异常数据和重点数据，用颜色或字体进行区分，让信息的传达变得更加明显。这里需要注意的是，要明确图表使用的原则和场景。比如，饼状图、环形图、百分比堆积柱形图等通常用来展现数据的分类和占比情况，而环形图的可读性更高；柱形图、条形图、雷达图通常用来比较类别间的大小、高低；折线图、面积图通常用来对比关系，表示随时间变化的情况、趋势情况；散点图、气泡图通常用来对比相关性。一般红色线段代表增长，绿色线段代表下降等。总之，合适的图表比文字更能生动形象地传达信息。

5) 精简分析结论

分析结论不要太多，不要在一页PPT内表达太多观点，把想表达的某一个观点和内容写在标题上，直接地、精要地告诉受众对象分析报告的价值，抓住需求点甚至痛点。

6) 解决方案可行

要有可行性的建议和解决方案，正视问题，敢于指出，并随时跟进。作为决策者，需要看到真正的问题，才能在决策时做参考，切忌假、大、空，无法落地。分析报告出来后，最好先和受众对象进行沟通，收集反馈，快速调整。发现问题，正视问题也是数据分析报告的价值所在。总之，分析就是为了发现问题，并为解决问题提供决策依据。

3. 如何提升撰写能力

1) 自主学习

了解其他人对技术写作的认识；浏览与"统计分析报告"和"技术写作"有关的网站；阅读相关书籍或指导手册；通过百度、谷歌或者领英加入到相关的网络小组中，将自己沉浸在某个话题中，通过学习具体的流程来不断练习撰写数据分析报告的能力。

2) 下载案例

在网上寻找关于数据分析报告的例子，阅读并思考以下问题：这些报告的受众是谁？传递的信息是什么？该报告的优缺点有哪些？哪些报告属于好的例子？案例提到的哪些工作是将来工作时我可能会去做的？

3) 考虑受众

考虑最终选择的方法是否适合报告的受众。因为使用同一份数据，面对不同的人，做出的解读和数据报告格式可以完全不同。正所谓"没有万能的写作模板，只有最适合受众的报告形式"。

任务8.2.2　数据分析报告范例

一份优秀的数据分析报告需要打磨很多细节。对于一些刚入门的新人，建议前期套用一些数据分析报告的模板，但要结合自己的业务场景，做出一份符合自己业务线的数据分析报告。结合关注的领域或自身兴趣，以小组为单位制作一份完整的数据分析报告。

◆ 必备知识

1. 数据分析报告范例《2023电商发展报告》

在上个任务中提到了撰写数据分析报告的理论知识，下面以《2023电商发展报告》的数据分析报告作为范例，巩固撰写数据分析报告的相关知识和PPT呈现形式。

1) 标题

《2023电商发展报告》的标题，交代分析主题，直接反映分析对象。标题页上的内容可以就具体情况具体添置，但是一定要有"标题""编制人""时间"等信息，如图8-9所示。

2) 目录

此目录是在PowerPoint上制作的，所以没有加上页码，整个目录概括了每一章的核心思想，如图8-10所示。

图8-9 标题页

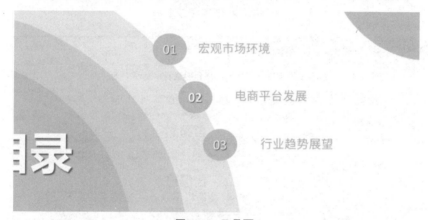

图8-10 目录页

3) 报告前言

此报告在前言处放置了报告范围和数据说明,如图8-11所示。除此之外,前言处还可以放置分析意义、分析背景、分析目的、分析思路等。

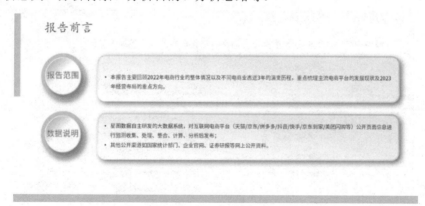

图8-11 前言页

4) 报告正文

报告正文是报告的精华部分,比如此报告要分三部分介绍正文内容,如图8-12~图8-14所示。每一部分还可以进行详细阐述。

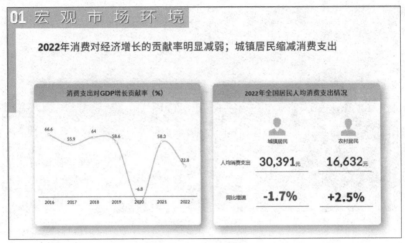

图8-12　报告正文1

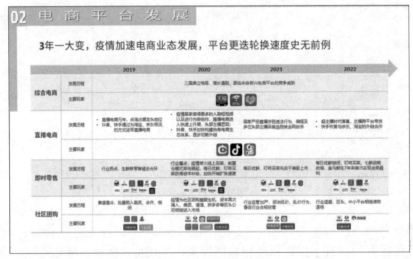

图8-13　报告正文2

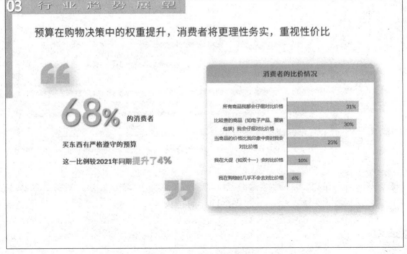

图8-14　报告正文3

5) 结论

结论是报告的最后部分，是对分析内容给出结论、建议或对分析方法不足以及下一步构想的阐述，也可以是某趋势的洞察，如图8-15所示。

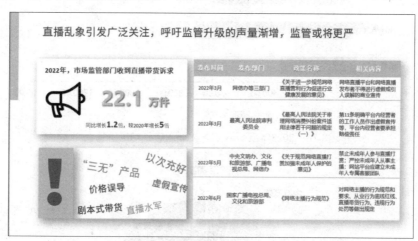

图8-15　结论页

一步一步按照撰写数据分析报告的要求来操作，至此，《2023电商发展报告》分析报告完成。

2. 数据分析报告范例《2023年五一假期酒店经营数据分析报告》

下面以《2023年五一假期酒店经营数据分析报告》为范例，进一步巩固撰写数据分析报告的相关知识和Word呈现形式。

1) 样本数据说明

(1) 调查对象。本次调查对象主要包括济南、广州、汕头、宜昌、厦门、威海、南京、泉州、深圳、北京、咸阳、三亚、成都、上海、海口等城市酒店。

(2) 酒店类型。本次总共调查了153家酒店，其中高端酒店占比18.75%，中高端酒店占比37.5%，中端酒店占比31.25%，经济型酒店占比12.5%。

2) 酒店经营数据分析

从整体数据来看，超九成接受调查的酒店反馈五一期间营业总收入恢复至疫情前水平并顺利实现正增长，涨幅超40%；近八成样本酒店平均入住率达85%及以上；近六成样本酒店平均房价超500元，超500元的酒店均为中端及以上酒店，经济型酒店平均房价达329.5元，如图8-16所示；高端酒店总营收占比75%(见图8-17)，成为五一期间酒店营收的重要抓手。

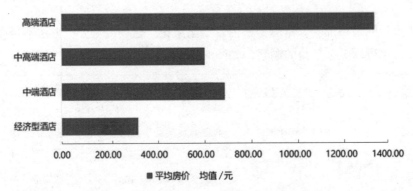

图8-16 2023年五一假期各类型酒店平均房价情况

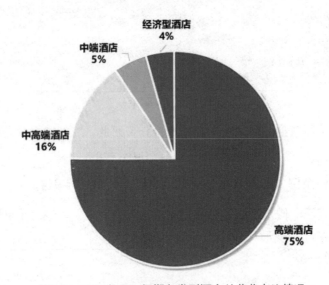

图8-17 2023年五一假期各类型酒店总营收占比情况

(1) 高端酒店经营数据分析："假日经济"助推，酒店消费仍处于高阶阶段。

从3月开始，旅游市场全方位进行五一预热，极端需求与供给短缺致使2023年五一旅游需求集中爆发，各地住宿价格水涨船高。对样本进行分析，不难发现，"花更多住更好"的消费特征凸显，高端消费逆风而上。

样本数据显示，五一期间，高端酒店平均入住率达94%，各酒店营收状况可观，"报复性消费"带动其对酒店的疯狂支出。样本统计数据显示，假期5天，酒店平均出租率为90%，每间可供出租客房收入为1165元，平均房价为1343元，酒店的营收均值高达258.33万元，客房收入成为主要收入来源，平均占比65%，展现出强劲的消费能力，如图8-18所示。

其中，连锁酒店各项经营数值较之单体酒店存在明显优势，总营收、平均房价、平均每间可供出租客房收入总值超单体酒店2倍，但在平均入住率上，连锁酒店稍有逊色。此外，分析本次样本数据，酒店经营数据存在明显的区域优势，三亚、上海、海口等热门城市酒店"吸金力"较为强势。其中，三亚某洲际度假酒店各项数据全面开花，五一期间平均房价为2730元，位居高位。这主要得益于三亚作为传统热门旅游目的地，在酒旅供应方面一直持续发力，其继春节接待游客量创小高峰后，一季度和五一假期接待游客量迅速飙升，从而带动当地酒店发展。

图8-18　高端酒店经营数据分析

（2）中高端酒店经营数据分析：量价齐升，中高端酒店更受青睐。中高端酒店作为市场体量、数量都较为可观的酒店类型，在五一假期市场中稳定发挥，各项指标相较2022年同期均稳步增加。

样本数据显示，五一期间，样本酒店假期平均出租率为82.5%，总营收均值为52.87万元，每间可供出租客房收入为505元，平均房价为615.83元，客房成为主要营收板块，收入占比均值近78%，如图8-19所示。此外，餐饮业务在酒店业务板块中的优势逐渐凸显，样本酒店中的餐饮收入占总收入比例的12.67%。宴会在酒店营收中的重要性在"假期经济"中凸显，五一酒店预订婚宴成为重要营收方式。数据显示，宜昌某酒店的五一酒店总营收中，宴会收入占比高达56%。

图8-19　中高端酒店经营数据分析

(3) 中端酒店经营数据分析：单体民宿价格"水涨船高"，连锁酒店平稳发挥。调查数据显示，2023年五一假期期间，中端酒店的整体数据恢复甚至反超疫前数据，但相较高端酒店及中高端酒店，恢复不及预期。样本酒店假期平均出租率为65%，每间可供出租客房收入为578.4元，平均房价为701元，客房营收占比近63%，如图8-20所示。

图8-20　中端酒店经营数据分析

(4) 经济型酒店经营数据分析：平均出租率最高，大多数消费者的选择。五一期间，在全国各地各类型酒店火热预订之下，经济实惠、产品和服务突出优质性的经济型酒店受到消费青睐。在类型细分中，经济型酒店的平均出租率高达97.5%，远高于其他类型酒店。此外，样本数据显示，经济型酒店的平均房价和每间可供出租客房收入增幅均达到30%以上。其中平均房价329.5元远高于2022年度全国各星级饭店的平均房价181.71元，如图8-21所示。同程旅行数据显示，近一周"五一"相关的酒店预订量同比增长近1.5倍，经济型酒店搜索量周环比增长达120%，是搜索热度最高的酒店品类。

图8-21　经济型酒店经营数据分析

3) 总结盘点

(1) 酒店"客房""餐饮""宴会"三轮驱动创收,"补偿式结婚潮"带动五一酒店宴会收入。五一消费市场的火爆一定程度上弥补了三年酒店营收的空缺。样本数据分析显示,整体酒店营收均值近80万元。但是随着酒店功能的不断拓展与补充,单一的住宿功能很难在竞争不断强化的市场中获得盈利优势,餐饮和宴会的占比不断提高,尤其是随着五一婚礼高峰期的到来,热门酒店婚宴预订火爆,酒店宴会收入逆势增长。

(2) 酒店经营数据差异化明显,新媒体引流成酒店提高营收关键动力。调查数据显示,小红书、抖音等社交平台上的顶流威海、三亚、厦门、成都等热门旅游城市的酒店经营数据更为客观,平均出租率超北上广等一线城市,这得益于官方对宾馆酒店客房价格实行涨价幅度控制措施,五一假期山东各酒店价格上涨平稳。

(3) 中端酒店、经济型酒店需求回升,单体酒店体现高自主权。纵观五一酒旅市场,兼具性价比与优服务的经济型酒店和中端酒店需求量大幅提升,中端酒店平均房价远超中高端酒店,经济型酒店的平均出租率达97.5%,位居所有类型酒店出租率榜首。追求特色、强调口碑、依赖回头客的中高端单体酒店在五一市场中未占据到价格优势。拥有品牌独立性、高自主权的单体酒店价格变动明显,平均出租率、每间可供出租客房收入均高于连锁酒店。

(4) 消费后劲不足,市场价格自律需持续受关注。2023年五一假期,"售空""售罄""约满"等热词在各大媒体刷屏,"史上最火五一"给行业注入强心针,未来酒店复苏动能得以释放。但在热火朝天的喧哗背后需要的是"冷思考"。繁荣能否持续?大浪淘沙,暴露出的问题能否改善?"五一"期间"酒店刺客""恶意毁约"的问题尖锐,一线员工短缺、招工难度增加、价格狂飙,但服务质量原地踏步等问题悬而未决。酒店通过涨价抑制需求冲击,以覆盖以往的经营成本,需要政府的宏观调控和市场的微观自主调控。

至此,《2023年五一假期酒店经营数据分析报告》撰写完成。数据分析报告中的数据应该真实可靠,只要数据分析师以一颗求真务实的心进行数据分析,定能做出一份成功的、有价值的、可行性高的数据分析报告。

扩展阅读 商务数据分析:Z世代下野性消费的冷思考——以鸿星尔克为例

1. 背景与意义

2021年7月中旬,一场罕见的暴雨让河南局部地区陷入了洪灾之中,然而暴雨无情人有情,来自全国乃至世界的好心人与爱心企业纷纷为河南救灾捐献金钱与爱心。而其中一国产服装体育用品企业在面临"倒闭"的前提下,依旧为灾区捐献了5000万元的物资。许多网友被其感动,纷纷到该品牌的门店和线上店消费,并且在店员、主播呼吁他们"理性购买,不要勉强"的时候说出了"野性消费"这个词,该词入选2021年品牌十大热词。无独有偶,河南抗洪救灾期间,白象、贵人鸟等企业因低调公益走红后,年轻网友们闯入它们的直播间用大量购物带动"野性消费"。从低调捐赠到劝导理性消费,再到配送退货险、提醒电信诈骗等等,这些行动也处处体现着"踏实做事、回报社会、以消费者为中心"的价值取向。继"鸿星尔克""上海蜂花"等这些老牌国货出圈后，方便面品牌白象火了。白象不仅因"其三分之一员工是残疾人"等话题频上热搜，还以一句"(与问题酸菜)没合作，放心吃"被网友称为"国货之光"。"野性消费"的场景，再次映入公众的眼帘。这些品牌共同的特点：一是火出圈前，企业境况不太好；二是长期坚持质量至上，给消费者留下过美好印象；三是都具有社会正义感与责任感的企业形象，打动着消费者。

2. 分析方法与思路

Z世代：Z时代人群(Gen-Z，1995—2009年出生)是数字技术的原始用户，应用互联网和数码产品是他们日常生活的一部分，在技术革命的推动下，Z世代的生活方式发生了质的变化，他们的性格更加自我独立，更加关注人生的体验感，同时更加懂得去挖掘最好的价值和服务。

Z世代身上存在大量的标签，其中包括人口规模巨大、消费力强、有个性、爱分享、文化包容度高、渴望被认同等。这些标签一同构筑出了一个鲜明的Z世代典型用户画像：有独特兴趣、热爱分享、渴望交流，他们往往是独生子女，有一定的经济能力。从消费及App使用习惯看，内容类社交媒体如微博、抖音、B站等受到Z世代喜爱，他们可以自由地在其中表达观点，输出具有个人风格的作品。从消费观念看，他们为精神需求付费，更多的是为兴趣而悦己消费。

鸿星尔克事件看似偶然，但深入分析后可以发现，"野性消费"走红离不开中国新经济、新消费的主导力量——Z世代群体的力推。而这也引发更多人思考，与其他消费群体相比，Z世代究竟有怎样的新消费观？近几年，Z世代是被提及最广、也最具前景的消费人群。在我国，Z世代整个群体规模达到了2.75亿，约占全国总人口的19%。《腾讯00后研究报告》指出，以"00后"为代表的年轻消费群体，成长在国家强盛年代，他们身上的文化自信、民族认同远远高于其他群体，超过一半的"00后"认为，国外品牌不是加分项。而推动国潮文化成为年轻人的精神图腾的背后，是众多新老国货品牌的"复新接力"。Z世代"野性消费"国货，不仅是因为对国家、中国文化有着极强的认同感和归属感，更是"货比三家"后的理性消费抉择。

3. 数据爬取

分析B站网页结构，发现B站评论都在[member]下的[replies]中，用Python语句视频下的评论进行爬取。

4. 基于TF-IDF提取关键词生成wordcloud词云

在jieba的TF-IDF模型里面，当调用获取关键词的函数"jieba.analyse.extract_tags(sentence,topK=30,withWeight=False,allowPOS=())"的时候，该函数会调用默认的IDF语料库，提取前30个关键词制作wordcloud词云，词云图与关键词如图8-22所示。

图8-22 词云图与关键词

5. 分析结论

媒体在报道时使用"爱国""点赞"等词汇,利用情绪感染,实现情感共通;公众表达通过情感能量场的聚合与强化,引发共情关注,情感传播得到进一步的加强。借助情感传播的"软性"优势,能使报道具有更强的感染力、记忆点和社会动员力。报道中需运用情感传播的新思维、新方法、新规律,尝试与受众共建高情感能量互动关系。新闻媒体不仅要改变以往居高临下的姿态,主动放低身段吸引读者阅读,更要进一步发动普通用户参与到媒介内容的日常生产中来。这就需要新闻媒体具备凝聚民意和共识的能力。新媒体时代,公信力成为更加稀缺、宝贵的资源,受众迫切希望传统主流媒体能够增强权威性,更好地担当起传播事实真相、引领舆论走向的职责。在信息消费快餐化的今天,媒体从业者也应意识到解释性报道和深度报道的独特价值。

扎实的背景与历史材料、数据的采集与分析、可视化呈现方式的使用,都能在很大程度上增加事实的承重。这些途径带给读者们的不仅是真相的叠加,更是通过专业化生产方式,唤起受众对于传统媒体新闻生产者权威的认知和认可,最终重拾传统媒体新闻报道的公信力与话语权。

(资料来源:中华网,有改动)

◆ **任务小结**

请同学们根据任务实施过程中的实际情况,进行任务小结。

◆ **任务评价**

自我评价:_____

小组评价:_____

教师评价:_____

知识拓展

1. 增长极

如果把发生支配效应的经济空间看作力场，那么位于这个力场中推进性单元就可以描述为增长极(growth pole)。增长极理论从物理学的"磁极"概念引申而来，认为受力场的经济空间中存在着若干个中心或极，产生类似"磁极"作用的各种离心力和向心力，每一个中心的吸引力和排斥力都产生相互交汇的一定范围的"场"。这个增长极可以是部门的，也可以是区域的。该理论的主要观点是，区域经济的发展主要依靠条件较好的少数地区和少数产业带动，应把少数区位条件好的地区和少数条件好的产业培育成经济增长极。

2. 人效

人效，即人的效率，全称是"人力资源效能(HR efficiency)"或"人力资源有效性(HR effectiveness)"。人效是用来衡量企业人力资源价值，形成一种计量现有人力资源获利能力的指标。人效管理，即人力资源效能管理(HR efficiency management)，其强调以人效为核心来诊断组织状态、制定战略规划、落地人力配置、优化人力职能，通过循环式的管理来获得企业的整体人效。人效管理不是人力资源管理的一个分支流派或一部分工具，而是人力资源专业的未来。

3. 野性消费

野性消费，网络流行语，是理性消费的对立面，入选2021年品牌十大热词。

模块总结

数据分析报告是对整个数据分析过程的一个总结与呈现。数据分析报告把数据分析的起因、过程、结果及建议完整地呈现出来，供决策者参考。数据分析报告是数据分析的最后一步。只有做好了各种具体的数据分析，才能写出优质的报告。因此，优质的报告绝不是按模板抄出来的。

我的收获：＿＿＿＿＿＿＿＿＿＿＿＿＿＿＿＿＿＿＿＿＿＿＿＿＿＿＿＿＿＿＿＿＿＿＿
＿＿

我的不足：＿＿＿＿＿＿＿＿＿＿＿＿＿＿＿＿＿＿＿＿＿＿＿＿＿＿＿＿＿＿＿＿＿＿＿
＿＿

参考文献

[1] 李军. 数据说服力：菜鸟学数据分析[M]. 北京：人民邮电出版社，2016.

[2] 李志芳，赵跃民，安刚. 电子商务数据分析：大数据营销 数据化运营 流量转化(微课版)[M]. 3版. 北京：人民邮电出版社，2023.

[3] 阿里巴巴商学院. 电商数据分析与数据化营销[M]. 北京：电子工业出版社，2019.

[4] 刘亚男，谢文芳，李志宏. Excel商务数据处理与分析(微课版)[M]. 北京：人民邮电出版社，2019.

[5] 杨伟强. 电子商务数据分析：大数据营销 数据化运营 流量转化[M]. 北京：人民邮电出版社，2016.

[6] 黄羿，刘友缘，马新强. 数据分析师宝典[M]. 北京：电子工业出版社，2020.

[7] 邵贵平. 电子商务数据分析与应用[M]. 北京：人民邮电出版社，2018.

[8] 韩小良. 一图抵万言：从Excel数据到分析结果可视化[M]. 北京：中国水利水电出版社，2019.

[9] 沈君. 数据可视化必修课：Excel 图表制作与PPT展示[M]. 北京：人民邮电出版社，2021.

[10] 廖莎，胡辉，孙学成. 商务数据可视化(全彩微课版)[M]. 北京：人民邮电出版社，2019.

[11] 曾杰. 一本书读懂大数据营销[M]. 北京：中国华侨出版社，2016.

[12] 老A电商学院. 淘宝网店大数据营销：数据分析、挖掘、高效转化[M]. 北京：人民邮电出版社，2015.

[13] 倪宁. 大数据营销[M]. 北京：中国人民大学出版社，2015.